LICHT INS DUNKEL

INHALT

Vorwort
ZWISCHEN EHRE UND VERRAT 7

»DAS MACHT UNS KEINER NACH« 11

ZWICKMÜHLEN 23

EIN VERGESSENER SKANDAL 33

BUBE, DAME, KÖNIG, AS 45

DER STAATSFEIND 55

SOLDAT WIDER WILLEN 67

DER GEFÄLSCHTE FREUND 80

METAMORPHOSE EINES VERDACHTS 92

DER GESCHÄFTSFÜHRER 104

DER DOPPELTE DIETER 116

DER AUSREISSER 128

GEGEN DEN STROM 138

EIN HINTERZIMMER IN WIEN	150
DIE VERSCHWUNDENE WUNDERWAFFE	158
DIE FÄHRTE DES SCHAKALS	170
ABRECHNUNG	181
INSCHALLAH	192
GEHEIMKONTAKTE	201
DAS GEHEIMNIS DER BEICHTE	212
SPUR DER SCHEINE	223

Nachsatz
TÄTER UND OPFER – GEGENSATZ ODER SYMBIOSE? . . 234

ANHANG 237
Dank und Quellen

ZWISCHEN EHRE UND VERRAT
VORWORT

Der Verräter ist immer der Andere. Er wird aus jeder Gesellschaft ausgestoßen.

Aber der Verräter kann Einengendes hinter sich lassen und so Fesseln sprengen. Das macht den Verrat attraktiv. Er erscheint als Neubeginn mit der Kraft eines Jungbrunnens.

Doch der Brunnen ist vergiftet, denn es gibt ja immerhin die »Ehre«. Bei Homer ist sie noch ein Lebensgefühl, dessen Verletzung zu erbitterten Fehden führte. Gegenstück der Ehre ist die Schande, nicht der Verrat. Aristoteles verknüpft die eigene Vortrefflichkeit mit dieser Ehre und nennt sie als deren wichtigstes persönliches Motiv.

Da kann es nicht verwundern, dass Verrat als schlimmste Sünde der säkularen Welt gilt. Er bleibt Bindeglied einer Weltanschauung, in der Religion und Staat getrennt sind. Dass Verrat die Grundlage der erfolgreichsten Ideologie der Weltgeschichte, des Christentums, ist, und ihr Fundament – den Opfertod des Gründers – erst möglich machte, kann dadurch verschleiert werden.

Verrat als Loyalitätskonflikt bremst, wie er bewegt. Schiller war nicht nur Ehrenbürger der Französischen Revolution, er fürchtete auch, durch sie seine endlich begonnene Karriere zu gefährden. Goethe entfachte nicht nur mit aufrührerischen Werken Revolutionsfeuer, sondern zog, zum Geheimen Rat avanciert, mit seinem Herzog auch gegen die Revolution zu Felde.

Verrat hat wohl immer auch etwas mit Freiheit zu tun, und so stellt sich die Frage, ob es dann so etwas wie »ehrenhaften Verrat« gebe.

Preußens Friedrich II. hat ihn zur Staatsraison gemacht, weil sich die Volksmeinung änderte. Am Tag vor Silvester 1812 lief Yorck von Wartenburgs Heerschar zu den Russen über. Das war Hochverrat, denn eigentlich waren sie mit Napoleon verbündet und damit zum Kriegsdienst gegen den Zaren verpflichtet. Diese preußisch-pragmatisch begründete Ambivalenz von Ehre und Verrat hielt sich bis in die Mitte des 20. Jahrhunderts. Es bedurfte des barbarischen Nationalsozialismus, um sie am 20. Juli 1944 in Frage zu stellen.

Und so erscheint für manche Verräter der Verrat tatsächlich als Schritt in die Freiheit. Sie zerstören Vertrauen, um anderes Vertrauen zu erringen. Entscheidend ist wohl das Zeitraster. Was gestern Verrat war, kann heute eine Heldentat sein. Dem französischen Diplomaten und Diener vieler unterschiedlichster Herren, Charles-Maurice de Talleyrand-Périgord, wird der Ausspruch »Verrat, Sire, ist nur eine Frage des Datums« zugeschrieben. Er soll ihn als Lebensweiser im Alter Anfang der Sechzig 1815 beim Wiener Kongress gegenüber Russlands Zar Alexander I. geäußert haben. Der war damals 38 Jahre alt. Napoleon Bonaparte, mit 46 Jahren zwischen den beiden stehend und einer seiner vormaligen Dienstherren, hielt Talleyrand deshalb am Ende für »einen Haufen Scheiße in Seidenstrümpfen« – nach dem Verrat, nicht vorher oder in dessen Lauf.

Rund 200 Jahre zuvor hatte der englische Staatstheoretiker und Philosoph Thomas Hobbes mit der moralisch bestimmten Vorstellung von Ehre und Verrat gebrochen und einen radikalen Erklärungsansatz gesucht. Er brauchte ihn zur Begründung des aufgeklärten Absolutismus. Damit wurde Ehre zur äußerlichen Anerkennung der Macht durch andere. Das konnte nicht ohne Kritik bleiben und wenn Schopenhauer in einem »Aphorismus zur Lebensweisheit« auf die übertriebene Bedeutung, die oftmals der Macht dieser anderen beigemessen wird, hinwies, näherte er sich wieder dem »Verrat«. Dem folgten mehr oder weniger all die anderen »modernen« Auffassungen, die immer mehr das Ehrgefühl an das eigene Maß von Wert und Unwert knüpfen.

Verrat wird zum Motor, wenn Heiner Müller sagt, Brecht zu gebrauchen, ohne ihn zu kritisieren, sei Verrat. Gleiches ließe sich auch auf Karl Marx beziehen. Seine einstmals lebendig begonnene Wissenschaft konnte nicht vor dem Verfall ins Dogma geschützt werden, weil die Kritik ausblieb. Kategorien wie Ehre und Verrat verhindern bis heute die Suche nach Antworten auf die Frage, ob der Stalinismus in seinen vielen Spielarten Deformation oder Konsequenz des Marxismus war.

Stattdessen wird der Verräter gern mit dem Denunzianten gleichgesetzt. Der Grund dafür ist simpel: Verrat ist allgegenwärtig und hat viele Gesichter. Der Denunziant wird jedoch lediglich von ihm geboren und dient dann dazu, den Verräter vom potentiellen Helden zum Ganoven schrumpfen zu lassen. Geheimdienste versuchen gern, diesen Zusammenhang zu verschleiern. Dabei hilft wieder die imaginäre »Ehre«.

Das Ansinnen, für die Stasi zu spitzeln, verband sich mit einem angeblich »ehrenvollen Auftrag« und erreichte so den Gipfel der Perversion. Bei dessen Erfüllung – den Maßstab dazu setzten allein die Auftraggeber – wurden höchste Orden verliehen und nach der Feierstunde im »konspirativen Objekt« wieder vom Revers genommen, um sie im Panzerschrank zu verstecken. Die dazu gehörigen Urkunden trugen den Decknamen des »Ausgezeichneten«. Die vermeintliche Ehre war der Hebel, sie in ihrer Scheinexistenz zu fesseln.

Bei Diensten demokratischer Staaten überdeckt oft das Geld die Perfidie des Missbrauchs von Menschen, die zu Kriminellen im Auftrag des Staates gemacht werden. Deren euphemistische Bezeichnung als »V-Mann« – ausgeschrieben »Vertrauensmann«, abgemildert »Verbindungsmann« – weist auch hier auf die Deformation des Ehrbegriffs hin. Und wenn Heinz Fromm als Präsident des Bundesamtes für Verfassungsschutz sagte: »Unsere V-Männer sind keine Pastorentöchter«, bestätigt sich dies in sonst unüblicher Transparenz.

Die Psychologie des Handwerks gleicht sich, dennoch sind östliche und westliche Geheimdienste nicht einfach gleichzusetzen. Der Grund dafür liegt in der Gewaltenteilung demokratisch verfasster Regimes. Als der Bundesgerichtshof zum Beispiel feststellte, dass etwa 30 von 200 Vorstandsmitgliedern der neonazistischen NPD gleichzeitig V-Männer des Verfassungsschutzes waren, platzte der Verbotsprozess.

Im Osten bedurfte es hingegen des Zusammenbruchs des gesamten politischen Systems, bis auch der Geheimdienst seine Grenzen fand.

August Heinrich Hoffmann von Fallerslebens mit Blick auf den Polizeistaat getroffene Feststellung: »Der größte Lump im ganzen Land, das ist und bleibt der Denunziant«, führte sicher nicht ohne Grund zu seiner Bespitzelung und Verfolgung. Nach seinen 1840 erschienenen »Unpolitischen Liedern« wurde der Dichter des »Liedes der Deutschen« 39 Mal ausgewiesen, darunter dreimal aus seiner Heimatstadt – das gebrochene Verhältnis ist geblieben, wenn es um Ehre und Verrat geht.

So lässt es sich auch leichter übersehen, dass Verrat ebenso aus Revolte, wie aus Treue besteht und Gewissen braucht, um ihn zu begehen. Das leugnen meist nur jene, die gerade auf der jeweils anderen Seite stehen.

Auf ihrer Seite versuchen sie, ihre Geschichte zu machen. Honoré de Balzac meint, diese werde am häufigsten bei ihrer Entstehung gefälscht. Das mag wissentlich ebenso wie instinktiv erfolgen – die handelnden Personen möchten sich immer in einem günstigen Licht präsentieren. Dazu gehört es, ihre Verfehlungen zu vertuschen und unterschiedliche Standpunkte zu beziehen, ohne sich zu widersprechen. So verblassen die Geschehnisse mit der Zeit, Einbildungskraft zeichnet die Details der Ereignisse nach. Der Zeitzeuge glaubt an *seine* Wahrheit.

Diese Wahrheit soll hier im Mittelpunkt stehen. Sie wird manchmal durch Akten gestützt, ein anderes Mal von ihnen in Frage gestellt. Das ist dann zwar eine andere Sichtweise, kaum jedoch eine andere Faktenlage. Zwischen beiden zu gewichten, soll dem Leser überlassen bleiben. Er muss seine eigene Wahrheit finden.

»DAS MACHT UNS KEINER NACH«

Wenn sich die Tachonadel langsam der Lampe für den Blinker näherte, wurden die Fahrgeräusche infernalisch. »Im Prinzip sollte jeder Fahrer während der Fahrt die Ohren ständig gespitzt halten und auf nicht fahrtypische Geräusche achten«, riet das Handbuch »Du und Dein Trabant«. Ein guter Rat, doch die beiden Männer im Auto befolgen ihn nicht.

Nach Verlassen des »Parken und Reisen«-Parkplatzes am Ost-Berliner S-Bahnhof Altglienicke schnurrte der kleine Wagen Richtung Autobahn. Der vor ein paar Minuten gebückt in den Trabant geschlüpfte Mitfahrer richtet sich aus seiner unbequemen, kauernden Haltung auf. Freudig begrüßt er den Mann am Steuer: »Mensch, dass wir uns so wiedersehen!« Die beiden kennen sich seit Jahren. Sie arbeiten als DDR-Bürger für den britischen Geheimdienst, Albert, der Kurier und Jan Weiß (Name geändert), der Informationssammler.

Dass es im Gebälk der DDR immer lauter kracht, wissen sie aus der tagtäglichen Praxis. Doch wohin das alles mal führen wird, ahnen sie nicht. Noch funktioniert die Stasi. Und sie ist den Männern auf den Fersen. Bei der Beerdigung der Chefin ihrer Gruppe waren drei unbekannte »Trauergäste« dabei, eine Kontaktfrau auf einem Berliner S-Bahnhof wurde schon eine Weile beschattet.

»Das Schiff hat Schlagseite, es dauert nicht mehr lange, und es beginnt zu sinken«, sagt Albert. »So kurz vor dem Ziel noch geschnappt zu werden, das wäre die größte Katastrophe.« Er hat seine Erfahrungen. Kurz vor dem Kriegsende 1945 erschoss die Gestapo Alberts Vater. Trotzdem fühlt er sich vom

immer wieder betonten Antifaschismus der DDR nicht angenommen. Albert trug zu viele Erfahrungen mit deren Ungerechtigkeit und Despotismus mit sich herum. »Sowie die mit dem Rücken zur Wand stehen, ist ihnen alles zuzutrauen«, sagt er in das Dröhnen des Motors.

Auch Jan Weiß ist nicht ohne Angst: »Ja, es wird brenzlig. Überall Mobilmachungsübungen, die Alarmpläne werden vervollständigt und neuerdings bekommt sogar die Kampfgruppe Schlagstöcke.«

Trotzdem denken die Männer nicht daran, ihre Arbeit für die Engländer aufzugeben. Sie sind sogar stolz darauf. »Das macht uns keiner nach, glaub mir das, Jan«, sagt Albert. Die Männer schwiegen und hängen ihren Gedanken nach, während der Trabant über die Autobahn Richtung Magdeburg holpert.

Warum haben sie sich auf das jahrelange gefährliche Spiel überhaupt eingelassen? Da die Gruppe niemals von der Stasi enttarnt wurde, gibt es keine Akten, die darüber Auskunft geben könnten. Und die früheren Stasi-Offiziere sind nach dem Ende der DDR mit einer Erklärung schnell bei der Hand. Westspione? – Die haben doch alle nur für Geld gearbeitet. Charakterlos, ohne jedes politische Motiv. Mit unseren Kundschaftern für den Frieden nicht zu vergleichen.

Stimmt das? Auf der Suche nach Spuren.

Sie beginnt bei einer älteren Dame in Potsdam. Luise Walter (Name geändert) wohnt im Obergeschoss eines alten Hauses in der Nähe des Parks Sanssouci und ist seit Mitte der 50er-Jahre Witwe. Die mütterlich wirkende Frau bessert ihre karge Rente mit Putzen und gelegentlicher Zimmervermietung auf und hat wenig Bekannte. Einer von ihnen, Werner Buschmann (Name geändert), der auch Jan Weiß in Kontakt zu den Briten gebracht hatte, erzählt dem nach ihrem Tod 1987, dass Luise die Gruppe von den Informationsbeschaffern über die Kuriere bis hin zu einer konspirativen Wohnung in Ost-Berlin für ein »britisches Institut« aufgebaut habe: »Sie war ein Profi. Im Krieg war Luise Nachrichtenhelferin bei der Wehrmacht. Sie sprach fließend englisch, französisch und schwedisch. Abwehrchef Canaris holte sie in seinen Apparat und setzte sie zunächst in Schweden, dann in Großbritannien ein. Dort lief sie zum britischen Geheimdienst über.«

Hier enden zunächst die gesicherten Informationen.

Die Militärattachés im Ausland, damals »Waffenattaché« genannt, wurden ab 1. Juli 1938 der militärischen Abwehr unter Leitung von Wilhelm Canaris unterstellt. Bereits Anfang 1935 hatte Hitler dem Admiral sein Bild der Truppe erläutert: »Was ich mir vorstelle, ist etwas ähnliches wie der britische Geheimdienst – ein Orden, der seine Aufgaben hingebungsvoll erfüllt.«

Das bestimmte die Auswahl der militärischen und zivilen Mitarbeiter, zu denen auch Luise Walter gehörte. Da die junge Frau vorher in Schweden arbeitete, dürfte sie im Frühjahr oder Sommer 1939 erstmals an die Botschaft des Dritten Reiches nach London gekommen sein. Damals war sie Anfang Zwanzig.

Von 1936 bis 1938 residierte der spätere Nazi-Außenminister Joachim von Ribbentrop als Botschafter Hitlers in Großbritannien. Er reiste am 12. März 1938, dem Tag der Besetzung des Sudetenlandes, ab. Diesen Rechtsbruch akzeptierten die Briten gemeinsam mit den anderen Westmächten am 30. September 1938 mit dem Münchner Abkommen. Premier Neville Chamberlain ließ sich in London als »Friedensretter« feiern. Sein Kontaktmann zu Hitler war nach Ribbentrop nun Herbert von Dirksen. Der Gutsbesitzer, Jurist und Beamte im preußischen Staatsdienst hatte ab 1918 Karriere im Auswärtigen Amt gemacht und war ab 1933 Botschafter in Tokio. Dort spürte er, dass Hitler seinen Diplomaten wenig vertraute. Von den Verhandlungen zur »Achse Berlin – Tokio« blieb er ausgeschlossen und in die NSDAP trat von Dirksen erst 1936 ein. Bis zum Abbruch der Beziehungen am 1. September 1939 dürfte er die Vertretung ohne großes NS-Pathos geführt haben.

Das politische Klima im Apparat des Militärattachés, in dem Luise Walter tätig war, hatte Leo Freiherr Geyr von Schweppenburg geprägt. Der 1886 in Potsdam geborene Militär versah den Posten von 1933 bis 1937. Obwohl ihn Hitler am 1. September 1935 zum Generalmajor und am 1. Oktober 1937 zum Generalleutnant beförderte, sah der Militärattaché den »Führer« skeptisch. Bereits in der Rheinlandkrise 1936 hatte er davor gewarnt, die Engländer zu unterschätzen und Hitlers Politik als »abenteuerlich« bezeichnet. Das brachte ihm nicht nur eine Rüge des Kriegsministers Werner von Blomberg, sondern auch das Misstrauen der Reichskanzlei ein. Er übernahm 1937 das Kommando über die 3. Panzer-Division Berlin.

Vom 1. April 1936 bis zum 3. September 1939 arbeitete Generalmajor Ralph Wenninger, 1890 geboren, als Luftwaffenattaché in London. Der mit 97 versenkten Handelsschiffen im Ersten Weltkrieg gefeierte U-Boot-Held war inzwischen im Reichsluftfahrtministerium gelandet und machte später eine steile Karriere, zuletzt im Generalstab der Luftflotte 3. Ein Militär durch und durch, der meinte, die Politik rede ohnehin nur in die Angelegenheiten der Wehrmacht hinein.

In diesem Umfeld musste sich die junge Luise Walter, die ihren Berufsweg einmal mit einem Volontariat bei einer Berliner Zeitung begonnen hatte, ihre politische Meinung bilden. Dabei dürfte das militärische Milieu einen stärkeren Einfluss als das national-sozialistische gehabt haben. Die Widersprüche zwischen den altgedienten Militärs und den Nazi-Emporkömmlingen werden ihr kaum verborgen geblieben sein. Das Aufkommen eigener Fragen ist wahrscheinlich, die Suche nach einem Ausweg liegt nahe. Die Frau soll sie im Kontakt zum britischen Geheimdienst realisiert haben.

Sogenannten Selbstanbietern stehen Geheimdienste in aller Welt skeptisch gegenüber. Dennoch haben sich die Briten offenbar darauf eingelassen. Ihnen dürfte nicht entgangen sein, dass sich Abwehrchef Wilhelm Canaris, Jahrgang 1887, etwa ab 1937 vom begeisterten Gefolgsmann Hitlers wandelte und nun zu widerständischen Gruppen im Militär hingezogen fühlte. Auslöser war die international stark beachtete »Blomberg-Fritsch-Krise«, bei der Reichskriegsminister Werner von Blomberg und der Oberbefehlshaber des Heeres, Werner von Fritsch, von Hitler kaltgestellt wurden.

Doch es gab auch konkrete Signale für die Briten. Die deutschen Abwehroffiziere Josef Müller und Wilhelm Schmidthuber nahmen im Auftrag von Canaris Kontakt zu Papst Pius XII. über dessen Privatsekretär, den Jesuitenpater Robert Leiber auf. So sollte ein Kanal zu den Westmächten eröffnet werden. Nach London lief er über den britischen Gesandten Sir Francis d'Arcy Osborne in Rom. Bei der Regierung des Vereinigten Königreichs blieb das Echo reserviert. Dennoch flossen Informationen. So gelangten zum Beispiel Notizen von Canaris zu einer Hitler-Rede im kleinsten Kreis am 22. August 1939 auf dem Berghof über dessen Stabsoffizier Hans Oster bereits drei Tage später an die britische Botschaft.

Es gab also durchaus ein begründetes britisches Interesse, eigene Informationsquellen zu erschließen. Die daraus resultierende Vermutung der Engländer, innerhalb der Nazi-Abwehr gebe es Widerstand gegen das Regime, bestätigte sich viel später noch einmal, als Wilhelm Canaris und Hans Oster am 9. April 1945 im KZ Flossenbürg ermordet wurden.

Die Annahme, dass sich die persönliche Suche nach einem Ausweg bei Luise Walter mit den Interessen der Briten verband, und sie deshalb Kontakt zu ihnen fand, wäre somit nicht unbegründet.

Mit dem Sieg der Alliierten über Hitler 1945 legitimierte sie sich in überzeugender Weise. Luise Walter stand auf der »richtigen« Seite.

Sie war inzwischen verheiratet, ihr Mann hatte den Krieg überlebt und eigentlich schien nun alles erledigt zu sein. Vielleicht kehrte sie deshalb in ihre märkische Heimat und nicht in die Britische Zone zurück. Der Traum vom Frieden blühte überall in Deutschland.

Er zerbrach, als ihr Mann von den Russen verhaftet und in einem »Speziallager« interniert wurde. Einen Grund dafür erfuhr sie nicht. Der Mann überlebte, doch sieben Jahre nach der Haft – etwa 1953 – starb er an deren Folgen.

Luise Walter ist verzweifelt und wütend auf die Russen und deren ostdeutsche Handlanger. Wieder musste sie einen Ausweg finden. Und sie verhielt sich so, wie schon 15 Jahre zuvor, suchte und fand erneut Kontakt zum britischen Geheimdienst.

Der Secret Intelligence Service an der Vauxhall Cross, London SE 1-1 BD – volkstümlich MI 6 genannt und nur aus den James-Bond-Filmen bekannt – hielt seine pure Existenz bis 1992 geheim. Informationen über ihn oder gar den öffentlich nur »C« genannten Chef, standen in Großbritannien unter Strafe. Dennoch bestätigt George Bailey, im Krieg US-Verbindungsoffizier zur Roten Armee und später Chef von »Radio Liberty«, für die 50er-Jahre, dass »die SIS-Station in Berlin die größte des Dienstes in der ganzen Welt« war.

Die Briten haben die Sowjets als neuen Feind ausgemacht. Es geht um das militärische Potential der Roten Armee. Die ersten Quellen sprudeln reichlich, zwischen 1945 und 1951 laufen rund 500 sowjetische Soldaten und Offiziere zu den Briten über. Der wichtigste Deserteur für den Geheimdienst

ist der KGB-Leutnant Alexej Myakow von der Spionageabwehr in Bernau. Doch auch aus den russischen Exil- und Emigrantenorganisationen fließen Informationen, bis KGB und Stasi sie infiltriert haben. Im Durchgangslager Friedland im Westen wurden rund 250 000 entlassene deutsche Kriegsgefangene systematisch befragt. Mit der SIS-Aktion »Dragon Return« sammelten die britischen Geheimdienstler überdies Nachrichten von Wissenschaftler, die zum Dienst in der Sowjetunion zwangsverpflichtet gewesen waren.

Längs der Bahnlinien wurden ostdeutsche Beobachter rekrutiert, bereits seit 1947 waren sie auch in allen Rüstungsbetrieben der Zone präsent. Der britische Geheimdienst-Experte Paul Maddrell erinnert sich: »Es gab kaum Probleme bei der Anwerbung Ostdeutscher, weil viele Vorbehalte gegen die Sowjets hatten. In der Regel handelten sie aus antikommunistischer Überzeugung ohne Bezahlung.«

Luise Walter gehörte inzwischen wieder dazu. Dass das eine gefährliche Sache war, konnte sie immer wieder in der Zeitung lesen. In der Aktion »Blitz« im November 1954 und der folgenden unter dem Decknamen »Frühling« verhaftete die Stasi 521 DDR-Bürger. 105 von Ihnen wurde eine Verbindung zum MI 6 vorgeworfen. Für Spionage drohte in der DDR die Todesstrafe. An dieser Front war auch der Kalte Krieg heiß. Am 12. März 1953 schossen die Sowjets in der DDR nach einem Feuergefecht einen britischen Avro-Lincoln-Bomber mit Spionageausrüstung bei Thomsdorf an der Elbe ab.

Und immer wieder erwischte es die geheimen Konfidenten der Briten im Osten. Durch Verrat des britischen KGB-Maulwurfs im SIS, George Blake, flog im Oktober 1959 Hans Möhring auf. Der Mann aus dem Ministerium für Schwermaschinenbau, u. a. für die Atomkraftplanungen der DDR zuständig, wurde 1960 zu lebenslanger Haft verurteilt. Seine Frau Irma bekam fünfeinhalb Jahre. Erst im Juli 1976 kaufte ihn die Bundesrepublik für 500 000 DM frei.

Die Frau aus Potsdam schreckte das alles offenbar nicht ab. Sie sagt Jahre später nach der Erinnerung von Zeitzeugen: »Ich will einfach noch erleben, wie dieser Staat zusammenbricht. Das bin ich meiner Familie schuldig.« Ihr Diabetes ließ sie das nicht mehr schaffen, aber genau hier lag wohl das Motiv für den gefährlichen Weg, den sie gewählt hatte.

Inzwischen zog sich die Mauer durch Berlin und für die Spione und Agenten jeglicher Couleur war alles viel schwieriger geworden. Geheimdienst-Experte Paul Maddrell: »Nach dem 13. August 1961 rissen viele der bis dahin funktionierenden Verbindungen ab. Es mussten neue Wege gefunden werden.«

Die Aufklärung des Militärpotentials im Osten erfolgte inzwischen sehr effektiv über die britische, französische und amerikanische Militärmission, stationiert in Potsdam. Doch neben den gesammelten Daten, Fotos und Proben musste vor allem eines in Erfahrung gebracht werden: Wie ist die Stimmung der Bevölkerung, wie steht sie zu der allenthalben zu beobachtenden Militarisierung der DDR?

Dazu waren Informanten vor Ort nötig und Wege zu finden, wie diese Nachrichten in den Westen gelangten. Luise Walter hatte das organisiert, doch als Frau, die auf die 50 zuging und nicht arbeitete, war sie auf Hilfe angewiesen.

Deshalb hatte sie sich schon in den 50er-Jahren mit Werner Buschmann verbündet. Der damals Mitte 30-Jährige war geschieden, hatte keine Kinder und lebte in Werder. Seinen Traum von einer Arbeit als Architekt hatte ihm die DDR längst zunichte gemacht. Nach außen schien sich Buschmann damit abgefunden zu haben: »Ich sitze bei einer Baubehörde und erteile Baugenehmigungen.« Aber insgeheim nutzte er seinen großen Bekanntenkreis, zu dem viele kleine Partei-Könige gehörten, die gern bei ihm am See feierten und dann unverblümt über ihre persönliche Wichtigkeit schwadronierten, um die Ohren zu spitzen.

Auch Werner Buschmann hatten die Verhältnisse zur Spionage für die Engländer gebracht. Er stammte aus einem kommunistisch geprägten Elternhaus. Auf Anweisung der KPD ging sein Vater ohne Familie Anfang der 30er-Jahre nach Moskau. Dort geriet er in Stalins Terrorapparat und wurde nach Sibirien verbannt. Nach dem Hitler-Stalin-Pakt vom 23. August 1939 lieferten ihn die Sowjets an die Nazis aus. Werners Vater landete im KZ Sachsenhausen. Er überlebte, aber dem Kommunismus schwor er für immer ab. 1949, also lange nach den großen Verhaftungswellen der Russen im Osten, holte ihn die Vergangenheit wieder ein. Er wurde des »Verrats« bezichtigt und wanderte ins Gefängnis nach Bautzen. Lange hörte

die Familie nichts von ihm. Dann kam ein Totenschein: An Lungenentzündung gestorben, stand darauf.

Werner Buschmann hat an diesen Erfahrungen sein Leben ausgerichtet: »Ich habe es mir zur Maxime gemacht, nie wieder zu Unrecht zu schweigen.« Von der Entwicklung in der DDR ist er enttäuscht: »Vielleicht bin ich mehr Kommunist als diese ganzen Verbrecher in Berlin und anderswo«, sagt er bei Gelegenheit zu Jan Weiß. Doch auch die Bundesrepublik ist für ihn keine Alternative, die unbesehen zu akzeptieren ist: »Die Mörder meines Vaters und die der vielen anderen unschuldig Hingerichteten sind immer noch frei. Genauso sieht es drüben in Westdeutschland aus. Denken Sie, dort hätte man alle zur Verantwortung gezogen, die Schuld am großen Massenmorden in den KZs trugen? Wo ist nun die Gerechtigkeit?«

Da mag ihm das Angebot Luise Walters, für die Engländer zu arbeiten, gerade recht gekommen sein. Sie kannte seinen Vater und hatte Vertrauen zu dem damals noch jungen Mann. Und der verfolgt ein klares Ziel: »Ich will mit Hilfe unserer Arbeit den Verfechtern dieser verweichlichten Demokratie im Westen beweisen, dass von unserem Staat nichts Gutes kommen wird. Wenn diese Demokratie da drüben nicht aufpasst, kann sie eines Tages von den Ereignissen überrollt werden. Die Verharmlosung des Kommunismus und seiner Ideologie kann schwere Folgen haben.«

Werner Buschmann, im Herzen immer noch ein sozialistischer Träumer, sieht in seinem Umfeld die zahlreichen Misslichkeiten der DDR: »Seit vielen Jahren beobachte ich einen Sumpf von Bevorzugungen und Vorteilsnahmen von Parteifunktionären, ihre Heuchelei und Unehrlichkeit und damit auch ihr wachsendes Unrechtsbewusstsein. Von wegen glühende Patrioten, sozialistische Persönlichkeiten und was sie noch alles sein wollen. Egoisten und miese Karrieristen sind sie, gemeine Diebe, die das Volk bestehlen.« Er weiß aus eigener Erfahrung nur zu gut: »Zu den Phänomenen unserer Gesellschaftsordnung gehört, dass alle mitmachen und keiner es nachher gewesen sein will.« Dagegen wollte er etwas tun.

Doch die Jahre als Einzelkämpfer blieben nicht ohne Folgen. Das Herz. Werner Buschmann scheint die Last seines Lebens zu spüren, doch er will nicht aufhören, ohne das Haus bestellt zu haben. Die Briten boten ihm immer wieder die Ausschleusung an, aber der heimatverbundene Mann will sein Häuschen am See, in dem schon der Großvater als Fischer lebte, nicht aufgeben. Die örtlichen Bonzen drängten und intrigierten, denn es lag derweil in »ihrem« Datschen-Gebiet, Buschmann widerstand. Erst 1981 warf ihn ein Herzinfarkt um, wenig später ging er dann doch in den Westen. Der britische Geheimdienst versorgte ihn mit einer neuen Identität. Die deprimiert klingende Bilanz seines Lebens, die er seinem »Nachfolger« Jan Weiß in der DDR offenbart, kann auch das neue, unbeschwerte Leben nicht ändern: »Wir taugen weder für das Leben im Kommunismus, noch für das in einer westlichen Demokratie. Leute wie wir stehen immer auf der Verliererseite«.

Doch zurück in die Zeit Anfang der 60er-Jahre. Im Krankenhaus in Potsdam lernte Werner Buschmann den rund 20 Jahre jüngeren Jan Weiß kennen. Der hatte Industrieschmied gelernt und war ein Jahr nach Einführung der Wehrpflicht in der DDR am 24. Januar 1962 mit »freiwilligem Zwang« als dreijähriger »Dienetot« in die NVA geraten. Der junge Mann ist von dem Älteren beeindruckt: »Er war kein Guru, der es verstand, mir den Kopf zu verdrehen. Buschmann faszinierte mich durch sein Wissen, durch seine rationale Analyse und durch seine nur schlecht widerlegbare Kritik an den gesellschaftlichen Zuständen in der DDR.« Seine Gespräche mit ihm waren etwas anderes, als die platte Propaganda bei der Armee: »Allein wie er mir einige politische Vorgänge erklärte, wie sie damals von der DDR-Regierung praktiziert wurden, wie er sie regelrecht in Einzelteile zerlegte, ja geradezu sezierte, machte auf mich einen ungeheuren Eindruck.«

Die beiden befreunden sich nach und nach. Die Gespräche mit Buschmann fielen bei Jan Weiß auf fruchtbaren Boden: »Sie animierten mich geradezu, mehr für meine Bildung zu tun.« Als er aus den vorsichtigen Andeutungen des inzwischen väterlichen Freundes von dessen Arbeit »für ein britisches Institut« erfuhr, schien sich eine Alternative zu eröffnen. Jan Weiß: »Ich vermag heute nicht mehr zu beurteilen, ob es letztlich die despotische und keinen Widerspruch duldende Art meines Kompaniechefs und seiner Genossen, oder ob es ganz einfach meinem rebellischen Charakter zuzuschreiben war.« Er meint: »Meine Neugier auf Menschen war es auch, die mich immer mehr zum Gegner des DDR-Sozialismus werden ließ.«

Dabei sieht Jan Weiß heute sein damaliges Verhalten durchaus kritisch: »Natürlich muss ich auch zugeben, dass mich zu dem Zeitpunkt, als ich in Buschmanns Hand einschlug, auch das Abenteuer reizte. Ich ging einen vollkommen anderen Weg, scherte aus und unterschied mich damit von meinen Mitmenschen. Ich war so ein vollkommen Anderer.« Und: »Bestimmt spielte auch eine gehörige Portion Profilierungssucht und Neugier eine Rolle. Ich wollte ausbrechen aus den alltäglichen Zwängen. Ich war einfach nicht mehr irgendwer, sondern einer, der es wagte, ganz andere Wege zu gehen.« Dennoch resümiert er im Nachhinein: »Buschmann hatte mir die Chance gegeben, abzuspringen.«

Nach dem Dienst bei der NVA ging Jan Weiß zurück in seine Heimat in der Magdeburger Gegend. Auf Anraten des »Instituts« begann er eine kleine Karriere beim »Rat des Kreises«, wurde sogar »inoffizieller Mitarbeiter« der Stasi und saß auf allen möglichen Pöstchen, ob Zivilverteidigung oder in der Musterungskommission, bis er sich später – auch wegen der wachsenden physischen und psychischen Belastung – in einen Produktionsbetrieb zurück zog. Auch dort sammelte er wertvolle Informationen.

»Bei mir steht Gerechtigkeit ganz oben an«, sagt Weiß. Das bestärkte ihn in seiner geheimdienstlichen Tätigkeit, die er 1970 etwa so sah: »Wir haben erkannt, dass kleine und große Verbrecher unseren Staat regieren. Was ich im Staatsapparat und bei der Staatssicherheit täglich an Schwachsinn und auch an Gemeinheiten erlebte, das gab mir die Kraft, dieses System mit meinen Mittel zu bekämpfen. Nicht ihre vollen Schaufenster im Westen und ihre Politiker reizen mich zu diesem gefährlichen Spiel, nein, ich wollte nur meinem Volk helfen.«

Jan Weiß fühlte sich nicht als Spion. Werner Buschmann hatte ihm erklärt: »Bei unserer Tätigkeit interessiert uns nicht das neueste Geschütz oder eine geheime Waffe der Nationalen Volksarmee. Uns interessieren mehr die Menschen dort und anderswo. Unsere Arbeit fließt in die strategischen Studien der Politiker des Landes ein, für das wir tätig sind, und da sie in der NATO und auch in der EWG ein gehöriges Wörtchen mitzureden haben, hoffe ich, dass unsere Arbeit von Nutzen ist.«

Die sich Anfang der 80er-Jahre verschärfende Lage, schien dies zu bestätigen. Die NATO fasste am 12. Dezember 1979 ihren »Doppelbeschluss«, der die Stationierung von Pershing-Raketen und Cruise Missiles in Westeuropa festlegte, falls die Sowjets nicht ihre SS 20 zurückzögen. Am 23. März 1983 verkündete US-Präsident Ronald Reagan die »Strategic Defense Initiative«, SDI, an – der Weltraum würde in künftige Kriegsszenarien einbezogen. Moskau reagierte mit verstärkten Aktivitäten des KGB. Unter dem Codewort »Rjan« – Abkürzung für »Raketno-Jadernoje Napadenje«, auf deutsch »Atomraketenangriff« – wurden überall auf der Welt Informationen gesammelt, die auf einen angenommenen atomaren Erstschlag des Westens hinweisen könnten. Es herrschte eine hysterische Stimmung. Als am 29. September 1983 in der sowjetischen Kommandozentrale Serpuchowo-15 Atomalarm ausgelöst wurde, weil angeblich 5 US-Raketen anflogen – in Wahrheit handelte es sich um eine ungünstige Sonnenreflektion – stoppte Oberstleutnant Stanislaw Petrow in letzter Sekunde einen Gegenangriff. Das Manöver »Able Archer« im gleichen Jahr brachen die USA ab, weil die Sowjetunion wegen der Beteiligung der Staatschefs daran den unmittelbar bevorstehenden Kriegsausbruch befürchteten. Auf dem Flugplatz Groß Dölln in der DDR standen schon die Bomber mit Atomwaffen und vorgewärmten Triebwerken für den Gegenschlag bereit.

Der britische Geheimdienst wusste durch den Doppelagenten Oleg Gordijewski, 1938 in Moskau geboren und 1974 in Dänemark vom MI 6 angeworben, von der Gefahr. Der Russe diente seit 1982 als stellvertretender KGB-Resident in London.

Vor diesem großen Hintergrund gewannen auch die »kleinen« Mosaiksteinchen, wie sie die Gruppe um Luise Walter beschaffte, an Gewicht. Deren Arbeit wurde immer gefährlicher. Sie stand längst im Visier der Stasi, doch die hatte keine Beweise in der Hand.

Das war auch ein Verdienst der »stillen« Mitarbeiter, zum Beispiel des Kuriers Albert. Er lebte in Potsdam ein unauffälliges Leben, schwamm in der SED mit und erledigte die regelmäßigen Fahrten nach Berlin, wo weitere Helfer warteten.

Dass auch er von einem politischen Motiv für die Spionage getrieben war, erfuhr Jan Weiß erst nach mehr als 20 Jahren ihrer Bekanntschaft während der konspirativen Autofahrt. Wieder lagen die Gründe weit zurück. »Die Befreier haben mich damals wegen meiner HJ-Jacke fast totgeprügelt«, er-

zählte Albert. Doch das war nicht alles. Immer wieder wurde die Mutter auf der Kommandantur vergewaltigt. Sie starb früh. Albert: »Da hat sich was eingebrannt.«

Luise Walter war inzwischen verstorben. Nach dem Ende der DDR wurde ihre Urne in aller Stille nach England geschafft.

Werner Buschmann lebte derweil im Westen. Jan und Albert spürten, wie sich das Netz der Stasi langsam über ihnen zusammen zog. Dennoch machten sie weiter. Vielleicht hatte Jan Weiß einfach Glück. Schon vor Jahren erschoss sich ein hoher Funktionär seines Kreises, weil die Stasi seiner Spionage für den Westen auf die Spur gekommen war. Die meinte daraufhin, damit das »reaktionäre Nest« ausgerottet zu haben. Das vertraute ein Stasi-Offizier Jan Weiß an, der noch in der Wendezeit auf ihn baute und ihn als Spitzel in eine der sich gerade bildenden neuen politischen Organisationen einschleusen wollte: »Sie hatten einige Leute in ihrer näheren Umgebung, die stuften wir wirklich als gefährliche Gegner unserer gemeinsamen Sache ein.« Und unverblümt sagt er ihm auch: »Wir hatten sie lange im Verdacht, dass sie für eine feindliche Organisation arbeiten.« Über zehn Jahre dauerte die Beobachtung, doch Jan Weiß hatte sich nie eine Blöße gegeben, an der die Stasi einhaken konnte.

Mit der gewohnten Überheblichkeit erklärt ihm nun der Stasi-Mann: »Sie hätten auch nicht die Nerven dazu gehabt. Für irgendeinen ausländischen Nachrichtendienst zu arbeiten. Sie waren sie einfach zu klein, von der Funktion her gesehen, um denen dort Nachrichten von Interesse zu übermitteln.«

Es war die Arroganz der Macht, die die Stasi an der Agentengruppe von Luise Walter scheitern ließ. Sie erlaubte es ihr nicht, die politischen Motive zu erkennen. Die Stasi fahndete nach Söldnern. Das Ausgeben von ein paar Westmark im Intershop hätte sie vielleicht fündig werden lassen. Doch die Leute waren keine Söldner. Sie hatten ihre Gründe für das, was sie taten.

Das scheint nicht einmal Spionagechef Markus Wolf richtig begriffen zu haben. Lange nach dem Ende der DDR meinte er: »Wir haben nicht gegen Feindbilder gekämpft, wir haben Feinde gehabt.« Dass sich manche die DDR im Laufe ihrer Geschichte selbst herangezogen hatte, schien er vergessen zu haben.

ZWICKMÜHLEN

Mit jedem Schienenstoß drückt das Auto auf dem Bundesbahn-Rungenwagen dem unter ihm liegenden jungen Mann auf die Brust. Trotzdem traut der sich nicht, in Berlin-Wannsee den heimlich geenterten Autoreisezug zu verlassen. Die unbemerkt überquerte DDR-Grenze liegt gerade vier Kilometer hinter ihm. Er fährt weiter bis nach Grunewald. Mit einem Schotterstein in der Hand – »für alle Fälle« – rutscht er die Bahnböschung hinunter. Ringsum stehen gediegenen Villen, warmes Licht hinter den Fenstern. Der Mann wischt sich den Schweiß vom verdreckten Gesicht und schlägt einen Feuermelder ein. Er wagt es nicht, so schmutzig und abgerissen, an einem der Häuser zu klingeln. Wenig später bringt ihn ein Rettungswagen der Feuerwehr in ein Krankenhaus. Das Ende einer Flucht nach West-Berlin.

Günter Laudahn aus Bergholz-Rehbrücke ist 32 Jahre alt und möchte im Westen ein neues Leben beginnen. Dazu sah er in der DDR keine Chance mehr. Der junge Elektroingenieur arbeitete in der Projektierung des »Sonderbaubüros Potsdam«. Das erledigte Aufträge der sowjetischen Besatzer und der Nationalen Volksarmee und wollte den verlässlichen Mitarbeiter nicht so einfach gehen lassen. Aber Günter Laudahn musste weg, denn Ende 1962 war seine Ehe geschieden worden. Die beiden Kinder blieben bei der Frau. Laudahn: »In der DDR war es ja so: Wenn man nicht die Freistellung des Betriebes bekam, konnte man sich auch keine andere Arbeit suchen. Ohne Arbeit gab es aber keine eigene Wohnung und ich hätte noch ewig mit meiner geschiedenen Frau unter einem Dach

leben müssen. Das hat mir gestunken.« Er hoffte, im anderen Teil Deutschlands einen neuen Anfang zu finden.

Da gab es nämlich noch etwas: Günter Laudahn wollte mit Politik eigentlich nichts zu tun haben. Doch das passte nicht in die Zeit, in der Bekenntnisse gefordert waren. Das Bekenntnis zur Mauer, die seit gut einem Jahr stand, das Bekenntnis zur DDR, die massiv aufrüstete und das Bekenntnis zum Frieden, dem die Militärbauten seines Betriebes angeblich dienten. Er mochte dazu nichts sagen: »Ich war da mehr so eine Art Außenseiter.« Das blieb »im Kollektiv« nicht verborgen. Ein wohlmeinender Kollege nahm den jungen Ingenieur beiseite. Laudahn: »Das war ein Mann, der auch mal ein offenes Wort sprach und nicht nur die SED-Propaganda vertrat. Er sagte mir eines Tages, ›Günter, das Schwein, das seinen Stempel aufgedrückt bekommen hat, geht auch zum Schlachthof. Früher oder später.‹«

Günter Laudahn bekam es mit der Angst. Er sah nur noch in der Flucht einen Ausweg. Anfang Dezember 1962 beobachtete er, wie die Grenze um die West-Berliner Exklave Steinstücken mit einem Zaun und Scheinwerfern ausgebaut wurde. »Mir war klar, wenn du abhauen willst, musst du dich beeilen. Sonst ist alles dicht«, erinnert sich der Mann.

Eines Nachts schlich er sich an die Gleise: »Auf dem Kontrollweg lief eine Katze. Ich dachte mir, wo eine Katze ist, ist kein Hund und wo kein Hund ist, ist kein Posten. Dann kam der Zug, auf den ich aufgesprungen bin.« Es war der 10. Dezember 1962.

Nach einer heißen Dusche im Krankenhaus landete Günter Laudahn im Notaufnahmelager Marienfelde. Dort hatte er gleich nach der Röntgen-Untersuchung die »Sichtungsstellen« des amerikanischen, britischen und französischen Geheimdienstes zu passieren. Natürlich fiel den Profis die bisherige Arbeitsstelle des Jung-Ingenieurs auf: Das Sonderbaubüro Potsdam. Er erzählte auch freimütig, dass er mal eine Lehre als Metallflugzeugbauer begonnen habe, bevor er auf Elektroinstallationen umsattelte. Misstrauisch war Günter Laudahn nicht, schließlich wollte er im Westen ein neues Leben beginnen. Dann folgten die nächsten zehn, noch ausstehenden Stationen des Notaufnahmeverfahrens von der Zuständigkeitsprüfung bis zur Transportstelle.

Die karge Kantine mit ihrem Blechgeschirr, die schmucklosen Zimmer, nur mit drei oder vier Betten, Tisch und Stuhl möbliert und das endlose Warten vor Bürotüren, bei denen niemand wusste, was sich dahinter verbarg, dämpften den Traum von der großen Freiheit. »In der Stadt« glitzerten Weihnachtsdekorationen, das Tannengrün mit Kerze im neblig-nasskalten Lager machte alles nur noch schlimmer. Günter Laudahn war froh, als ihm jemand den Umzug in ein anderes Lager anbot. Oberursel im Taunus. »Dort werden sie betreut und verwöhnt, haben sie mir versprochen«, erzählt der Mann und das schien auch zu stimmen.

Dass der amerikanischen Geheimdienst CIA im Camp King in Oberursel seinen Nachwuchs ausbildete, ahnte Günter Laudahn damals nicht. Er nahm ohnehin sein Schicksal in die eigenen Hände. Beim Arbeitsamt fand er eine Stelle bei der »Starkstrom-Anlagen-Gemeinschaft«. Wenig später zog er nach Rendsburg in Schleswig-Holstein an den Nord-Ostsee-Kanal.

Dort tauchte bald ein Mann auf, der sich nach seinem Wohlbefinden erkundigte. »Er fragte, ob ich mich eingelebt habe, und lud mich ins Theater ein. Auch mal auf ein Bier. Durch die Trennung von der Familie fühlte ich mich ziemlich einsam.« Die beiden freundeten sich an. Laudahn: »Ich hatte ja niemanden. Er war großzügig, wir gingen essen und sahen uns die Gegend an.« Der neue Freund erzählte, dass er Briefmarken sammle, und Günter brachte ihm die bunten Bildchen von seinen DDR-Briefen mit.

Dann hatte der neue Kumpel eines Tages eine Bitte: »Er fragte mich, ob seine Bekannten im Osten nicht an meine Adresse schreiben und ich die Briefe dann weiterleiten könnte. So würden sie Ärger in der DDR vermeiden. Natürlich wollte ich helfen.« Günter Laudahn war froh, sich endlich mal bei seinem vermeintlichen Freund ein bisschen revanchieren zu können.

Dass das Ansinnen etwas merkwürdig war, fiel ihm nicht auf und er dachte nicht groß darüber nach. Erst Jahre später weiß er: »Da hätten mir schon die Ohren klingeln müssen. Aber ich war angespannt und habe mir keinen Kopf gemacht. So ging es dann weiter. Ich bekam hin und wieder kleine Aufträge und erledigte sie.«

Ohne es zu ahnen, steckte Günter Laudahn bereits in der Zwickmühle des amerikanischen Geheimdienstes CIA. Geschickt brachte sein »Freund« das Gespräch darauf, dass er sich doch auch für Flugzeuge interessiere. Er habe da eine Bitte: Ein anderer Bekannter von ihm, ein Pilot, sei auch aus der DDR geflohen. Natürlich habe der sehr schnell wieder einen gut bezahlten Flieger-Job bekommen, doch er fühle sich sehr einsam. Vielleicht könne Günter sich mal mit ihm treffen und ihn ein bisschen aufrichten, so von Landsmann zu Landsmann. Gleichzeitig würde man auf dem Flugplatz interessante Maschinen sehen und so zwei Fliegen mit einer Klappe schlagen.

Natürlich sagte Laudahn zu. Der Pilot empfing ihn sogar in voller Montur und der Freund schoss jede Menge Erinnerungsfotos.

Inzwischen redete der mit Günter auch über die große Politik. Die Amerikaner kämpften für die Freiheit in Vietnam, Günter kenne das ja noch aus der DDR, wie die Kommunisten im geteilten Land die Menschen unterdrückten. Genauso sah es nun im Fernen Osten aus. Auch Korea und Vietnam waren geteilt. Aus Pjöngjang waren ständig Kriegsdrohungen zu hören und Hanoi wollte den Süden erobern. Die Freiheit war in Gefahr. In Deutschland könnte es von heute auf morgen genauso aussehen. Zum Glück waren ja die Amerikaner da. Aber deren Stärke lag in der Luft. Das hatten sie ja mit der Versorgung Berlins über die Luftbrücke bewiesen. Günter kenne sich doch aus mit Flugzeugen: Wenn der Russe da auf einmal die neue MiG 21 einsetzt, wird's zappenduster. Dann wäre die Lufthoheit futsch. Dagegen müsse etwas getan werden. Laudahn: »Er sagte mir, die Amerikaner brauchten eine MiG 21, um Gegenmaßnahmen treffen zu können. Das habe ich eingesehen.« Fast schon feierlich verkündete der »Freund«: Du kannst dabei helfen! Du und kein anderer!

Natürlich würde ihn das nicht in Gefahr bringen, dafür stehe der Freund ein. Keine große Sache, nur eine Nachricht solle Günter nach Ost-Berlin bringen. Dort gebe es einen Mann bei der DDR-Fluggesellschaft »Interflug«, dessen Bruder bei den Luftstreitkräften der NVA arbeite. Diesen Interflug-Mann müsse jemand kontaktieren, alles weitere wäre dann nicht mehr seine Aufgabe. Passieren könne dabei überhaupt nichts, denn es würde nur die mündliche Botschaft geben und im Übrigen sei der Pass so präpariert, dass niemand im Osten merken würde, dass Günter Laudahn mal »Republikflüchtling« war.

Er sagte zu, machte ohne jegliche Probleme einen Probeausflug nach Ost-Berlin und nahm beim nächsten Besuch Kontakt zu dem Interflug-Piloten auf: »Ich habe ihm Grüße von seinem republikflüchtigen Freund aus dem Westen ausgerichtet und die Fotos gezeigt, auf dem ich mit ihm vor den Flugzeugen stand.« Ein weiteres Treffen wurde vereinbart, diesmal im Interflug-Wohnheim in Berlin-Grünau. Wieder schien alles gut zu klappen. Laudahn: »Mir war das schon ein bisschen unheimlich, denn es war ja militärisches Gelände. Ich bat den DDR-Piloten, mit mir in den Wald spazieren zu gehen. Dort machte ich ihm das Angebot, eine MiG 21 mit möglichst vielen Ausrüstungsgegenständen in den Westen zu bringen. Dafür würde es für ihn eine gute Aufwandsentschädigung geben.« Wie viel die Amerikaner zahlen wollten, wisse Günter Laudahn nicht, das müsse der Pilot direkt verhandeln. »Ich sagte ihm, dass auf einem Müllhaufen in der Nähe ein Mauerstein liegen würde, darin war ein Funkgerät. Wenn man an den Stein klopfte, kam es zum Vorschein. Über dieses Gerät könne er alles selbst verhandeln. Um zu beweisen, dass mein Angebot sauber sei, bot ich ihm im Auftrag der Amerikaner an, Ort und Zeit festzulegen, zu der ein US-Hubschrauber dann dreimal über einer bestimmten Stelle kreisen würde oder ein amerikanisches Auto in einer bestimmten Ost-Berliner Straße kurz halten würde.«

Damit war Günter Laudahns Auftrag erledigt. »Der Pilot hat sich nicht groß geäußert, aber er hat mich auch nicht verpfiffen. Ich war heilfroh, als es vorbei war, ich war da schon auf heißer Sohle unterwegs.«

Erleichtert stieg er in die S-Bahn Richtung Friedrichstraße. Bei der Ausreise im »Tränenpalast« wurde Günter Laudahn von Mitarbeitern des Ministeriums für Staatssicherheit verhaftet. Er ahnte nicht, dass sie längst jeden seiner Schritte observiert hatten. Es ging ins Stasi-Gefängnis nach Hohenschönhausen.

»In gewisser Weise habe ich mich schuldbewusst gefühlt, weil ich illegal in die DDR eingereist war und weil ich diesen Piloten zum Verlassen der DDR mit der MiG verführen wollte. Da habe ich mich schon etwas schuldbewusst gefühlt«, erinnert sich Günter Laudahn: »Wie das alles ausgehen könnte, daran habe ich damals überhaupt nicht gedacht.«

Er erfuhr es ein paar Monate später vor dem Obersten Gericht der DDR. Im August 1966 begann sein Prozess, Anklage:

Spionage im besonders schweren Fall. Bis dahin war Günter Laudahn für seine Verwandten verschollen, er bekam die Anklageschrift nicht zu Gesicht und erst kurz vor Verhandlungsbeginn tauchte ein von der Stasi bestellter Rechtsanwalt auf. Der teilte den Angeklagten lapidar mit, ihm seien ohnehin die Hände gebunden.

Erst im Gerichtssaal erfuhr Günter Laudahn, dass mit ihm zwei weitere Männer angeklagt waren. »Die standen wegen Zuhälterei vor dem Kadi. Warum dieser Prozess gemeinsam mit ihnen durchgeführt worden ist, war mir völlig unklar. Ich habe mir dann gedacht, alles solle wohl dazu dienen, noch einmal zu begründen, dass die Mauer nötig und rechtskräftig war.«

Der Vorsitzende Richter spannte den Bogen noch viel weiter: »Die von den Angeklagten begangenen Verbrechen stellen sich – ob es sich um den Spion Laudahn oder die Grenzprovokateure Hanke und Becker handelt – als unmittelbare Unterstützung der aggressiven Gewaltpolitik der revanchistischen und militaristischen Kreise der Bonner Regierung und des Westberliner Senats dar, die die Welt in die Katastrophe eines mit Atom- und Raketenwaffen geführten Dritten Weltkriegs zu stürzen droht.« Dem Angeklagten schwirrte der Kopf von den großen Worten. Er, der Elektro-Ingenieur aus Potsdam, der eigentlich nichts weiter wollte, als die kaputte Familie zu verlassen und im Westen ein neues Leben anzufangen, sollte nun plötzlich einen Krieg vom Zaun brechen? So wie 30 Jahre zuvor Hitler – Günter Laudahn verstand das alles nicht: »Mir ging alles durcheinander. Ich konnte nicht richtig denken. Die Einsamkeit in der Zelle und nun dieses große Theater, das hat mich ziemlich kaputt gemacht.«

Doch unerbittlich folgte das Spektakel einer vorgegebenen politischen Linie. Darüber war auch in der SED-Zeitung »Neues Deutschland« ausführlich zu lesen: »Alle ihre Taten – Spionage, Verrat, Provokation, Terror, Entführung, Grenzverletzung und mehr – stellen sich schon an diesem ersten Tag des Prozesses als Teile eines größeren Planes dar. Durch eine Anzahl vieler ›kleiner Schritte‹ die DDR zu unterminieren, sturmreif zu machen für die geplante Aggression. Der Prozess zeigt den Aggressoren die Grenzen ihrer Macht.«

Langsam begriff Günter Laudahn die ihm zugedachte Rolle in dem Spektakel: »Im Gericht wurde dargestellt, dass die beiden Mitangeklagten und ich eine Bande waren, die die DDR zerstören wollte.« Wie er das hätte tun sollen, weiß er nicht: »Die Anklage behauptete, ich wollte den Dritten Weltkrieg heraufbeschwören, aber das war mir völlig fremd. Es wurde erklärt, die MiG wäre in Richtung Westdeutschland geflogen und wäre dort in Kampfhandlungen verwickelt worden, die dann zu militärischen Großeinsätzen geführt hätten. Das wurde in den Reden der DDR-Staatsträger so langatmig dargestellt, dass es mir nicht in den Kopf hinein ging.« Irgendwann schaltete Günter Laudahn einfach ab.

Am Mittwoch, den 10. August 1966, wurde das Urteil für die zwar geplante, aber nicht zur Ausführung gekommene Tat gesprochen: Lebenslänglich für Günter Laudahn, zehn und sechs Jahre für die anderen beiden Angeklagten.

Der Mann war 36 Jahre alt und wusste nicht so recht, wie ihm geschah: »Beim Urteil ›lebenslänglich‹ ist man in so einer Leck-mich-am-Arsch-Stimmung, dass man darüber überhaupt nicht nachdenkt.« Nur das Gefühl sagte, dass irgendetwas nicht stimmen könne. Günter Laudahn: »Bei der Urteilsverkündung habe ich mich mit dem Rücken zum Gericht gedreht. Daraufhin wurde ich von den beiden Stasi-Leuten zurecht geboxt, mit der Aufforderung, die Richter anzusehen. Ich habe es trotzdem nicht getan – das war mein einziger Protest.«

Es folgten Jahre der absoluten Einsamkeit. Der angebliche Spion saß in einer Einzelzelle in Bautzen und versuchte, irgendwie zu überleben. Das war schwer genug: »Ich bekam all die Jahre als Letzter mein Essen. Die klitschigen, kranken Kartoffeln waren dann so breit gedrückt und so vermanscht, dass ich sie habe kaum essen können.« Doch selbst an so etwas gewöhnte man sich. »Viel schlimmer war das Gefühl der absoluten Hilflosigkeit, die endlosen Tage, die Nächte, in denen immer wieder das ›warum‹ im Kopf hämmerte, warum gerade ich?« Nach der Falle der CIA war Günter Laudahn in die nächste Zwickmühle geraten.

Hätte er die »Auswertung« seines Prozesses in der DDR verfolgen können, wäre ihm das sicher aufgefallen. Es ging damals darum, die aggressiven Absichten der »Bonner Ultras« zu »beweisen«. Angeblich planten sie, »mit klingendem Spiel« durchs Brandenburger Tor zu ziehen, da muss es doch Leute gegeben haben, die das alles vorbereiteten. Über den Prozess wurde

nicht nur im Zentralorgan der Partei »Neues Deutschland« mit Schlagzeilen wie: »Der verdeckte Krieg gegen die DDR«, »Ziel: Kriegsvorbereitung« oder »Spione und Agenten im Bonner System des verdeckten Krieges« berichtet. Auch die Fachliteratur wie der Zeitschrift »Neue Justiz« kommentierte das Urteil ausführlich und würdigte es als »beispielgebend«. Es war der letzte politische Prozess, über den vom 5. bis 11. August 1966 täglich ausführlich im Fernsehen berichtet wurde und für die staunende Bevölkerung gab es sogar unter dem Titel »Kennwort Gisela« ein Abenteuerheft, das für 80 Pfennige in einer Auflage von 65 000 Stück am Zeitungskiosk zu kaufen war.

Doch das Rad der Geschichte rollte weiter. Ende der 60er-Jahre wurde die DDR von den ersten Staaten außerhalb der »sozialistischen Freunde« anerkannt, im Westen begann die »neue Ostpolitik« Willy Brandts erste Früchte zu tragen. Eine völkerrechtliche Übereinkunft über die nach dem Zweiten Weltkrieg entstandenen Grenzen rückte in greifbare Nähe – da passte es nicht mehr in die Zeit, sich gegenseitig kriegerische Absichten zu unterstellen.

Dass spürte auch Günter Laudahn: »Nach gut drei Jahren Einzelhaft hieß es eines Tages: Strafgefangener Laudahn, 'raustreten. Ich wurde zur Wäschekammer geführt und bekam meine Zivilsachen. Dann wurde mir gesagt, dass meine Entlassung unmittelbar bevorstünde. Vorher wurde ich noch knapp zwei Wochen aufgepäppelt, dann ging es mit dem Bus über die Grenze in die Bundesrepublik.« Ein Agentenaustausch unter strengster Geheimhaltung.

Neben der großen Politik gehörten solche Aktionen zum alltäglichen Spionagegeschäft zwischen Ost und West. Die Fäden zog in diesem Fall der große Bruder in Moskau. Dort hatte das KGB einen Spion namens Jurij Loginow verloren, den man gern wieder haben wollte. Sicher nicht, um ihn mit Orden zu überhäufen. Der Mann war im geheimdienstlichen Auftrag 1957 von einem Sowjet-Frachter im Nord-Ostsee-Kanal gesprungen und dann in die Haut eines Kanadiers geschlüpft. Zehn Jahre nach der angeblichen Flucht ging er unter dessen Namen nach Südafrika. Dort wurde Uran geschürft und das brauchten all jene, die Atomwaffen bauten. Doch Loginow wurde seine Liebe zu Männern zum Verhängnis. Er tappte in eine Falle und packte bei südafrikanischen Geheimdienst aus. Das war ein unverzeihliches Verbrechen. Moskau wollte den Mann unbedingt wieder haben. Dazu wurde ein so ungewöhnliches Austauschangebot unterbreitet, dass die Südafrikaner nicht nein sagen konnten: Loginow gegen zwölf Ost-Häftlinge, die wegen Spionage für den Westen verurteilt wurden. Da in der Sowjetunion nicht genügend Leute einsaßen, musste die DDR helfen und aus ihrem »Austauschpotential« die entsprechenden Kandidaten bereitstellen. Günter Laudahn gehörte dazu, im schnoddrigen Jargon der Ost-West-Unterhändler galt er lediglich als »Beipack«. Rechtsanwalt Wolfgang Vogel, auf DDR-Seite an dem Deal beteiligt, erinnert sich: »Letztlich ging es um das Leben eines Menschen gegen die Freiheit von zwölf anderen. So waren die Zeiten, ich will das nicht bewerten.« Was aus Jurij Loginow geworden ist, weiß er nicht.

Für Günter Laudahn schien der Alptraum Bautzen beendet. Er konnte wieder in seinen früheren Job bei den Starkstrom-Leuten einsteigen und es gab noch ein kurzes Gespräch mit den Amerikanern und eine klitzekleine Entschädigung. »Ich war sehr enttäuscht, dass sich die Auftraggeber so gut wie gar nicht gemeldet haben. Und auch hier in der Bundesrepublik ist mir der Anfang verdammt schwer gefallen. Die Leute interessierten sich nicht für die Verhältnisse in der DDR. Sie wollten davon auch nichts wissen. Für die blieb ich der ewige Ossi.«

Wieder saß Günter Laudahn in einer Zwickmühle. Er war gesundheitlich angeschlagen, die Halswirbel sind kaputt und die Nerven dünn. Und er brauchte jemanden, mit dem er über alles sprechen könnte. Muss er sich schuldig fühlen oder war er nur ein Opfer, das ins politische Räderwerk geraten ist? Ganz zu Unrecht verurteilt fühlte sich der Mann nicht. Aber lebenslänglich für eine Tat, die gar nicht begangen wurde – was ist das für ein Recht? Es war niemand da, mit dem er darüber reden konnte. Keiner interessierte sich für ihn. Er war zum Strandgut des Kalten Krieges geworden.

»Gegen diese Gleichgültigkeit musste ich einfach etwas tun«, sagt der Mann Jahre später.

Damals hatte er ein konkretes Ziel und eine offenen Rechnung mit der DDR. »Mit dem Vater als Staatsfeind konnten ja dort meine Söhne nichts werden. Einer hat sich ohne große Ausbildung zum Agronom hochgearbeitet, den anderen wollte ich 'rausholen.«

Günter Laudahn erkundigte sich beim innerdeutschen Ministerium, ob er als ausgetauschter Häftling wieder in die DDR fahren könne. Das sei gefahrlos möglich, wurde ihm beschieden. Dann baute er sein Auto, einen Karman Ghia, um: »Ich habe hinter dem Armaturenbrett ein Versteck eingerichtet und einen Kabelbaum darüber installiert. Für den Notfall gab es eine Signallampe und einen Klingelknopf. Dann haben wir einen gemeinsamen Urlaub in Polen vereinbart.«

Unentdeckt passiert er mit dem präparierten Auto im Transit die DDR. Natürlich ist Günter Laudahn mulmig zumute, aber er will sich um seinen Sohn kümmern. Jahrelang war ihm das nicht möglich, er meint, an dem Jungen etwas gut machen zu müssen. Dafür trug er nun das Risiko, als freigekaufter Lebenslänglicher wieder in Bautzen zu landen. Viel Vertrauen hatte er in die Bonner Auskunft, nach Recht und Gesetz könne nichts passieren, nicht. Er wusste ja nur zu gut, wie die DDR damit umging. Doch diesmal lief tatsächlich alles gut. In Polen machten die Männer ein paar geheime Probefahrten, dann ging es auf der Fähre von Swinemünde ins schwedische Ystad.

Auch fast fünfzig Jahre später fällt es Günter Laudahn schwer, über all das zu sprechen. Er rettet sich in einen gestelzt klingenden Satz: »Leider haben die Ereignisse mit der Verurteilung, den Haftbedingungen und allen damit im Zusammenhang stehenden Vorkommnissen bei mir deutliche Spuren hinterlassen, die immer noch vorhanden sind. Jede Erinnerung daran wühlt mich auf.« Ein letztes Mal scheint er eine Zwickmühle zu spüren: »Es ist für mich zweiseitig zu betrachten. Zum einen die gesundheitliche Belastung und zum anderen die Dokumentation.« Günter Laudahn befreit sich und erzählt. Für ihn wird es keine Zwickmühlen mehr geben.

EIN VERGESSENER SKANDAL

Eigentlich hat Klaus Traube überhaupt keine Zeit. Seit es nach dem schweren Erdbeben und dem folgenden Tsunami am 11. März 2011 im Atomkraftwerk Fukushima Daiichi zum Super-GAU kam, steht bei dem 83-Jährigen das Telefon im beschaulichen Oberursel nicht mehr still. Alle wollen seine Meinung, der Professor Doktor müsste doch wissen, wie es jetzt weitergehen sollte. Der engagierte Atom-Gegner, der einmal ein Atom-Manager war, ist wieder gefragt.

Zwischen diesen beiden Lebenspolen Klaus Traubes steht ein inzwischen vergessener Geheimdienstskandal des Bundesamtes für Verfassungsschutz. Dort trug er den Decknamen »Müll«. Es fällt schwer, keinen Sarkasmus zu vermuten, wenn das Opfer inzwischen sagt: »Ich bin dem Verfassungsschutz wirklich dankbar, er hat mein Leben auf sehr positive Weise verändert.« Für manche seiner früheren Kollegen ist Klaus Traube deshalb bis heute ein Abtrünniger, ein Renegat.

Alles begann mit einem Verdacht. Anfang der 70er-Jahre arbeitete der Physiker als Chef der Abteilung SNR 300 bei »Interatom« in Bensberg, die den »Schnellen Brüter« erforschte. Diese Firma war eine Tochter der Kraftwerk Union AG (KWU), die ihrerseits 1969 aus den mit Kernkraft befassten Bereichen bei Siemens und AEG entstand.

Es war die Zeit des Traums vom energetischen Perpetuum mobile, das seinen Brennstoff kostengünstig selbst erzeugte. Klaus Traube träumte mit. Fortschritt, dem auch die Atomkraft dienen könnte, sah er vor allem im linken Spektrum der Gesellschaft. Das reichte damals von Mao-Gläubigen bis zu

Bombenlegern. Deshalb war es nicht verwunderlich, dass er auch Leute kannte, die wiederum andere kannten, die als RAF-Sympathisanten oder gar -Mitglieder identifiziert worden waren und deshalb im Visier des Verfassungsschutzes standen. Er selbst hatte in diese Szene keinerlei Kontakte, aber schon die vage »Verbindung« über zwei bis drei Ecken machte Klaus Traube für die Verfassungsschützer verdächtig. Sie mutmaßten, er könne den Terroristen spaltbares Material für eine schmutzige Bombe beschaffen.

Dieses Misstrauen gegen den bislang unbescholtenen Bürger wurde durch dessen »Herkunft« beflügelt, so weisen es die Akten aus.

Klaus Traubes verdächtige Herkunft ist die eines Opfers im braunen Nazireich. Er kam 1928 als Sohn eines jüdischen Zahnarztes und dessen »arischer« Frau zur Welt. Eine seiner frühen Kindheitserinnerungen beschreibt er so: »Die SA marschierte vor unser Haus, sang Kampflieder, beschmierte das Haus mit Hakenkreuzen, und jeder, der in die Praxis des Dr. Traube wollte, musste durch dieses Spalier von SA-Wachen. Diesen Terror konnte mein Vater nicht ertragen, er hat sich 1936 umgebracht. Meine Großmutter ist in Theresienstadt umgekommen, andere Familienmitglieder sind rechtzeitig geflohen.«

Was im Nachhinein so trocken klingt, war nicht nur eine zerstörte Kinderwelt, sondern eine anhaltende tödliche Bedrohung. Klaus Traube überlebte sie mit Pragmatismus. Sogar seiner Zeit als 17-Jähriger Arbeitssklave im KZ gewann er Positives ab: »Wäre ich nicht dort gelandet, wäre ich vielleicht als Flakhelfer an die Front gekommen. Und ob ich das überlebt hätte …?«

Nach dem Inferno studierte er Maschinenbau im kriegszerstörten Braunschweig, promovierte in München über Thermodynamik und heuerte 1959 bei der Atomindustrie an. Klaus Traube glaubte, damit auf die Zukunft gesetzt zu haben, zunächst in der Nuklearsparte von AEG/Telefunken, dann bei General Dynamics im kalifornischen San Diego. 1970 wurde er einer der Chefs bei Interatom.

Nach den Erfahrungen mit den Nazis engagierte sich seine Mutter, am 13. Juni 1899 als Paula Rudolph geboren, in den Jahren 1946 bis 1948 bei den Kommunisten. Danach war sie nur noch bei den Verfolgten des Nazi-Regimes (VVN) organisiert. Klaus Traube soll nach einer unbestätigten Mitteilung des britischen Nachrichtendienstes an den Verfassungsschutz nach dem Krieg in der KPD-Jugend aktiv gewesen sein. Für den späteren Physiker blieb dieses politische Engagement ein kurzer Traum: »Ich war fürchterlich enttäuscht davon, wie man die Dinge, die in der DDR passierten, gesundbetete.« Was blieb, war eine Affinität zu den Welterklärungstheorien von Marx und Engels.

Dennoch reichte diese harmlose und damals durchaus legale Episode offenbar, um bereits 1962 ein erstes Ermittlungsverfahren gegen den Wissenschaftler wegen des Verdachtes auf nachrichtendienstliche Tätigkeit zu führen. Es erbrachte keinerlei Ergebnisse und wurde eingestellt.

Mitte der 70er-Jahre beherrschte die Angst vor dem Terror der »Rote Armee Fraktion« (RAF) die westdeutschen Sicherheitsorgane. Sie war berechtigt, kulminierte aber immer wieder auch in Hysterie. Dadurch geriet auch Klaus Traube erneut ins Visier der Fahnder. Sie unterstellten ihm nun plötzlich »enge Kontakte« zur Terrorszene.

Das war übertrieben und unbegründet. Klaus Traube kannte die linke Rechtsanwältin Inge Hornischer aus Frankfurt, die ihrerseits wiederum mit dem Terroristen Hans-Joachim Klein verkehrte, jedoch auch ohne zu wissen, dass der in den »Roten Zellen« (RZ) als Terrorist aktiv war.

Klein, Jahrgang 1947, nahm im Dezember 1975 am Überfall auf die OPEC-Zentrale in Wien teil, bei der drei Menschen starben. Er selbst wurde schwer verletzt und tauchte in Frankreich unter. Erst 1998 erwischte ihn die Polizei. Klein hatte inzwischen dem Terror abgeschworen und stellte sich als Kronzeuge zur Verfügung. Das brachte ihm am 15. Februar 2001 eine Haftstrafe von nur neun Jahren ein, die bereits 2003 zur Bewährung ausgesetzt wurde.

28 Jahre zuvor, ab 24. Juli 1975, führte die vermutete und unterstellte Verbindung Klaus Traubes zur Terrorszene zu einer geheime und illegalen Post- und Telefonüberwachung des Physikers.

Das hatte einen Hintergrund: Im Mai 1972 begann das Bundesamt für Verfassungsschutz, speziell zur Terroristenbekämpfung seine Abteilung VII aufzubauen. Seit Herbst 1973 arbeitete sie unter der Leitung von BfV-Direktor Klaus Grü-

newald. Doch die Terroristenjäger fanden kaum Freiwillige im Amt, eine Versetzung dorthin galt als »Verbannung auf die Teufelsinsel«. Ein Beamter zur Lage damals: »Entweder wirst du bei nächster Gelegenheit von Terroristen als ›Verräter‹ umgelegt, oder – wenn die Geschichte der BfV-Bonds rauskommt – macht dich die Presse zur Minna.«

Unter anderem auch deshalb brauchte die VII dringend Erfolge für ihre Legitimation und so war es nicht verwunderlich, dass Bundesinnenminister Werner Maihofer (FDP) am 3. September 1975 ohne viel zu fragen, dem Amtschef Günther Nollau eine »Lauschoperation« gegen Klaus Traube genehmigte. Am 15. September 1975 wurde Richard Meier neuer Chef im Amt. Am 30. Dezember 1975 billigte er dieses Erbe von »Dr. No«, denn die bisherige Schnüffelei in der Post und das Mithören am Telefon Klaus Traubes hatte nichts gebracht. Die vom Gesetz vorgesehenen richterlichen Anordnungen lagen nicht vor.

Nach Recht und Gesetz wären die Verfassungsschützer bei all diesen Maßnahmen auf die Hilfe der Polizei angewiesen gewesen. Das hatten die westlichen Militärgouverneure im April 1949 in einem Brief an den Parlamentarischen Rat, der das Grundgesetz ausarbeitete, festgelegt. Sie genehmigten die Schaffung einer Institution »zum Schutz der freiheitlich-demokratischen Grundordnung, des Bestandes und der Sicherheit des Bundes und eines Landes (Verfassungsschutz)«, betonten aber gleichzeitig, das »this agency« keinerlei polizeiliche Befugnisse haben dürfe.

Darüber setzte sich das Bundesamt für Verfassungsschutz im Fall Traube hinweg. Im einschlägigen Vermerk dazu hieß es lapidar: »P. hat am 30.12.1975 die Lausch-Operation im Objekt ›Müll‹ genehmigt.« Dabei ist »P.« das Amtskürzel für »Präsident« und »Lausch-Operation« offenbar eine amtinterne Umschreibung für Abhörpraktiken, die über den Rahmen der G-10-Gesetzgebung hinaus gingen.

Der »Müll«-Maßnahmeplan sah vor, Abhörtechnik in den Zweitwohnsitz Klaus Traubes in Overath-Marialinden, Am Trötenberg 2, einzubauen und das Haus nach Schriftstücken zu durchsuchen, soweit das »ohne Hinterlassung von Spuren« möglich sei. Bei der Wanze war noch zu entscheiden, ob sie drahtgebunden sein sollte oder besser strom- oder batteriegespeist zu nutzen wäre.

Die ganze Sache erwies sich ohnehin als schwierig. Das Haus in der Nähe von Köln lag am Ende einer Sackgasse und war von Feld, Weiden und Garten umgeben. Deshalb tarnten sich die Verfassungsschützer als Fischer und bezogen in einer Hütte am Waldrand in der Nähe der dort vorhandenen Fischteiche Quartier. In den Aufzeichnungen fungiert diese Hütte als »KW«, was auch im Westen »Konspirative Wohnung« hieß. Mitten im Winter hätte das leicht auffallen können, denn im Winter fischte eigentlich kein Mensch. Doch es ging gut. Unbill kam hingegen aus anderer Richtung. Der Bundesnachrichtendienst sollte Amtshilfe beim Einbruch in das Haus leisten, aber die Aktion musste in der Nacht vom 30. zum 31. Dezember 1975 abgebrochen werden, weil »der Schlosstechniker vom BND wegen Nebels nicht früh genug am Einsatzort sein konnte.« Beamte haben es eben nicht so eilig.

Der Neustart erfolge zwei Tage später. Nun war auch geklärt, dass das Objekt »über keine Notrufverbindung zur Polizei verfügt« und sich nur eine Katze im Haus befand, »die offensichtlich vor nicht langer Zeit mit Futter versorgt« worden war.

Die falschen Fischer rückten um 17 Uhr des Neujahrstages 1976 in der »KW« ein. Am Parkplatz der Autobahnabfahrt Overath trafen sich die »Operateure und Operationskräfte« und wurden anhand der Lageskizze eingewiesen. Weil die Gegend ohnehin wie ausgestorben da lag, begann die Operation statt um 1.30 Uhr bereits um 0 Uhr. Durch eine Hintertür ging es ins Haus, die Fenster wurden »mit schwarzer Folie verdunkelt«, dann sahen sich die Verfassungsschützer um: »Da die Wände lediglich getüncht waren und die Farbe über Steckdosen und Fußleisten gestrichen war, schied die Möglichkeit aus, den Sender drahtgebunden zu installieren oder ihn durch das Stromnetz zu speisen.« Deshalb kam nun die batteriebetriebene Wanze zum Einsatz, die »eine Betriebsdauer von 1200 Stunden reiner Sendezeit hat.« Für sie fand man einen idealen Ort: »Eine Einbaumöglichkeit bot sich an der Rückseite des Schreibtisches, der wegen des Bücherregals nur ein kurzes Stück von der Wand abgerückt werden konnte. Ansonsten wurden die Wohnung und solche Gegenstände photographiert, die frei zugängig waren, u. a. ein Notizbuch. Im Obergeschoss wurde ein Matratzenlager für ca. 10 Personen vorgefunden.« Gegen 3.30 Uhr war die Operation beendet.

Nun konnte zwar alles mitgehört, der »Charakter der Verbindung Dr. Traubes« jedoch nicht geklärt werden. Auch »ergänzende Maßnahmen« bis Mitte 1976, wie die Beschattung des Ingenieurs auf Reisen und zu Hause, das Ausspähen seiner Vermögensverhältnisse und Dutzender seiner Bekannten und Arbeitskollegen, Erkundigungen über seine getrennt von ihm lebende Frau Therese und Amtshilfe bei der Überprüfung von Telefonanschlüssen durch den schweizerischen und französischen Geheimdienst halfen nicht weiter. Am Ende des Jahres stand die Einschätzung: »Trotz der intensiven nachrichtendienstlichen Überwachung Dr. Traubes konnte nicht abschließend geklärt werden, ob er über seine Kontakte zu terroristischen Kreisen hinaus diese auch aktiv unterstützt.«

Genährt worden war der Argwohn der Verfassungsschützer bereits vor dem Lauschangriff Am Trötenberg 2 durch Informationen, die sie zu ihrer »Zielperson« beim Arbeitgeber einholten. Sie begannen mit lapidaren Einschätzungen wie die, Traube sei: »eine Persönlichkeit, die, vor allem was ihren privaten Bereich anbetrifft, schwer abzuschätzen und einzuordnen ist« und verfüge auf Grund seiner Stellung »über Zugang zu allen technischen und sonstigen Entwicklungsunterlagen.«

Doch es gab auch konkrete Auskünfte, die Interpretationspotential als Belastungsmomente boten: »Er kann sich ferner persönlich Zugang verschaffen sowohl zu den auf dem Gelände der Fa. Interatom lagernden radioaktiven und spaltbaren Materialien, darunter das hochgiftige Plutonium, als auch zu größeren Mengen des Reaktorkühlmittels Natrium, das zusammen mit Sauerstoff einen Sprengstoff von allerhöchster Sprengwirkung ergibt.«

Die so aufgetürmte Drohkulisse hatte die Ermittlungsergebnisse längst überholt. Es war, als würde der Besitz eines Hammers genügen, einen potentiellen Massenmörder zu vermuten.

Um dieses Dilemma zu lösen, versicherte sich das BfV im Sommer 1975 der Mitarbeit der Kraftwerk Union AG (KWU), die Klaus Traubes Arbeitgeber war. Die mit KWU-Vorstandsmitglied Dr. Wolfram Sutholt geführten Gespräche sollten sichern, dass das Unternehmen »für den Zeitraum von drei bis vier Monaten nicht einseitig handelt (Umsetzung beziehungsweise Lösung des Arbeitsverhältnisses) und währenddessen die operativen Maßnahmen des BfV unterstützt.« Gleichzeitig wurde erkundet, »ob die für die Kontrolle der Lagerung und des Verbleibs spaltbaren und radioaktiven Materials in der genannten Firma zuständige Behörde veranlasst werden kann, ihre Kontrollmaßnahmen generell unverzüglich zu verschärfen, ohne dass Dr. Traube hierdurch gewarnt wird.«

Durch solcherart Gespräche reagierte der Arbeitgeber aufgeschreckt. Ein BfV-Vermerk vom 7. Oktober 1975 belegt, dass der KWU-Mann erklärte, »seine Firma werde eine Beendigung des Anstellungsverhältnisses Dr. Traubes bei Interatom betreiben, falls sich der Verdacht gegen ihn (Dr. T.) verdichte. Dr. S. zog hierbei auch eine größere Ablösezahlung an Dr. T. in Betracht.« Zehn Tage später ruderte der Verfassungsschutz zurück und es wurde »auf Befragen Dr. Sutholt erklärt, dass das BfV in der Operation Müll der KWU auch kein Beweismaterial zur Verfügung stellen könne. Ebenfalls könne nicht erwartet werden, dass das BfV bei einem evtl. Verfahren Zeugen benennen würde.«

Die Verfassungsschützer konstatierten jedoch, dass bei KWU zunehmend »die Neigung bestand, sich von Dr. Traube zu lösen« und stellten Ende November 1975 zufrieden fest: »Bei dieser Sachlage dürfte die in den beruflichen Zugängen des Dr. Traube möglicherweise begründete akute Sicherheitsgefährdung Ende des Jahres entfallen.«

Doch dann folgte der Terror-Überfall auf die OPEC und nun sahen die Verfassungsschützer auch im Fall Traube erneut »Gefahr im Verzug«. Wieder ignorierten sie die Gesetze und mit dem Einbau der Wanze erfuhr die »Operation Müll« ihren Höhepunkt.

Gebracht hat es nichts. Dennoch berieten die Verfassungsschützer noch während des illegalen Lauschangriffs in mindestens zwei Gesprächsrunden, was für und was gegen eine Entlassung Klaus Traubes spräche. Sie waren sich einig, es wäre »Herrn Dr. Traube möglich, Terroristen den Weg zur Besetzung solcher Anlagen oder zu spaltbarem Material zu zeigen. Nach übereinstimmender Auffassung der Besprechungsteilnehmer ist in diesem Umstand das höchste Sicherheitsrisiko zu sehen.« Deshalb wurde die Entlassung Klaus Traubes befürwortet.

Davon erfuhr der Physiker in den ersten Februar-Tagen 1976 von seinem Arbeitgeber. Am 25. Februar vernahm ihn

dann die Bundesanwaltschaft in Karlsruhe im Ermittlungsverfahren gegen »Hans-Joachim Klein, Inge Hornischer und andere«. Ergebnis: »Kein Verdacht einer strafbaren Handlung.« Seine Angaben deckten sich weitgehend mit den Observationen und Ermittlungen des Verfassungsschutzes. Der stellte nun das Lauschen am Trötenberg ein, wozu sich am 29. Februar des Schaltjahres 1976 eine gute Gelegenheit ergab. Das Operations-Protokoll: »Die Anlage wurde ohne Spuren zu hinterlassen ausgebaut.« Rechtlich gesehen war das ein zweiter Einbruch in das Haus Traubes.

Im Juni entfiel auch das Abhören am Telefon. Im Abschlussbericht an das Bundesinnenministerium schrieben die Verfassungsschützer: »Trotz der intensiven nachrichtendienstlichen Überwachung Dr. Traubes konnte nicht abschließend geklärt werden, ob er über seine Kontakte zu terroristischen Kreisen hinaus diese auch aktiv unterstützt.« Das gleiche Ergebnis also, wie bereits ein halbes Jahr zuvor. Hinzu kam nun: »Es fehlen bisher auch neue Verdachtsmomente, die zur Begründung eines Antrags auf Wiederaufnahme der Post- und Telefonüberwachung herangezogen werden können.« Am 6. Juli 1976 bekam Klaus Traube Post vom Bundesanwalt, die erneut bestätigte: »Kein Verdacht.«

Es war eigentlich nichts passiert. Klaus Traube hatte nur seinen Job verloren.

In solch einem Fall, der angesichts von »Prism« und »Tempora« bis heute in völlig neuer Dimension aktuell ist, muss es erlaubt sein, zu fragen, was geschehen wäre, wenn der Verfassungsschutz mit seiner illegalen Aktion eine Katastrophe verhindert hätte. Heiligt der Zweck die Mittel?

In einem Rechtsstaat kann er das nicht. Er funktioniert nicht, wenn alles erlaubt wäre, was nicht ausdrücklich verboten ist. Deshalb ist bis heute bei der Post- und Telefonüberwachung unter bestimmten Voraussetzungen das im Artikel 10 des Grundgesetzes festgelegte Post- und Telefongeheimnis eingeschränkt. Nur wenn diese gegeben sind, gilt, dass eine Überwachung »dem Betroffenen nicht mitgeteilt wird und dass an die Stelle des Rechtsweges die Nachprüfung durch von der Volksvertretung bestellte Organe und Hilfsorgane tritt.«

Der Hintergrund dieses Bestimmung liegt in der Nachkriegszeit. Die 1968 im Zusammenhang mit den Notstandsgesetzen erfolgte G-10-Gesetzgebung stand unter der Diktion der Alliierten. Sie bestanden darauf, ihre Sonderrechte bei der Überwachung beizubehalten. Willy Brandt verkündete 1968 vor dem Deutschen Bundestag: »Die Vorbehaltsrechte der Alliierten sind endgültig erloschen.« Damit sagte er jedoch nicht, dass sie ersatzlos aufgehoben seien. Der Freiburger Historiker Josef Foschepoth dazu: »Längst waren die gleichen Überwachungsrechte im Zusatzvertrag zum Nato-Truppenstatut und anderen geheimen Vereinbarungen festgeschrieben worden, die bis heute noch gültig sind. Hierzu zählt vor allem die geheime Verwaltungsvereinbarung, die die Bundesregierung 1968 abschließen musste, um die formelle Ablösung der alliierten Vorbehaltsrechte überhaupt zu erreichen. Aus Siegerrecht war Besatzungsrecht, aus Besatzungsrecht Vorbehaltsrecht, aus Vorbehaltsrecht Vertragsrecht, aus Vertragsrecht deutsches Recht und Verfassungsrecht geworden, das jede Bundesregierung verpflichtete, auch künftig für die westlichen Siegermächte Post- und Fernmeldeüberwachungen durchzuführen oder von diesen selbst durchführen zu lassen.«

Hinzu kam, dass der Staat auch immer wieder versuchte, Widersprüche zu »lösen«, indem er Gesetzeslücken produzierte. Das Verfassungsschutz-Änderungsgesetz vom 7. August 1972 legalisierte zwar den »Einsatz geheimdienstlicher Mittel«, sagte aber nicht, was zu solchen Mitteln zählte.

Im Fall Traube mündete das alles in einen Skandal, den 1977 »Der Spiegel« aufdeckte. Die Titel-Geschichte hieß: »Lauschangriff auf Bürger T.«, ihr Tenor: Der Verfassungsschutz brach die Verfassung, um die Verfassung zu schützen. Dieser Vorwurf löste den öffentlich diskutierten »Fall Traube« aus.

Er fokussierte sich zunächst nicht auf den Rechtsbruch, sondern auf die Suche nach dem Leck im Bundesamt für Verfassungsschutz, das sich als Opfer fühlte. Der Informant wurde schnell gefunden: Regierungsamtsrat Karl Dirnhofer hatte seinem ehemaligen Kollegen und nunmehrigen Journalisten beim »Spiegel«, Hans-Georg Faust, insgesamt 38 Dokumente zur »Operation Müll« zugänglich gemacht.

Darüber, ob Karl Dirnhofer, womöglich nur in einen Gewissenskonflikt geraten war, der angesichts der illegalen Aktion bei einem demokratisch denkenden Mann nahe läge, machte sich kaum jemand Gedanken. Hendrik van Bergh, 1961 bis

1974 Referent für Öffentlichkeitsarbeit und Geheimschutz im BfV und auch als Lehrer an der BfV-Schule tätig, stellte fest, die ganze Sache sei »schlicht ein Bruch der Amtsverschwiegenheit« und nahm damit den BfV-Mann als Verantwortlichen ins Visier. Den Grund dafür sah er so: »Es erwies sich einmal mehr, es innerhalb des Amtes personelle Schwachstellen gibt … Der Fall Traube wäre ohne die ›personelle Schwachstelle‹ nie an die Öffentlichkeit gedrungen.«

Für Hansjoachim Tiedge, ab 1966 im BfV für die Spionageabwehr gegen die DDR zuständig und am 19. August 1985 zur Stasi übergelaufen, galt Karl Dirnhofer zwar als »ausgesprochen unsympathischer Zeitgenosse«, aber er sagt auch: »Die Motivlage für die Publizierung ihres Wissens ist zumindest vielschichtig.« Dabei mögen eigene Interessen dominiert haben. Tiedge: »Gleichwohl ging ein Sturm der Entrüstung durch das BfV, als Dirnhofer … für sich eine der wenigen, heiß begehrten Beförderungsstellen zum Oberamtsrat in seine neue Dienststelle, das Bundesamt für die Anerkennung ausländischer Flüchtlinge in Zirndorf bei Nürnberg mitnahm.«

Doch zunächst wurde gegen Dirnhofer und Faust ermittelt. Vom 18. März bis 18. September 1977 liefen gegen die beiden bereits Abhörmaßnahmen. Erst am 16. September 1977 ordnete jedoch die Bundesanwaltschaft die Überwachung des Fernsprechverkehrs offiziell an. Auch das ging nur mit einem rechtlich fragwürdigen Trick. »Die Zeit« entlarvte ihn am 8. Dezember 1978: »Die Abhörgenehmigung gegen Hans-Georg Faust wurde wegen zweier im Katalog der ›G 10‹ enthaltenen Delikte erteilt, die begangen zu haben er niemals ernsthaft verdächtigt werden konnte: ›verfassungsfeindliche Sabotage‹ (§ 88 StGB) und ›geheimdienstliche Agententätigkeit‹ (§ 99 StGB).« Deshalb blieb schnell auch nur noch der Verdacht auf Verstoß gegen §§ 353 b und c StGB (Verletzung der Amtsverschwiegenheit und Mitteilung amtlicher Schriftstücke) übrig. Bei diesen Delikten sind jedoch Abhörmaßnahmen überhaupt nicht als Ermittlungsmittel vorgesehen.

Dennoch wurde Hans-Georg Faust am 29. November 1977 verhaftet, einen Tag später folgte dann Karl Dirnhofer.

Derweil gewann der öffentliche Skandal an Fahrt. Am 6. Juni 1978 musste Bundesinnenminister Werner Maihofer zurücktreten. Sein bisheriger Staatssekretär Gerhard Baum

(FDP) übernahm. Wenig später bekamen auch Dirnhofer und Faust, inzwischen mit Auflagen wieder auf freiem Fuß, die Anklageschrift. Sie galt als geheim.

Dann der Paukenschlag: Am 24. November 1978 lehnte das Landgericht Bonn die Eröffnung des Hauptverfahrens wegen »verfassungsfeindlicher Sabotage« gegen Karl Dirnhofer und Hans-Georg Faust ab. In der Begründung hieß es: »Zwar seien die Angeklagten der ihnen zur Last gelegten Tat – den Abhörfall Traubes an die Öffentlichkeit gebracht zu haben – hinreichend verdächtig: Die gegen sie vorliegenden Beweise dürften jedoch nicht verwendet werden, weil sie sämtlich auf gesetz- und verfassungswidrige Weise beschafft wurden.«

Der Rechtsstaat hatte sich verweigert, in seinen eigenen Gesetzen nur eine demokratische Pflichtübung zu sehen und sich zum Rechtsmittelstaat degradieren zu lassen. Bis zum Abschluss dieses Weges im »Fall Traube« gab es noch eine Menge Grabenkämpfe, die aber schließlich nach Verhandlung und Revision mit dem letztinstanzlichen Freispruch für Hans-Georg Faust am 18. April 1980 und für Karl Drinhofer am 18. November 1980 durch den Bundesgerichtshof endeten.

Für Klaus Traube blieb das alles nur noch von zweitrangigem Interesse, denn er hatte schon vor dem Verdacht gegen ihn seine Bedenken gegen die vermeintliche Allmacht der Atomkraft.

»Ich war reif für den Ausstieg«, sagt er im Nachhinein und nennt dafür zwei Gründe. Zum einen war es der Bericht des »Club of Rome« 1972, der am Fortschrittsoptimismus des Westens kratzte und auch die Kernenergie als Allheilmittel in Frage stellte. Die Ölkrise 1973 mit Sonntagsfahrverboten auf den Autobahnen bestätigten die Vision. Zum anderen verband sich das auch mit Klaus Traubes persönlichen Erfahrungen: »Ich habe als Atom-Manager gesehen, wie die Kosten der Kernenergie aus dem Ruder liefen, und dass die Risiken unkontrollierbar blieben.«

Proteste und teilweise gewaltsame Demonstrationen gegen Atomkraftwerke 1975 in Wyhl bei Freiburg ließen seine Zweifel wachsen, weitere, 1976 in Brokdorf und 1977 vor dem »Schnellen Brüter« in Kalkar, bestätigten ihm, dass sein Ausstieg richtig war. Das ihm angetane Unrecht relativierte sich durch den neuen Lebensweg Klaus Traubes als Atomkraftgeg-

ner. Seine Gründe dafür legte er in seinem Buch »Wachstum oder Askese? Kritik der Industrialisierung von Bedürfnissen« dar, heute nur noch antiquarisch zu erlangen. Die Entlassung bei Interatom war für ihn zum Anstoß dazu geworden.

»Ich war derjenige, der die Belege für die Kritiker lieferte«, sagt der Physiker bescheiden. In Wahrheit war er wohl viel mehr, denn in der Frühzeit der Anti-AKW-Bewegung gab es kaum Fachleute und Klaus Traube besaß fast so etwas wie ein Informationsmonopol. Dessen Bedeutung bestätigt auch Erhard Eppler, der ökologische Vordenker der SPD, in die der Atom-Fachmann 1972 eingetreten war: »Er hat Einfluss auf die Partei gehabt, weil er mit seinen Fachkenntnissen eine Autorität war.« Dieser Einfluss hielt bis zum rot-grünen Ausstiegsbeschluss aus der Atomenergie im Jahr 2000 an und beförderte ihn. Dafür sind ihm manche seiner früheren Mitstreiter bis heute böse.

Der Dank des Vaterlandes ereilte Klaus Traube dennoch im Jahr 2009 mit der Verleihung des Bundesverdienstkreuzes. Den Antrag dazu hatte der Bund für Umwelt und Natur gestellt, die Zeremonie verlief stillschweigend und karg: Klaus Traube wurde ins Büro des damaligen Umwelt-Staatssekretärs Matthias Machnig (SPD) bestellt und nahm den Orden in Empfang.

BUBE, DAME, KÖNIG, AS

Deutsche Richter sind im allgemeinen vorsichtige Leute. Namen mögen sie nicht nennen und da ist dann auch schon mal von einem E. H. aus W. im Saarland die Rede, der wegen einiger Mauertoten vor dem Kadi stand, weil er als früherer DDR-Herrscher dafür Verantwortung zu tragen hatte.

Klaus Wagner, seit 1977 Vorsitzender des 4. Strafsenats am Oberlandesgericht Düsseldorf, macht da keine Ausnahme. Bis 1989 hat er über hundert DDR-Spione verurteilt. Kein unangenehmer Job: »Spione sind in der Regel höfliche Leute. Das gilt vor allem für die Spione aus der DDR, die offenbar ihre Obrigkeitsgläubigkeit auch auf das Verhalten vor Gericht übertragen. Sie sagen zwar kaum mehr als ihren Namen und dass sie Bürger der DDR seien, aber sie nehmen interessiert und diszipliniert an der Verhandlung teil.« Manchmal traf das auch auf die West-Partner der DDR-Agentenführer zu und da gab es eine Gruppe, bei denen sogar die unerbittlichen Richter die Strenge vergessen. Klaus Wagner: »Wenn ich sehe, mit welcher Skrupellosigkeit die sogenannten Romeos die Liebe von Frauen ausbeuteten, die glaubten, den Mann für's Leben gefunden zu haben, hatte ich Mitleid.«

Anlässe für dieses Mitleid gab es für die mit der deutschdeutschen Spionage befassten Richter zu Dutzenden. Immer ähnelten sich die Wirrungen im Spionagegestrüpp aus Liebe und List in ihren Grundstrukturen, immer hatten sie Auswirkungen, die über Einzelpersonen weit hinausgingen und Jahre anhielten und meist hinterließen sie am Ende zerstörte Leben.

Der Fall Erika G.: Im Dezember 1980 verurteilt Richter Franz Oppermann, Vorsitzende der 5. Strafsenats am OLG Düsseldorf, Erika Gerber (Name geändert) zu vier Jahren Haft. Es ist so ein Fall, bei dem das Mitleid der Richter regiert haben dürfte, denn der Strafrahmen hätte bis zu fünfzehn Jahren Gefängnis erlaubt. Die Sekretärin Erika Gerber war wegen geheimdienstlicher Agententätigkeit in Tateinheit mit Bestechlichkeit und Urkundenfälschung angeklagt. Ihre Verstrickung begann wohl bereits 1967. Das Gericht konnte jedoch nicht die Aussage der Angeklagten widerlegen, nach der sie erst im Herbst 1975 bemerkt habe, dass das Ministerium für Staatssicherheit der DDR seit langem die Fäden ihres Lebens zog.

Eigentlich reichen die Wurzeln ihrer Geschichte bis ins Jahr 1941. Der Vater fiel an der Ostfront und die gerade vierjährige Erika war nun Halbwaise. Die Mutter schlug sich mit ihr und ihrem Bruder durch die Hungerjahre und die Nachkriegszeit. Der Vater fehlte. Erika wird ihr ganzes Leben lang unbewusst nach einem Ersatz suchen.

Unter Aufbietung aller Kräfte ermöglichte die Mutter dem Jungen ein Medizinstudium, für das Mädchen blieb nur die Perspektive, nach der Volksschule einen »anständigen Beruf« zu erlernen. Schließlich musste sich ja auch jemand um die Mutter kümmern. Erika Gerber wurde Sekretärin. Eine gute Chance, mal einen Mann zu finden, der sie heiratete, treu war und sie versorgte. So wie es der Vater getan hätte, den sie nie kennenlernte.

Doch zunächst hat sie für ein Privatleben überhaupt keine Zeit. Sie will beruflich weiterkommen und die Mutter braucht sie. Und dann ist da noch die Enttäuschung aus der ersten großen Liebe. Ihr Freund wollte nach Kanada auswandern. Doch Erika konnte doch nicht so einfach die Mutter im Stich lassen! Sie schwor sich, nie wieder einem Mann so zu vertrauen, dass am Ende Schüttelfrost und Tränen stehen.

So wurde die attraktive Erika Gerber langsam ein spätes Mädchen. Sie lebte mit 30 immer noch bei ihrer Mutter und verbrachte ihre Abende vor dem Fernsehgerät. Ansonsten gab es noch ein paar Bekannte aus dem Tennisklub. »Die einzige Abwechslung, um nicht ganz zu versauern«, sagt sie. Mit ihnen ging die junge Frau im Mai 1967 ins Hannoveraner Tanzlokal »Berlin«.

»Schon nach wenigen Minuten trat ein fremder Mann an den Tisch, verbeugte sich höflich und forderte mich zum Tanz auf. Mir zitterten wahrhaftig die Knie«, erinnert sich Erika Gerber später an den Abend.

Der Mann stellte sich als Hans-Joachim Heisinger vor. Er sei Radartechniker aus Lübeck und arbeite im Auftrag einer Schweizer Firma, die seinem Onkel gehöre. Sein Job wäre die Überprüfung von Radaranlagen auf Schiffen und da sei er viel in holländischen Häfen unterwegs.

Der Bube sticht. Dass das Spiel im fernen Ost-Berlin von der DDR-Staatssicherheit gemischt wurde und Erika Gerber darin die Dame würde, ahnt das hübsche Mauerblümchen nicht. Sie kann kaum die Woche abwarten, bis Hans-Joachim Heisinger wieder bei ihr aufkreuzt. »Ich war Feuer und Flamme, es war wie ein Rausch. Ich hatte auf einmal so viel Sehnsucht nach Zärtlichkeit.« Bald nennt sie ihn »Spatz« oder »Schatz«, denn Hans-Joachim schien tatsächlich einer zu sein, der sich um sie Sorgen machte. Er riet der Frau, Fremdsprachen zu lernen und sich so zu qualifizieren. Sogar für einen Kurs in London gab er ihr Geld und auch seine Empfehlung, bei einer Speditionsfirma in Brüssel zu arbeiten, hatte Hand und Fuß, denn dort sprach man französisch. Erika Gerber lernte schnell und für ihren »Spatz« löste sie sich sogar von ihrer Mutter. »Es war eine unerbittliche Zuneigung, aber mit 30 hatte ich doch auch ein Recht auf ein eigenes Glück«, erinnert sie sich.

Dieses Glück schien in greifbare Nähe zu rücken, als Erika 1969 schwanger wurde. Endlich eine Familie, Vater, Mutter, Kind. Doch ihr Geliebter lamentierte. Sie solle doch an das berufliche Weiterkommen denken. Jetzt, wo sie schon in Brüssel sei, wäre doch eine Sekretärinnenstelle bei der NATO erstrebenswert, wo sie doch inzwischen sogar Diplome in Englisch und Französisch vorweisen könne. Sie möge sich doch von einem Kind nicht die Zukunft verbauen lassen und auch mal an ihn denken ... die junge Frau war verzweifelt.

Es fließen Tränen und »Spatz« macht sich rar. Keine Besuche mehr, keine Briefe, nur hin und wieder ein kurzer Anruf: »Hast du dich entschieden?«

Erika Gerber gab nach. Ihr Kind wurde in einer Londoner Klinik abgetrieben. 1970 bewarb sie sich beim Internationalen

Stab der NATO in Brüssel. Doch sie fiel durch die Stenographie-Prüfung.

Nun ist ihr Ehrgeiz angestachelt. Erika Gerber sucht eine anspruchsvollere Tätigkeit und findet sie als Fremdsprachensekretärin im Auswärtigen Amt in Bonn. Die Einstellung bereitet keine Probleme: »Natürlich wurde ich überprüft. Aber seit der Abtreibung hatte ich so gut wie keine Beziehung mehr zu Hans-Joachim. Es gab nichts, was auffallen konnte.« Wenig später wird sie Vorzimmerdame eines Ministerialdirektors der Rechtsabteilung.

Dann tauchte plötzlich »Spatz« wieder auf. Er bat um Verzeihung und die alte Liebe erglühte erneut. Es gäbe nun auch eine Zukunft, erklärte ihr der Mann, denn sein Onkel in der Schweiz wolle ihn künftig als Marktforscher einsetzen. Zwei, drei Jahre richtig ranklotzen, dann würde es für ein Häuschen im Grünen reichen und mit der ewigen Reiserei sei Schluss. Allerdings könne das nur klappen, wenn sie ihm mit ein paar Hintergrundinformationen aus dem Auswärtigen Amt helfe. Je besser er die politischen Zusammenhänge kenne, um so zutreffender würde er die Märkte einschätzen können. Und dafür würde ihm der gute Onkel in der Schweiz fürstlich entlohnen.

So begannen die ersten Informationen zu fließen.

Bei der Stasi hielt sich die Freude darüber in Grenzen. Sie hatte ein Problem: Ihr Agent Hans-Joachim Heisinger war angeblich über Kanada in die Bundesrepublik gekommen. Gerade in jener Zeit liefen aber Rasterfahndungen der Abwehr West, in denen die tatsächliche Herkunft solcher Leute überprüft wurde. Sollte Heisinger nun also Erika Gerber führen, die in Ost-Berlin inzwischen »Iris« hieß, musste er seinen ständigen Wohnsitz in der Bundesrepublik nehmen. Das erhöhte die Gefahr der Entdeckung.

Die Stasi löste dieses Problem, indem sie ihren König ins Spiel brachte. Der wurde »Iris« von Hans-Joachim Heisinger als »Professor Frei« vorgestellt. Angeblich war er Lehrstuhlinhaber an einer kanadischen Universität. So konnte »Professor Frei« auch gleich die Legende ihres Liebhabers bestätigen – man kannte sich angeblich vom Campus in Amerika. Gleichzeitig bekam der Stasi-Mann vor Ort einen neuen Namen. Bei einem Urlaub im Spätsommer 1972 erklärte Hans-Joachim Heisniger Erika Gerber, dass er ab sofort Klaus Scheller heiße, sein Schweizer Onkel habe ihn adoptiert. Das sei auch besser für die künftige Erbschaft und dass bei einer Adoption eigentlich nur der Nachname, nicht aber der Vorname wechselt, fiel der verliebten »Iris« angeblich gar nicht auf. Sie nannte ihn ja ohnehin »Spatz« oder »Schatz«.

Um diesen Namenswechsel wasserdicht zu machen, setzt die Stasi im Westen einen »Spurenleger« ein. Anfang 1971 meldet sich ein »Klaus Scheller« im Kreis Harburg ab und am 1. März 1971 in Offenbach wieder an. Dass der Reisepass nun eine Totalfälschung ist, fällt den Provinzbeamten nicht auf. Am 5. März 1971 zieht Klaus Scheller mit entsprechender Registrierung nach Dortmund um. Von dort wandert er am 21. Juli 1971 nach Luxemburg aus. Der falsche Ausweis trägt nun genügend echte Stempel und es muss nur noch eine Weile vergehen, um Gras über die Spuren wachsen zu lassen. Das ist am 1. Juni 1972 der Fall. »Klaus Scheller« – jetzt in Gestalt von Hans-Joachim Heisinger – meldet sich in West-Berlin als Zuzügler aus Luxemburg an. Auf dem Bezirksamt Charlottenburg lässt er sich einen West-Berliner Personalausweis ausstellen. Nun hat er ein echtes Dokument. Damit zieht der in Scheller verwandelt Heisinger wenig später nach Pfungstadt. In der Schillerstraße 25 nimmt er ein möbliertes Zimmer.

Wie effektiv diese Tarnung funktionierte, zeigt sich mehr als 20 Jahre später, als DDR-Spionage-Chef Markus Wolf in Düsseldorf vor Richter Klaus Wagner steht. In der Anklageschrift des Generalbundesanwaltes, Aktenzeichen 4 Bjs 42/89 und 3 StE 14/92 vom 16. September 1992, steht: »Im Jahr 1967 ging ein namentlich nicht bekannter Agent der HVA unter dem Decknamen ›Hans-Joachim Heisinger‹ ein Liebesverhältnis mit der Fremdsprachensekretärin (Erika Gerber) ein.«

Doch zurück in die Zeit Anfang der 70er-Jahre. Erika Gerber, die noch nichts von ihrer Doppelexistenz als »Iris« weiß, ist glücklich mit ihrem »Spatz«. An den Wochenenden taucht er regelmäßig bei ihr in Bonn auf. Dann fühlen sich die beiden wie eine richtige Familie. »Er mixte hervorragende Drinks, kochte erstklassig, putzte Fenster, wusch Vorhänge und verlegte Lichtleitungen. Hajo war einfach toll, ein richtiger Hausmann«, schwärmt Erika noch Jahre später.

Die Idylle währte vier Jahre. Dann war Hans-Joachim Heisinger, der nun Klaus Scheller hieß, plötzlich verschwunden.

Erika Gerber war verzweifelt. Ist ihrem Mann etwas passiert, lag er vielleicht irgendwo in einem Krankenhaus und brauchte ihre Hilfe? Es war wie ein letzter Strohhalm, nach dem sie griff, als plötzlich und unerwartet »Professor Frei« anrief. Sie trafen sich im Kölner Dom-Café. Erika Gerber erinnert sich: »Naiv wie ich war, schüttete ich ihm mein Herz über Hajo aus.«

Der »Professor« heuchelte Verständnis. Er entschuldigte sich sogar für seinen Freund. »Männer sind eben manchmal komische Wesen«, sagt er zu Erika, ganz König im Umgang mit der Dame. Die ahnte nichts von seinem Spiel und erkannte auf den ersten Blick nicht einmal das As, das »Professor Frei« nun aus dem Ärmel zog, denn plötzlich trat ein Mann an den Tisch. »Darf ich vorstellen«, sagt der König förmlich: »Fräulein Gerber, Herr Willer, Gartenbauingenieur.«

Die Frau, inzwischen eine Mittdreißigerin, war beeindruckt: »Herr Willer war groß, kräftig, liebenswürdig. er trug einen Bart und hatte eine warme, einfühlsame Stimme, die mir unter die Haut ging.« Er führte einen Blumenladen in Dortmund.

Dorthin flüchtete sich Erika Gerber nun immer öfter. Im kalten Bonn mit seinen vielen Vor- und Vorvorzimmerdamen, den beamteten Schürzenjägern, denen der Weg für einen kurzen Liebesakt zur heimischen Ehefrau zu weit ist, und den kaltschnäuzigen Journalisten, bei denen man nie weiß, was sie von einem wollen, ist es besonders an den Wochenenden kaum auszuhalten. Christoph – bald ist man beim »du«– war da ganz anders. Er ging mit Erika tanzen, führte sie zum Essen aus und wurde nie zudringlich. Und: Er vertrieb der einsamen Frau die quälenden Erinnerungen an Hans-Joachim Heisinger. Der König hatte das As erfolgreich ins Spiel gebracht. Nun hieß es nur noch: warten.

Erika Gerber erinnert sich später: »Das war eine reife, ehrliche Liebe, die da wuchs.« Diese Illusion war ihr geblieben.

Zum 1. März 1976 wurde die Sekretärin an die deutsche NATO-Vertretung in Brüssel abgeordnet. Sie landete im Vorzimmer der Rüstungsabteilung. Wieder griff die Einsamkeit nach der jungen Frau. An den Wochenenden floh sie zu ihrem Christoph. Der begann eines Tages, von einer gemeinsamen Zukunft zu schwärmen. In Kanada, dem NATO-Land. Doch von Dortmund aus könne er sich kein rechtes Bild machen, wie man in dem fernen Land leben könnte. So etwas erführe man natürlich nicht aus der Zeitung, sondern besser aus geheimen Analysen. Solche, wie sie über Erika Gerbers Schreibtisch in Brüssel gingen, immerhin habe sie doch Zugang zu Dokumenten bis zur NATO-Geheimhaltungsstufe »Cosmic-Top-Secret«. Und ein bisschen müsse sie auch für das künftige Familienglück tun.

Das schien Erika einzusehen. Doch zurück in Brüssel, kommen ihr Zweifel: »Das würde er doch nicht von mir verlangen, wenn er mich wirklich liebt«, überlegt sie und will die Sache klären. Schon am nächsten Wochenende stellt sie den Mann zu Rede: »Du belügst mich. Für wen arbeitest du?« Christoph Willer wagt es nicht, »Iris« die Wahrheit zu sagen. Er behauptet: »Für die Kanadier!« Doch die Frau kennt sein holpriges Englisch und das jämmerliche Französisch – das passte nicht zusammen. Auf gut Glück hält sie ihm vor: »Du spionierst für die DDR!«

Der angebliche Gartenbau-Ingenieur wird aschfahl und gesteht. Aber er zieht auch seinen letzten Trumpf: »Aber ich liebe dich wirklich!« Die Frau weint stundenlang. Alles in ihr wehrt sich, all die Träume nun plötzlich in Tränen zerrinnen zu lassen. Es kann doch sein, dass Christoph sie tatsächlich liebt. Es war doch nicht alles Lüge. Sicher, er mag ja von der Stasi in den Westen geschickt worden sein. Aber dann? Sie waren doch keine Teenager mehr, da war doch etwas gewachsen!

Erika Gerber hat Mühe, zurück im Brüsseler Büro die Contenance zu wahren. Sie kann einfach nicht glauben, dass ihr Christoph sie so betrogen haben sollte.

Ein paar Tage später tauchte der Mann persönlich in der belgischen Hauptstadt auf. »Professor Frei« war auch dabei; der König musste wieder einmal ins Spiel eingreifen. Alles läuft kalt und geschäftsmäßig: »Fräulein Gerber, sie wissen jetzt, wo wir stehen. Und ich weiß, was über ihren Tisch läuft. Wenn sie nicht unverzüglich das liefern, was wir erwarten, wird Willer abgezogen.«

Der saß dabei und sagte gar nichts. Erst als der König die Runde verlassen hatte, flehte er die junge Frau an: »Ich will nicht zurück in die DDR! Hilf mir, hilf unserem Glück!« So stach das As ein zweites Mal.

Erika Gerber fühlte sich in einer Zwickmühle. Sie will ihren Geliebten nicht verlieren, aber sie wusste auch, dass sie auf

dünnem Eis tanzte. »Ich habe Christoph dann Durchschläge von belanglosen Briefen gegeben, damit er etwas in der Hand hat«, behauptet sie später vor Gericht.

Doch die Stasi zieht die Zügel an. Sie bestellte »Iris« in die DDR. Die willigte ein, denn Christoph behauptete, ihm würde Schreckliches passieren, tauche er nicht gemeinsam mit ihr in Ost-Berlin auf. Mit der Bahn ging es nach Kopenhagen, dann über Gedser mit der Fähre nach Warnemünde. Dort warteten »Horst« und »Martin«. Die Herren waren liebenswürdig, führten das Paar in die besten Restaurants.

Doch »Iris« blieb zurückhaltend. Sie verbat sich, wie selbstverständlich als »Genossin« tituliert zu werden und als die Männer sie fragten, ob sie sich eine gemeinsame Zukunft mit Christoph in der DDR vorstellen könne, lehnte sie rundweg ab.

Nun hatte »Herr Willer« seinen großen Auftritt: »Wenn Erika im Westen bleiben möchte, dann will ich auch dort leben, bei ihr!«

Gegen so viel Liebe schien selbst die allmächtige Stasi hilflos und »Horst« und »Martin« taten so, als suchten sie einen Ausweg: »Gut, Fräulein Gerber, dann müssen Sie liefern, wir zahlen ihnen 800 Mark im Monat.«

Das wollte die Frau nicht. Sie wollte sich nicht binden lassen. Aber sie hatte Angst. Würde sie Ost-Berlin so einfach verlassen können, wenn sie ablehnte? Deshalb sagte sie, hin und wieder eine Urlaubsreise wäre in Ordnung, ein regelmäßiges Salär wolle sie aber nicht. Die Stasi-Offiziere waren einverstanden. Vor Gericht behauptet »Iris«: »Ich musste doch zum Schein auf etwas eingehen.«

Den Zahn, dass sie mit dem Liefern belangloser Papiere davonkommen würde, zog ihr Stasi-As Christoph Willer schon auf der Rückreise. Er beschwor die große Liebe und erklärte im Brustton der Überzeugung: »Jetzt kann uns nichts mehr trennen, kein Staat der Welt. Du musst nur ein bisschen liefern, denen das Maul mit Papier stopfen. In ein, zwei Jahren bauen wir uns ein Haus, natürlich im Westen.«

Nun war die Hoffnung wieder da. Erika Gerber trug in ihrer Handtasche brisante Papiere aus dem NATO-Büro. Sie dürften alle damals relevanten Rüstungs- und Strategiefragen betroffen haben, was im Einzelnen dabei war, erfuhr später nicht einmal das Gericht. Richter Klaus Wagner: »Bei solchen

Prozessen wurde aus Gründen der Sicherheit der Bundesrepublik Deutschland nicht nur die Öffentlichkeit ausgeschlossen, sondern von den zuständigen Stellen auch nur eine jeweils begrenzte Akteneinsicht gewährt. Dass dadurch dann meist Urteile zustande kamen, die weit unter dem tatsächlichen Strafmaß des Deliktes lagen, nahm man in Kauf.«

Doch noch hat niemand das Leck in Brüssel entdeckt. Erika und Christoph bauen an ihrer vermeintlich gemeinsamen Zukunft. Zwei Jahre lang scheint alles gut zu gehen.

Dann merkte Christoph Willer, der inzwischen auch in Brüssel wohnte, dass er beschattet wurde. Die belgische Abwehr war auf seinen Agentenfunk aufmerksam geworden. Im Sommer reiste er mit Erika Gerber auf die griechische Insel Tinos in den Urlaub. Eines Abends an der Bar tauchte unerwartet »Professor Frei« auf. Wieder war der König im Spiel, denn das As könnte nun plötzlich doch noch seinen Stich verlieren, weil die Gegenseite ihre Trümpfe zog. Das war der Stasi nicht verborgen geblieben. »Frei« machte es kurz: »Willer wird sofort abgezogen. Seine Verhaftung steht bevor. Und für sie lassen wir uns auch etwas einfallen.«

Erika Gerber war wütend. Christoph ließ keinen Zweifel daran, dass er sich mir seinen Genossen in die DDR zurückziehen würde. Die Träume, die gemeinsamen Pläne schienen vergessen.

Die Frau feierte noch ihren 40. Geburtstag mit griechischem Wein und Sirtaki auf der Insel. Die anderen in der Reisegruppe meinten, es sei ein fröhliches Fest. Dass es der Abschied war, merkten nur die ganz Aufmerksamen, denn beim Abflug war Christoph Willer nicht mehr dabei.

Vorher hatte der König noch einmal alle Register gezogen. Sie würde ihren Geliebten in der DDR heiraten können, versicherte er und dass auch sie in akuter Gefahr sei, verschwieg er nicht. Erika Gerber sah das anders. »Ich weiß, dass ich nicht viel verbrochen habe und ich hoffte bis zuletzt auf einen Schutzengel«, sagt sie bald darauf vor Gericht.

Doch der Schutzengel war längst abgeflogen. Christoph Willer traf sich an Silvester 1978 noch einmal mit Erika in Helsinki. Die Stasi zahlte ein letztes Mal die Reise. Letzte Ausfahrt DDR – sie lehnte ab. Das Vertrauen war zerstört. Kein As sticht dreimal hintereinander.

Am 3. Februar 1979 wird Erika Gerber in Brüssel festgenommen. Fast anderthalb Jahre später folgt der Prozess in Deutschland. Das Gericht braucht 22 Verhandlungstage. Die junge Frau tritt selbstbewusst auf, manchmal auch etwas flapsig. Zur Sache sagt sie wenig. Es ist eine Schlacht der Gutachter und Experten. Die Ankläger sehen einen besonders schweren Fall. »Ihr Verhalten passt schlecht in das Bild einer naiven, leicht hinters Licht zu führenden Frau«, sagt der Staatsanwalt.

Er forderte sechs Jahre Haft, vier werden es dann im Urteil des Oberlandesgerichtes Düsseldorf. Erika Gerber ist nun 42 Jahre alt und gesundheitlich angegriffen. Sie hatte bis dahin 22 Monate in Untersuchungshaft gesessen. Gegen Zahlung einer Kaution von 100 000 Mark kam sie nach der Urteilsverkündung frei; eine Bank hatte das Geld als Kredit bereit gestellt, ihre Eigentumswohnung bot die entsprechende Sicherheit dafür.

Von Christoph Willer hörte Erika Gerber nie wieder. Das Spiel von Bube, Dame, König, As war gespielt. Alle hatten es verloren. Und Richter Wagner resümiert: »Der Mensch ist eben doch leicht verführbar ... Meist gehört aber eine gewisse menschliche Unanständigkeit dazu.«

DER STAATSFEIND

genauso unbelehlbar wie die NeoNazis

Der Mann ist ein gerichtsnotorischer Rädelsführer und Geheimbündler. Ein Staatsfeind der Bundesrepublik Deutschland.

Er heißt Peter Dürrbeck und sieht nicht besonders gefährlich aus; ein älterer Herr mit kurzer, grauer Haar- und Barttracht und wachen Augen. Im Rucksack trägt er keinen raffinierten Plan zum Sturz der Bundeskanzlerin bei sich, sondern das dickleibige Urteil gegen seine Mutter Herta Dürrbeck, über 700 Seiten stark, davon 550 Seiten allein die Begründung. Ihre Anklageschrift umfasste 975 Seiten – auch sie war offenbar eine gefährliche Staatsfeindin, denn wenn die Richter so viel aufzuschreiben hatten, um sie hinter Gitter zu schicken, musste es ja wohl gewichtige Gründe geben.

Dennoch huscht er nicht in diesigem Nebel an Hauswänden ins schummrige Hinterzimmer einer schmierigen Kneipe, sondern spaziert am helllichten Tag über den Braunschweiger Hauptbahnhof. Das Treffen auf dem öden Platz davor hat etwas von »High Noon«. Ein im Wind trudelnder vertrockneter Dornenbusch würde dazu passen. Doch Peter Dürrbeck will keine Schießerei mit jenen, die ihn zum Staatsfeind gemacht haben, er will nur von seinem Leben erzählen. Dramatisch genug: Es ist das Leben eines politisch Verfolgten mitten in Deutschland.

Nein, Dürrbeck hat keinen Staatsanwalt erschossen, keine Bank überfallen, um Geld für die Revolution zu besorgen und keinen leibhaftigen Kapitalisten gemeuchelt. Er war nur Zeit seines Lebens Kommunist. So wie seine Mutter. Das genüg-

te dem demokratischen Rechtsstaat, die beiden über Jahre ins Abseits zu stellen.

Dieser Umgang mit Menschen ist bis heute ein weißer Fleck in der deutschen Geschichte. Er wird vom Wehklagen über die angebliche Siegerjustiz der alten Bundesrepublik über die zusammengebrochene DDR als allein gültiges Beispiel für Ungerechtigkeit überdeckt. Den trockenen Fakten hält eine solche Betrachtung nicht stand: Rund 100 000 Ermittlungsverfahren, ohne Berücksichtigung der Spionagedelikte, gab es nach 1989 zur strafrechtlichen Aufarbeitung von DDR-Unrecht. Sie führten zu 1212 Anklagen und rund 300 Verurteilungen. Allein die Urteile gegen 1431 Personen im Zusammenhang mit der RAF waren in der Summe fünfmal mehr, als die Strafen gegen ehemalige DDR-Funktionäre. Gegen westdeutsche Kommunisten wurden in den Jahren 1951 bis 1968 etwa 138 000 Verfahren geführt, auf die 6000 bis 7000 Urteile folgten.

Herta Dürrbeck, geborene Petermann, Jahrgang 1914, und ihr Sohn Peter sind zwei der davon Betroffenen. »Wir waren immer kleine Leute und haben stets unter ebenso kleinen Leuten gelebt«, sagt Peter Dürrbeck. Dass eine solche Einordnung eigentlich bourgeoiser Überheblichkeit entspringt, scheint ihn nicht aufzuregen, denn sie waren nicht nur kleine, sondern auch kluge Leute. Solche, die schon in den Zeiten von Trommeln und Fackeln begriffen hatten, dass Frieden keine Option, sondern die Voraussetzung für jegliches Leben ist. Das hat sie zum Kommunismus geführt.

Peter Dürrbeck, 1939 geboren: »Ich bin von Kindheit an durch die Ideen von Marx, Engels und Lenin geprägt und im kommunistischen Geist erzogen worden.« Er lernt den Marxismus als Weltanschauung seiner Eltern kennen, so wie andere lernen, dass der liebe Gott ein Auge auf sie hat. Dürrbeck: »Der Kommunismus war für uns ein sehr fernes Ziel.« Dennoch festigt sich diese Sicht der Dinge für den Jungen aus dem Hannoveraner Arbeiterviertel, als er selbst anfängt zu denken: »Als erstes lernte ich Menschen kennen, die aus dem KZ kamen. Alle Freunde unserer Familie waren Nazi-Verfolgte.«

Es sind Leute, die nach dem verlorenen Krieg nicht nur die Trümmer auf den Straßen, sondern auch die in den Köpfen sehen. Sie sind von einfachen Zusammenhängen überzeugt: Wer Frieden will – Dürrbeck: »Meine Mutter war nahezu Pazifistin« – muss jene entmachten, die ein Interesse am Krieg haben könnten. Und diese sind schnell ausgemacht, denn alles im Leben regelt sich am Geld. Wer mit dem Krieg Geld verdient, wird ihn mögen, wer dadurch Geld und Gut verliert, ist dagegen.

So einfach scheint alles, aber das richtige Leben ist komplizierter. Nun sind es plötzlich nämlich auch jene, die noch vor ein paar Jahren ihrem Führer ein begeistertes »Heil« entboten hatten, die den friedlichen Aufbau in der Hand halten. Und sie haben Erfolg. Mehr als im Osten der inzwischen geteilten und zusammengeschrumpften deutschen Heimat. Bohnenkaffee und Toast Hawaii sind für viele überzeugender als Muckefuck und rote Fahnen.

Für Leute wie Peter Dürrbeck nicht. »Für uns war ein anderes Menschenbild prägend«, sagt er. Nicht materielle Güter konnten das Lebensziel sein, sondern nur das Streben nach dem Erkennen, was die Welt im Innersten zusammenhielt. Dass mit Bohnenkaffee und Toast Hawaii auch die Bilder vom blutrünstigen »Iwan« nicht nur auf schwarzen Wahlplakaten, sondern auch in den Köpfen vieler harmloser Nachbarn wieder auftauchen, lässt für Peter Dürrbeck keine Frage zu Alternativen zum Kommunismus zu. Er meint, die Lösung aller Probleme zu kennen. Marx und Lenin erklären ihm die Welt – warum also zweifeln? Dass zur Ideologie geronnene Gedanken auch Stillstand sein könnte, kommt ihm nicht in den Sinn.

Das Wirtschaftswunder im Westen stellt sich für den jungen Mann als Restauration der alten Verhältnisse dar. Der intelligente Junge muss die Oberschule abbrechen, weil die 390 Mark Rente der Mutter – der Vater ist 1953 gestorben – nicht für das Schulgeld reichen. Er sagt: »Ich wusste von Anfang an, dass ich mal von der Arbeit meiner Hände leben musste.« Aber er will mehr, er will die Welt verstehen. Er will lernen, auch wenn er, wie gewohnt, von der Hand in den Mund leben muss. Auch das ermöglicht ihm aus seiner Sicht nur seine politische Orientierung. Die anderen zimmern ja gerade wieder ihr zerbrochenes Weltbild zusammen. Da gibt es doch nichts zu lernen, nur die radikale Opposition bietet diese Chance.

Mutter Herta sitzt seit April 1953 als Abgeordnete der Kommunistischen Partei im Niedersächsischen Landtag. Die Frau aus dem Hannoverschen ist schon als 16-Jährige als Schreib-

kraft bei der »Roten Hilfe« zu den Kommunisten gekommen. Natürlich wurde sie schnell Mitglied im Kommunistischen Jugendverband (KJVD). Entspannung nach dem monotonen Schuften in verschiedenen Fabriken fand das junge Mädchen bei den »Naturfreunden«.

Als die Nazis 1933 an die Macht kommen, dauert es gerade noch ein Jahr, bis Herta wegen ihrer Aktivitäten im KJVD zu zwei Jahren Gefängnis verurteilt wird. Im gleichen Prozess sitzt Karl Dürrbeck, ihr späterer Mann, auf der Anklagebank. Sie heiraten 1938, ein Jahr danach kommt Peter zur Welt.

Dann bricht der Krieg über sie herein. Die Familie überlebt und schon im Herbst 1945 beginnt Herta Dürrbeck in der Bezirksleitung der KPD Hannover zu arbeiten. Schließlich soll sich diese Welt nicht nur verändern, jetzt muss sie es. Die Frau hatte sich bis zur Kontoristin qualifiziert und arbeitet nun als politische Funktionärin ihrer Partei, verantwortlich für Frauenpolitik und Schulungsarbeit. Konsequenterweise wurde sie auch gleich Landesvorsitzende des Demokratischen Frauenbundes Deutschlands (DFD) und wenig später Landtagsabgeordnete. Peter Dürrbeck: »Das war damals kein besonders attraktiver Job. Die Diäten blieben bescheiden und ein großer Teil des Geldes musste an die Partei abgeführt werden, denn die betonte, dass man ja nur durch sie auf dem Posten säße.«

Damals geht er noch zur Schule und erlebt tagtäglich Vorurteile und den Hass gegen die Kommunisten. Das wichtige politische Amt seiner Mutter – wäre sie in einer anderen Partei gewesen, sicher Anlass zu ehrenvoller Achtung – ist für ihn eine zusätzliche Bürde: »Als Sohn einer kommunistischen Landtagsabgeordneten war ich stigmatisiert«, erinnert er sich. »Ich bin in die Opposition zum herrschenden Regime hinein gewachsen.« Der Staat erzieht sich seine Feinde. Hausdurchsuchungen und polizeiliche Übergriffe gehören zu den Jugenderinnerungen und als mit dem Ende der Legislaturperiode die parlamentarische Immunität der Mutter erlosch, häuften sie sich. Endlich kann die Justiz nun auch auf die vorher geschützte Abgeordnete zugreifen. Ihr Delikt: Ein Zeitungsartikel mit zwei weiteren KPD-Parlamentariern in der Parteizeitung »Die Wahrheit«. Pfingsten 1954 veranstaltete die DDR in Ost-Berlin ein »Deutschlandtreffen« der FDJ. Westdeutsche Jugendliche, die dorthin wollten, wurden an der Grenze in Helmstedt an der

Weiterfahrt gehindert. Dagegen protestierten die drei KPD-Abgeordneten. Sie riefen die jungen Leute auf, jene Beamte namhaft zu machen, die sich bei den Reisebehinderungen besonders hervortaten. Der Artikel wurde von der politischen Strafkammer des Landgerichtes Lüneburg als »Unterstützung der illegalen FDJ« interpretiert. Erst diese Auslegung erlaubte es dann, unter dem Aktenzeichen 2 Kms 15/45 vom 15. November 1955 »Rädelsführerschaft« in Tateinheit mit »Beihilfe zur Geheimbündelei« und einem »Vergehen der Zersetzung« zu konstruieren. Für Herta Dürrbeck gab es am Ende drei Monate Haft. Ein Kriminalmeister der politischen Polizei sagte im Prozess aus, dass er ihren Artikel in der »Wahrheit« gelesen habe – natürlich nur aus dienstlicher Pflicht und »in der Dienststelle« – und sich dadurch bedroht gefühlt habe. Die Frage, ob ein solch zart besaiteter Mann überhaupt für die Polizei geeignet sei, wurde nicht gestellt.

Dennoch hat Herta Dürrbeck vermeintlich Glück, denn ihre Verurteilung aus der Nazizeit gilt nicht als Vorstrafe. So bleibt Richter Konrad Lenski, damals 54, nur, mahnend darauf hinzuweisen, dass die Frau ja wohl aus ihrem damaligen Ärger wegen »Vorbereitung zum Hochverrat« nichts gelernt habe. Peter Dürrbeck erinnert sich: »Es gab aber auch Prozesse, in denen den kommunistischen Angeklagten vorgehalten wurde, ihre ›Umerziehung‹ im Nazi-KZ habe offenbar nicht die gewünschten Erfolge erzielt.«

Natürlich sorgt Richter Lenski, als vormaliger Feldkriegsgerichtsrat der Wehrmacht auch im Exekutieren von Exekutionen nicht ungeübt, dafür, dass die drei Monate auch abgesessen werden. Begründung: »Strafaussetzung zur Bewährung kann der Angeklagten nicht bewilligt werden. Sie bietet bei ihrer Einstellung zur Tat keine Gewähr für künftiges Wohlverhalten. Im Gegenteil ist bei ihrer Neigung, das Interesse ihrer Partei über die Anforderungen der Rechtsordnung zu stellen, auch für die Zukunft zu befürchten, dass die Angeklagte sich wiederum zu ähnlichen Straftaten bereit finden wird, so bald – wie das bei ihrer Stellung in der KPD kaum ausbleiben kann – ein ähnliches Ansinnen an sie gestellt wird.«

Da hatte der Richter wohl Recht, denn Herta Dürrbeck war derweil bis in den KPD-Parteivorstand aufgestiegen. Ihre drei Monate verbüßte sie ab Anfang Mai 1956 im Gerichtsgefäng-

nis Hannover. Dort kennt sich die Frau aus: Fast auf den Tag genau 20 Jahre zuvor wurde sie von den Nazis aus eben diesem Knast entlassen. Kleine Gemeinheit am Rande: Infolge des nun aktuellen Urteils werden ihr 70 Mark Verfolgtenrente wegen Körperschäden aus der Zeit der Nazi-Haft aberkannt. Wer nicht hören will, muss fühlen, meint der Volksmund und offenbar wollen die Kommunisten nicht hören.

Die CDU-Regierung Konrad Adenauers hält all diese Leute schon lange für die fünfte Kolonne Moskaus. Genau 1 361 706 Wählerinnen und Wähler, das waren damals 5,7 Prozent, haben sie 1949 in den ersten Deutschen Bundestag gewählt. Das empfand der schwarze Kanzler als rote Pest, denn schließlich stehen die »Zoffjets«, die ja vermeintlich alle Drähte ziehen, nur ein paar Kilometer weiter östlich. Sibirien für alle drohte. Adenauer hatte da sein Gespür. Schon vor dem Krieg zog er im Zug direkt nach Braunschweig die Gardinen zu, wenn er mal dienstlich aus dem Rheinland nach Berlin musste, denn was da dann noch kam, war ohnehin schon fast Verbannung. Und nun das. Kam man schon nicht an die an Russen und Polen verlorenen Landesteile und die unter dem »Pankower Regime« ächzende »Irredenta« – die unerlöste Provinz »DDR« – heran, sollten wenigstens die Kommunisten im eigenen Land verschwinden. Am 23. November 1951 stellt deshalb die Bundesregierung an das Bundesverfassungsgericht den Antrag, ihre Verfassungswidrigkeit festzustellen. Am 17. August 1956 sprechen die Richter in den roten Roben das Verbot der KPD aus.

»Seit diesem Tag habe ich meinen Mitgliedsbeitrag in der Partei gezahlt«, sagt Peter Dürrbeck. Nun ist er tatsächlich ein Staatsfeind. Organisiert in einer verbotenen Partei. Das klingt nach Trotz eines jungen Mannes. Doch dieses Motiv weist er zurück. Seine Erfahrungen beruhen auf selbst gefundenen Überzeugungen, die wiederum mit dem Schicksal der geliebten und geachteten Mutter verbunden sind. Kaum dass das Parteiverbot ausgesprochen ist, wird gegen sie und einige weitere DFD-Frauen erneut ermittelt. Die Staatsanwaltschaft in Lüneburg unterstellt, dass der Frauenbund eine Tarnorganisation der nun verbotenen KPD sei. Beweise gibt es dafür nicht, die soll der Prozess erst erbringen.

Peter Dürrbeck ist derweil Elektriker-Lehrling bei Siemens. Später qualifiziert er sich im Fernstudium auf einer Fachschule und nimmt verschiedene Bildungsangebote seiner Partei wahr. Jetzt, als knapp 17-Jähriger, ist er erst einmal damit beschäftigt, das »Hinterland« für seine Mutter zu organisieren.

Der so genannte DFD-Prozess vor dem Lüneburger Landgericht findet 1964 statt und dauert mehrere Wochen. Wie so oft beim Vorgehen gegen in sich geschlossene und ideologisch strukturierte Formationen sind es auch diesmal Dissidenten aus den eigenen Reihen, die als Zeugen der Anklage fungieren. Dabei erweist sich ein ehemaliger KPD-Landessekretär als besonders hilfreich, der wegen unzüchtiger Handlungen an Kindern ins Visier der Strafverfolger geraten war und nun ein Interesse daran hatte, etwas »gutzumachen«. Er bestätigt, dass der DFD eine KPD-Tarnorganisation sei und für Herta Dürrbeck macht das wieder mal zehn Monate Haft, gerade genug, um sie in den Knast zu schicken. Zwei Drittel davon muss sie absitzen. Und wieder ist es ein früherer Nazi-Jurist, der sie anklagt. Oberstaatsanwalt Karlheinz Ottersbach, damals 52, hatte seine Sporen am Sondergericht Kattowitz verdient, bekannt für zahlreiche Todesurteile gegen Polen, die sich verschiedener Bagatelldelikte schuldig gemacht hatten. Und auch Landgerichtspräsident Dr. Ciplik hält Herta Dürrbeck vor, dass sie schon 1934 Widerstand geleistet habe, obwohl sie doch wusste, dass dies verboten war.

Angesichts einer solchen Realität stellen sich derartige Prozesse für die Betroffenen ebenso wie für Peter Dürrbeck und seine Genossen als Kampf der bereits wieder mächtigen Faschisten gegen Antifaschisten dar. Eine gesellschaftliche Auseinandersetzung mit den Kommunisten, die damals in anderen westeuropäischen Ländern wie Frankreich oder Italien eine riesige politische Rolle spielen, findet nicht statt. Dürrbeck: »In Westdeutschland gehörten die Kommunisten nach dem verlorenen Krieg stets zu denen, die für all das Elend verantwortlich gemacht wurden.« Das prägt ihre politischen Aktivitäten. Dabei bleiben auch die Auseinandersetzungen mit den Querelen des »sozialistischen Weltsystems« auf der Strecke. Ob der 17. Juni 1953 in der DDR, der ungarische Aufstand 1956 oder die im gleichen Jahr erfolgte Abrechnung mit dem Stalinismus in Moskau – für die westdeutschen Kommunisten waren das alles keine brennend heißen Themen. »Ja, es gab eine Genossin, die damals, als Stalins Verbrechen bekannt

wurden, tagelang geweint hat«, erinnert sich Peter Dürrbeck – die Tagespolitik stellte jedoch andere Aufgaben.

Diese Gleichsetzung von antifaschistischem Kampf und kommunistischer Parteiarbeit mag eine politisch verengte Sicht sein, doch nur so lässt sich verstehen, wie die Symbiose zwischen Politik und Alltagsleben bei den Betroffenen funktionierte. Das machte sie zu »Staatsfeinden«, die sich über Generationen fortsetzen. Bei Leuten wie Peter Dürrbeck bedurfte es nicht des mahnenden Zeigefingers der Eltern, um ihn zum Kommunisten zu machen. Im Gegenteil. Am 8. Juli 1956 schreibt Herta Dürrbeck ihrem Sohn zum 17. Geburtstag aus dem Gefängnis: »Ja, Peter, jetzt hast Du auch schon größere Verantwortung, all Dein Tun bekommt einen größeren Sinn, darum tue nichts unüberlegt. Du sollst nicht misstrauisch sein, aber Du sollst kritisch sein. Kritisch gegen dich selbst und gegen andere. Es ist besser, Du wendest alles einige Male herum, bevor Du es Dir zu eigen machst, als dass Du blindlings alles hinnimmst.« Die gern unterstellte Indoktrination klingt anders.

Für den jungen Mann ist die Partei Heimat, soziale Stütze, Weiterbildung, vielleicht sogar so etwas wie Elternersatz. Er hatte seine Fühler auch zu den sozialdemokratischen »Naturfreunden« ausgestreckt, doch seit dem 1959 beschlossenen »Godesberger Programm« sind die Sozialdemokraten keine Alternative mehr für ihn. Sie hatten beschlossen, sich zur »Volkspartei« zu entwickeln und dem »Klassenkampf« abgeschworen. Das widersprach Peter Dürrbecks bisherigen Lebenserfahrungen. Wie soll er auf Kampf verzichten, wo es doch klare Fronten gibt? Die eigene Mutter ist doch nicht kriminell. Trotzdem steht sie in einer »Strafsache« vor Gericht. Und dann auch noch vor Richtern, die nachweislich Blut an den Händen haben. Es geht um die Ehre der Mutter. Da gibt es nur Schwarz oder Weiß, Feind oder Freund.

In genau dieser Situation zwingt ihn der Staat erneut zum Bekenntnis. Dürrbeck gehört zu jenen, die als erste unter die 1956 eingeführte Wehrpflicht fallen. Natürlich verweigert er. Doch er muss zur »Gewissensprüfung«. Zweimal lassen ihn die aus seiner Sicht ohnehin volksfeindlichen Aufrüster durchfallen, letztlich wird er dann doch nicht einberufen. Als ihn das Landgericht Lüneburg 1966 wegen Verstoßes gegen das KPD-Verbot zu einem Jahr Haft verurteilt, müsste das eigentlich eine Genugtuung für ihn gewesen sein: Bitte meine Herren Offiziere, bei mir stimmen Worte und Taten eben doch überein, auch wenn sie mir soviel »Gewissen« nicht zutrauen. Dass das Gericht ihm gleichzeitig für drei Jahre »die Fähigkeit zur Bekleidung öffentlicher Ämter, das Wahl- und Stimmrecht« abspricht, festigt diesen Eindruck nur noch – 55 Seiten Urteil, ein Indizienprozess mit »Zeugen vom Hörensagen«. Der Staatsfeind ist nun auch aktenkundig. Seine Strafe sitzt er in Oldenburg ab.

Wieder stellt sich die Frage nach Trotz oder Überzeugung, schließlich hätte ihm die DDR gern Asyl geboten. Peter Dürrbeck scheint keinen Moment daran gedacht zu haben: »Natürlich war die DDR auch unser Hinterland und wir haben aus der DDR Solidarität erfahren. Als Selbstverständlichkeit habe ich das jedoch nie angesehen.« Sein Platz war für ihn Hannover und Umgebung. »Man muss dort kämpfen, wo man steht.« Ein solches Bekenntnis klingt vielleicht ein wenig theatralisch, doch Peter Dürrbeck meinte es ernst. Lernen in der DDR oder gleich beim ganz großen Bruder in Moskau, Erholungs- und Krankenhausaufenthalte und auch ein regelmäßiger Geldfluss für die Partei gehörten zum Alltag der Kommunisten im Westen. Dennoch fühlen sie sich nicht als Ableger der SED.

Im Herbst 1968 fährt Peter Dürrbeck nach Frankfurt am Main, um mit einer Handvoll Gleichgesinnter die Deutsche Kommunistische Partei (DKP) zu gründen. »Trotzdem bin ich niemals aus der illegalen KPD ausgetreten«, sagt er. Als er seine Mutter Herta davon überzeugen kann, dass sich auch die neue Partei in der Gefolgschaft und Treue zu Moskau sieht, ist sie einverstanden, mitzuarbeiten. Es ist der alte Konflikt zwischen Kommunisten und Sozialdemokraten, der dahinter steht. SPD-Minister Herbert Wehner, selbst einst KPD-Funktionär in Moskau, betonte immer wieder, dass eine kommunistische Partei in der Bundesrepublik nur zugelassen werden könne, wenn sie sich vom »sozialistischen Lager« distanziere. Das hatte 1968 gerade die Tschechoslowakei besetzt, weil die nach eigenen Wegen suchte. Wenig später begann Willy Brandt – Dürrbeck: »Letztlich ein Verräter an den Interessen der Arbeiterklasse« – die neue Ostpolitik der SPD. In Moskau sahen die Strategen die Chance, die Ergebnisse des Zweiten Weltkrieges, der ja ohne einen Friedensvertrag zu Ende ging,

endlich verbindlich festzuschreiben. Da hatte sich sowohl die DDR, wie auch die neue kommunistische Partei im Westen einzuordnen.

Im politischen Spektrum der Bundesrepublik spielt die DKP nie eine große Rolle. Trotzdem gibt es Entwicklungen, bei denen ihre Interessen mit denen anderer übereinstimmen. Dass es dem Arbeiter im Westen besser geht als in der DDR, will die Bundesregierung ebenso beweisen wie die Gewerkschaften und gegen mehr Lohn und noch bessere soziale Bedingungen hatte natürlich auch die DKP nichts einzuwenden. Man muss kein Kommunist sein, um gegen Atomraketen zu kämpfen und der braune Sumpf der ersten Jahre trocknete auch nur zögerlich durch den Lauf der Zeit langsam aus. So entfaltete die Bundesrepublik letztlich eine Anziehungskraft, die schließlich dazu führte, dass die Landsleute im Osten den Bettel hinschmissen und mit fliegenden Fahnen überliefen.

Als politisch gebildeter Mensch weiß Peter Dürrbeck natürlich, dass der Schlüssel für diese Entwicklung in Moskau lag. Er hatte die Jahre mit den Mühen der Ebene verbracht, seine Erfolge und Niederlagen gehabt und die Streitereien in der Partei ertragen. Herta Dürrbeck gehörte derweil zu den von Faschisten wie Adenauer-Regierung verfolgten Vorzeige-Kommunisten. In der DKP arbeitete sie in der Schiedskommission für Niedersachsen. In den 80er-Jahren zählte die DKP bundesweit mehrere Zehntausend Mitglieder, sie blieb ein Häufchen von Idealisten. Manche von ihnen vermuteten Ende der 80er-, Anfang der 90er-Jahre als Ursache für den Zusammenbruch des »sozialistischen Weltsystems« vor allem den angeblichen Verrat Michail Gorbatschows. Auch für Peter Dürrbeck ist er eine gespaltene Persönlichkeit: »Einerseits war er der Hoffnungsträger, der bis zum Jahr 2000 eine Welt ohne Atomwaffen schaffen wollte und dann erwies er sich als Totengräber des Sozialismus.« Dieser Widerspruch beschäftigt ihn bis heute: »Ich sehe schon die Zusammenhänge und Kompliziertheiten der Niederlage des realen Sozialismus.«

Herta Dürrbeck hat es nicht mehr geschafft, sich darüber Gedanken zu machen. Ihr Sohn erinnert sich: »Der Zusammenbruch der Sowjetunion hat tiefe Spuren bei Mutter hinterlassen.« Es war das Ende ihres Lebensideals, das sie sich nicht erklären konnte. Dazu kamen die Probleme der eigenen

Partei. Peter Dürrbeck: »Es waren nicht nur diese äußeren Ereignisse, auch die Auseinandersetzungen in der DKP und wie sie geführt wurden, waren für sie eine große Belastung.«

Sie mündete für Herta Dürrbeck letztlich in die Frage nach dem Sinn ihres Lebens. Ihr Körper weigerte sich offenbar, sich noch einmal mit den verschiedenen Antworten darauf auseinanderzusetzen. Während einer Kur im tschechischen Franzensbad erlitt sie einen Schlaganfall. Fast vier Jahre verbrachte sie danach noch im Pflegeheim, ohne das Bewusstsein noch einmal zu erlangen. Niemand konnte der über 80-Jährigen mehr sagen, dass sie trotz alledem ein Leben geführt hat, das aller Ehren wert war. Herta Dürrbeck starb am 2. April 1995.

Der Kampf um die Ehre der Mutter ist für Sohn Peter eine unerledigte Aufgabe. Nachdem der Kalte Krieg vorbei ist, müssten ja wohl auch seine Opfer rehabilitiert werden. Noch immer gelten Leute wie Herta Dürrbeck, er selbst und Tausende andere als aktenkundige Staatsfeinde. Man kann ihnen die Rente kürzen oder sie vom Geheimdienst beobachten lassen, sie in der Öffentlichkeit beschimpfen oder auch nur still diffamieren. Was für die Kommunisten im Westen einst als Kampf um eine neue Gesellschaft begann, endet für Sie nun im Kampf um einen Platz in eben dieser Gesellschaft.

Peter Dürrbeck und einige seiner Genossen gründen die »Initiativgruppe zur Rehabilitierung der Opfer des Kalten Krieges in Niedersachsen.« Der Verein mit dem sperrigen Namen will keine Gnade, sondern fordert Recht. Die Frauen und Männer richten Briefe und Eingaben an ihre nunmehrigen Volksvertreter und trotz bürokratischem Dschungel, in dem hin und wieder alles zu überwuchern droht, scheinen sie zumindest offene Ohren zu finden. Prof. Dr. Christian Pfeiffer schreibt der Initiativgruppe am 27. Januar 2003: »Als Justizminister des Landes Niedersachsen muss ich heute zur Kenntnis nehmen, dass (Ihren) Forderungen nach eingehender Prüfung auf Bundes- und Landesebene aus rechtlichen Gründen bedauerlicherweise nicht nachgekommen werden konnte.« Er wolle aber »die verbliebenen Möglichkeiten nutzen, Ihr Anliegen zu unterstützen« und lud die inzwischen ergrauten Opfer des Kalten Krieges zu einem Empfang. In seiner dort gehaltenen Rede fand der Minister deutliche Worte. Er bezeichnete das 1951 bis 1968 gültige »Gesinnungsstrafrecht«

in der Bundesrepublik Deutschland als Ergebnis eines »paranoiden Antikommunismus« und stellte fest: »Für die Strafverfolgung von Kommunisten bedeutete dies ... dass die Richter von gestern mit den Staatsschutzvorschriften von gestern die als solche betrachteten Staatsfeinde von gestern verfolgten.« Er verwies auf die vielen Repressionen neben den Urteilen – von der Einziehung der Reisepässe über die Nichtzulassung zum Studium oder zu Examen bis hin zum Verlust von Wohnung und Arbeitsstelle – und betonte, dass es durchaus einen Unterschied zwischen Feinden der Demokratie und dem »politisch unbequemen, aber verfassungstreuen Gegner der jeweiligen Regierung« gebe. Zu letzteren zählt der Minister auch die verurteilten Kommunisten, doch »Aufhebung der Urteile und Entschädigung für die erlittene Haft« hätte »auf Bundesebene aus verfassungsrechtlichen Gründen keine Aussicht auf Erfolg.«

Das bekommt die Initiativgruppe sechs Wochen später unter dem Aktenzeichen II B 4 – 4250 II – 45 1052/2002 vom 7. April 2003 auch noch einmal schriftlich vom Bundesministerium der Justiz: »Nach erneuter Prüfung sehe ich keinen Anlass, von der Ihnen bekannten Auffassung des Bundeskanzleramtes und des Bundesministeriums der Justiz zu den von Ihnen angesprochenen Problemkreisen abzugehen ... Es gibt keine Anzeichen, dass sich an der Auffassung der Mehrheit des Deutschen Bundestages etwas geändert hätte.«

Peter Dürrbeck stopft die Papiere zurück in seinen Rucksack. Eine Bombe wird er darin auch künftig nicht transportieren, doch sein Leben wird er irgendwann als verurteilter Staatsfeind beenden. Die beiden Bundespolizisten am Braunschweiger Bahnhof mustern den alten Mann gelangweilt, der rüstig zu seinem Zug marschiert. Die jungen Männer ahnen nicht, dass gerade ein »Rädelsführer« und »Geheimbündler« an ihnen vorbei läuft, ein Staatsfeind also.

Der Wind auf dem Bahnhofsvorplatz scheint noch ein wenig kälter geworden zu sein.

SOLDAT
WIDER WILLEN

Er war ein Soldat an der Front des Kalten Krieges und wusste nichts davon. Dennoch marschierte er für die eine und gegen die andere Seite, weil er hoffte, irgendwie doch den Marschallstab im Tornister zu haben.

Eberhard Fätkenheuer, 1944 geboren, in der DDR Ingenieur für Kraftfahrzeuginstandhaltung und Spion im Nebenjob.

Wegen dieser Nebentätigkeit wurde er am 28. Juni 1979 verhaftet, zu 13 Jahren Haft verurteilt und am 11. Juni 1985 auf der Glienicker Brücke mit 22 anderen West-Agenten gegen vier Ost-Agenten ausgetauscht. Ein Handel wie ihn Kinder trieben: Ich gebe dir fünf Maikäfer, du mir eine weiße Maus. Eberhard Fätkenheuer gehörte zur meist namenlosen Dutzendware beim Menschenschacher. Alltag im Kalten Krieg, hinter dem vergessenes Leben steckt.

Erst als er kurz nach Ostern 1986 »aus der US-Army« entlassen wurde, erfuhr Eberhard Fätkenheuer, dass er dort überhaupt als Soldat gedient hatte. Wo genau, sagte ihm niemand. Er meint, die CIA sei sein Auftraggeber gewesen. Im unüberschaubaren Dschungel der amerikanischen Dienste kann es aber ebenso die Military Intelligence der Army (MI), die Defense Intelligence Agency (DIA), also der Militärische Geheimdienst des Pentagon oder INSCOM, das Intelligence and Security Command mit Sitz in München gewesen sein. Im Grunde ist es unerheblich, denn trotz entspannender Heiterkeit, wenn wieder einmal ein Geheimdienstcoup schief gegangen ist, gilt nach wie vor der alte Spruch aus den Agentenfilmen: »I could tell you, but then I would have to shoot you.«

Eberhard Fätkenheuer, der US-Spion also. Ein Mann, dem die zwei Welten des 20. Jahrhunderts zum Verhängnis geworden sind, einer, den die Geschichte nicht in Ruhe gelassen hat. Sie hätte ihn töten können, einfach so, Urteil, Nahschuss in den Hinterkopf, aus. Dabei begann alles mit ganz normalem Leben, Träumen und Hoffnungen.

Es ist der heiße Sommer 1968. In Prag bewegt sich die Politik. Dass ist im Sozialismus ungewöhnlich. Eberhard Fätkenheuer ist das ziemlich egal. Ihn ziehen Sonne und ein junges Mädchen an die Moldau. Und was er von der Politik zu halten hat, weiß er ohnehin.

Er ist 24 und hat schon die ersten Knüppel zwischen die Beine bekommen. Drei Jahre zuvor, als Student beim Kartoffelsammeln in der Gegend um Anklam. Dabei hatte der damals, im Herbst 1965, nur ein paar blöde Sprüche gekloppt: »Jeder kommt aus seinem Elend raus, wählt Franz Josef Strauß«. Nicht, dass er für die Schwarzen gewesen wäre. Richtige Freiheit gab es doch sowieso nur in Amerika, nicht im piefigen Bayern. Aber im Westen war Wahl und irgendein Klugscheißer wollte wissen, dass die »Bonner Ultras« keine Chance hätte. Die hielt Eberhard dagegen. Schon aus Prinzip.

Zu viel für einen zukünftigen sozialistischen Lehrer. Ein kurzes Ermittlungsverfahren der Stasi blieb ohne Folgen, Es gab einfach nichts zu ermitteln. Aber Eberhard flog von der Uni.

Für einen wie ihn, Anfang 20 und mit einem Facharbeiterbrief als Kfz-Schlosser in der Tasche, war das kein Beinbruch. Natürlich fand er sofort Arbeit: Technologe beim VEB Auto-Service Berlin. Das klang nach was. Und statt direkt, wurde nun eben fern studiert. Das Zeug zum Ingenieur hatte Eberhard allemal, und wer in der DDR an Autos schrauben konnte, brauchte keine Lizenz zum Gelddrucken mehr. Die Welt war wieder in Ordnung.

Dass der Sozialismus nichts weiter als ein aufgeblasenes Gebilde aus viel heißer Luft war, sahen manche Kollegen auch so. Aber er war eben da und man musste sich einrichten. »Ich war ein angepasster DDR-Bürger«, sagt Eberhard Fätkenheuer.

Die Lebensschienen in der DDR hatten keine Weichen. Wie eine sanfte Achterbahn drehten sie sich im Kreis. Vielleicht drückte mal etwas auf den Magen, es gab manchmal ein Quieken vor Lust, manchmal eines aus Frust, aber ein Looping war nicht drin. Für den Automann bestimmten nun andere die Höchstgeschwindigkeit und viel mehr als 70 PS hatte das Leben für DDR-Bürger ohnehin nicht vorgesehen. Für einen Mann Anfang 20 zu wenig.

Zum Glück gab es wenigstens überall hübsche Mädchen. Deshalb war Eberhard Fätgenheuer in diesem Sommer 1968 ja auch unterwegs nach Prag. Er hoffte, auf dem Wenzelsplatz Vera wiederzufinden, die Urlaubsliebe vom Jahr zuvor. Im Zug trif er Kumpel Jens aus seinem Heimatort Sachsenhausen. Der war mit zwei Österreichern zugange. Einer trug den etwas altväterlichen Namen Carl, Carl G. Aber er war ein Kumpel. Achtzehn Jahre alt, gelernter Bäcker – die vier verbrachten die Tage in Prag gemeinsam. Vera war nicht mehr so wichtig. Es gab auch andere hübsche Mädchen an der Moldau.

Eberhard Fätkenheuer bewundert den Jüngeren. Es ist mehr, als die leicht zu habende Freundschaft, wenn man gemeinsam um die Häuser zieht und nach den Mädchen sieht. Der Berliner ist verwirrt, er spürt ein Gefühl für den Jungen von der anderen Seite. Da ist plötzlich etwas, was so gar nicht da sein dürfte, eine Seelenverwandtschaft, eine Liebe – Eberhard Fätkenheuer weiß es bis heute nicht.

Natürlich war er nicht schwul, verdammt, aber es war ein Gefühl. »Ich hatte nie ein so vorzügliches Verhältnis zu einem Mann, wie zu Carl«, sagt er nach über vierzig Jahren in einem gestelzten Satz, der so gar nicht zu ihm passt und fast wie eine Entschuldigung klingt.

Vielleicht ist er sein ganzes Leben lang fremd gegangen, um sich immer wieder zu beweisen, dass da nichts war, dieses Nichts, von dem man nicht so recht weiß, was es eigentlich ist. Dieser Funken zwischen zwei Menschen, der langsam ins Glühen kommt.

Auch Carl schien ihn zu spüren. Die beiden befreundeten sich, trafen sich immer wieder, suchten gemeinsame Erlebnisse.

Carl G.'s Vater hatte eine große Bäckerei in Hainburg in Österreich. Von dort aus kann man die Burg in Bratislava sehen. Vier Jahrhunderte lang lief in der Gegend der Limes Romanus, jetzt war es der Eiserne Vorhang. Das hatte auch seine Vorteile. Ende der 60er-Jahre stand Carl vor seiner Meisterprüfung als Bäcker. Doch der eigentliche Meister blieb der

Vater auch danach. Dass er 1976 an Krebs sterben und Carl der Chef des Betriebes werden würde, ist damals nicht zu ahnen.

Und so ein Meister hat seine Autorität, da gibt's nichts dran zu rütteln. Aber da ist ja noch »die andere Seite«. Carl fährt nach Bratislava zum Tennis spielen. Schon als 15-Jähriger mit dem Fahrrad, ab 16 dann mit dem Moped. Im Jawa-Land ist solch ein ungewohntes Zweirad etwas, nach dem die Leute sehen. Da ist kein Meister, vor dem man sich ducken müsste und wenn Carl seine österreichischen Schillinge auf den Tisch knallt, kann er die Puppen tanzen lassen.

Bald ist Eberhard dabei. Im Hotel »Devin« in der Riecna 4, mitten in Bratislava, lassen sie die Kuh fliegen. Ebi und Carli. Die Freunde. Dass Carl bezahlt, trübt die Freundschaft nicht. Es geht auch nicht um die paar Kronen, es geht darum, sich gleichwertig zu fühlen. Mit Carl ist Eberhard nicht mehr der Deutsche zweiter Klasse, der das Outing allenfalls verzögern kann, wenn er auf die obligatorische Frage nach »Ost oder West« mit einem genuschelten »Berlin« antwortete. Schon beim Trinkgeld kam die Wahrheit ans Licht, denn die Kronen waren knapp. Aber nicht, wenn Carli dabei war.

Vielleicht ohne es zu merken, wurde Carl für Eberhard Fätkenheuer so etwas, wie die Projektionsfläche einer anderen Welt und eines anderen Lebens. Wenn die beiden zusammen waren, war auch Eberhard ein bisschen Westler, fühlte sich freier und besser.

Wieder eine Emotion, die er nicht beschreiben kann. »Er war so etwas wie der reiche Onkel aus Amerika für mich«, sagt Eberhard Fätkenheuer und scheint zu spüren, dass es das nicht war. Klar, die Geschenke von Carli – »mein erster Kassettenrecorder und die Digitaluhr, auf die ich so stolz war« – ... aber er relativiert auch gleich wieder: »Gut, der Recorder war nicht neu. Und die Uhr haben die damals im Bäckerladen verkauft, vielleicht war es auch ein Werbegeschenk ...«

Eberhard Fätkenheuer kämpft wie ein Taucher um den Weg unter die Wasseroberfläche, aber die Erinnerungen treiben ihn immer wieder hoch. Er kennt das Gefühl. Mit der Harpune unter Wasser auf Jagd zu gehen ist sein Hobby. Carli hingegen ist Jäger. Den ersten eigenen Bock schoss er in Rehhorst bei Liebenwalde in der DDR. Das hatte Eberhard organisiert. Seine Schwester kannte da einen Oberförster. Natürlich hatte der danach mächtig Ärger, aber Carli nahm das Geweih mit nach Hause. Endlich war er nun nicht mehr nur der, der immer bezahlte. Ebi hatte ihm gezeigt, dass er auch was bewegen konnte. So, wie es sich in einer richtigen Freundschaft gehört. Was sollen also die Tauchversuche in irgendwelche Gefühlsabgründe. Zum Schluss gibt es immer nur den Weg nach oben raus, an die Luft.

Das Leben lief, die Freundschaft sowieso. Eberhard Fätkenheuer war 1973 Chef des ersten Ost-Berliner Parkhauses an der Keibelstraße geworden. Dort richtete er eine Kfz-Diagnosestation ein. Für die DDR ein bislang ungekannter Service. Sogar Reporter vom »Berliner Rundfunk« kamen und der Auto-»Oberarzt« genoss es, ein Interview zu geben. Bekannt von Funk und Fernsehen – Eberhard Fätkenheuer war keiner mehr, dem man mal eben einen kleinen Schein in die Kitteltasche schob, damit der Trabi bald wieder tuckerte.

Natürlich lief es auch mit den Frauen. Eberhard war zwar seit 1969 mit Sabine verheiratet, aber die Ehe schien am Ende und wurde 1974 geschieden. Doch auch andere Mütter haben hübsche Töchter und als Bauingenieurin Helma 1976 frisch von der Uni in die Bude kam, wurde sie die Nummer 1. Trotzdem blieb sie nicht die Einzige. Aber sie sah einfach zu gut aus, um nach einem Seitensprung nicht immer wieder zu ihr zurückzukehren.

Im fernen Österreich kehrte derweil gerade Carl G. von einem Ausflug nach Wien zurück. Ein unbekannter Mann hatte ihn im väterlichen Betrieb angerufen und ins Café »Mozart« am Albertinaplatz eingeladen. In Hainburg hielt immer noch der Vater das Zepter in der Hand, warum sollte er nicht mal horchen, was der Fremde von ihm wollte.

Carl G. traf auf zwei ältere Männer, die sich als Amerikaner vorstellten und sagten, sie kämen aus München. Sie redeten über Gott und die Welt und natürlich auch über die häufigen Reisen des jungen Bäckers hinter den Eisernen Vorhang.

Der bleibt arglos, selbst als die Männer durchblicken lassen, sie hätten mit dem Geheimdienst zu tun. Wer hätte das in Wien nicht, bittschön – hier, in diesem Café schrieb Graham Greene beim Einspänner das Drehbuch zum »Dritten Mann«. Spannende Geschichte. Aber in Wirklichkeit wäre solch ein Job »ganz unspektakulär«. Meinen jedenfalls die beiden Män-

ner. Man dürfe sich eben nur nicht erwischen lassen. Aber wer würde das schon tun, wenn er sich auskennt. Und von Carl wollen sie ja eigentlich auch nichts weiter, als bei einem Glas Wein und einem Tafelspitz von seinen Kenntnissen des Osten profitieren.

»Live and Let Die«, »Leben und sterben lassen«, heißt der aktuelle »James Bond« vom Sommer 1973. Das ist schon ein verdammt smarter Bursche. Und Roger Moore mit 45 fast doppelt so alt wie »Friedrich Mosler« mit 23. Zu dem ist Carl G. nach ein paar weiteren Treffen mit den Amerikanern geworden. Der neue Nebenjob war wirklich unspektakulär. Eine Liste mit seinen Bekannten aus dem Ostblock solle er machen, haben ihm die Amerikaner gesagt. »Friedrich Mosler« traf sich mit ihnen inzwischen regelmäßig in der Wiener Umgebung oder in München. Es hatte für den jungen Mann ein bisschen was vom Agentenfilm: Einmal, im Prater, störte ein Platzregen das Treffen. Die Leute ringsum klappten ihre Schirme auf oder flüchteten unter das nächste Dach, nur ein halbes Dutzend Männer blieben steif im Regen stehen und hielt sich lediglich eine Zeitung über den Kopf, Geheimdienst-Fußvolk bei der Arbeit.

An der Freundschaft zwischen Carl und Eberhard ändert der neue Nebenjob des Bäckers erst einmal nichts. Er reist in die DDR, sie treffen sich beim tschechischen Bier und hören Musik zusammen. Die Les Humphries Singers mit »Mama Loo« sind ganz oben in den Charts. Bei Mama Loo »it's getting round«, genau so, wie es bei Ebi und Carli rund geht. Das Leben kann so schön sein.

Natürlich hatte »Friedrich Mosler« auch seinen Freund Eberhard auf der Liste für die Amerikaner notiert. Die begannen 1974, sich für den Mann aus Ost-Berlin zu interessieren. Eberhard Fätkenheuer sagt heute: »Ich denke schon, dass Carli auf mich angesetzt war.« Aber damals geschah erst einmal nichts.

Im April 1975 trafen sich Carli, Eberhard und dessen 71-Jährige Mutter im Hotel »Flora« in Prag. Er wollte der alten Dame noch ein bisschen was von der Welt zeigen – dass sie schließlich 105 Jahre alt und er sie einmal aufopferungsvoll pflegen würde, ahnt er damals nicht. Fast nebenbei fragt er Carl, ob der nicht wisse, wie man mal an ein paar Schillinge kommen könnte. Sich einmal wie ein Westler mit hartem Geld in der Tasche fühlen, das war Eberhards Traum.

Carl weiß Abhilfe. Fätkenheuer: »Er sagte mir, er kenne ein paar Leute, die an Informationen aus dem Osten interessiert seien. Alles ganz ungefährlich, natürlich. Es ginge um die Militärtransporte der Russen und der Nationalen Volksarmee. Mit Spionage habe das alles nichts zu tun.« Dennoch ist der Berliner in der Zwickmühle. »Einerseits fühlte ich mich schon etwas in seiner Schuld, andererseits wollte ich ihm auch beweisen, was in mir steckte.«

Carli und Ebi kennen sich nun seit sieben Jahren. Da vertraut einer dem anderen. Dass der Österreicher viele Details aus Eberhard Fätkenheuers Leben weiß, über die die beiden eigentlich nie gesprochen hatten, fiel ihm erst Jahre später auf. »Ich war sicher, wir kennen uns so lange, da wird schon alles seine Richtigkeit haben. Der haut dich nicht in die Pfanne.«

Eberhard Fätkenheuer wurde für die Amerikaner nun »Helmut Prantl«, der Deckname sollte ein bisschen nach Alpen klingen. Carl G. bekam für die Werbung 15 000 Schillinge. Dem frisch gebackenen Agenten wurden Versprechungen auf ein West-Konto gemacht, das er jedoch auch später nie zu Gesicht bekam. Nach Monaten wurde einmal eine größere Summe Ost-Mark in einem toten Briefkasten hinterlegt. Damit sollten ausschließlich Spesen beglichen werden.

»Friedrich Mosler« hatte zunächst einmal für vollständige Akten zu »Helmut Prantl« zu sorgen und reiste deshalb nach Pankow. Die Stasi beschrieb das später so: »Im Juni 1975 wurde der Beschuldigte nach entsprechender Vereinbarung von G. in seiner Wohnung in der Hauptstadt der DDR, Berlin, aufgesucht. Bezugnehmend auf seine Bereitschaftserklärung zur Zusammenarbeit forderte G. für seinen Auftraggeber Angaben über die persönliche Entwicklung des Beschuldigten, sowie Personalangaben zu Familienangehörigen. Der Beschuldigte kam dieser Aufforderung nach, übergab ein von ihm gefordertes Passfoto und lieferte Angaben zu Name, Alter, Beruf, Wohnort, Familienstand, Ehepartner, Kindern seines Bruders, seiner Schwester und deren Lebensgefährten aus ...« Die Stasi war also möglicherweise von Anfang an insgeheim dabei.

Im Herbst 1975 bildete Carli, der Eberhard nun »Max« als seinen Decknamen bei den Amerikanern angab, den Freund in Balatonszemmes in Ungarn geheimdienstlich aus. Für die beiden jungen Männer war das alles ein riesiges Abenteuer,

sie fühlten sich als unschlagbares Team. Zwei junge Zigeunerinnen versüßten ihnen den Urlaub und zwischendurch wurde chiffrieren geübt, das Abhören der Kurzwelle auf dem Grundig-Radio, das Eberhard mit nach Berlin nehmen durfte, und das Schreiben auf präpariertem Papier, dass die geheime Nachricht unsichtbar macht.

Die beiden ahnen nicht, dass die Stasi diese Methode kennt und ihnen bereits durch bei der Postkontrolle gefundene »Merkmalbriefe« auf die Spur gekommen war. Nun liefen eine Ermittlung unter dem Decknamen »Pfeil«. Dass Eberhard Fätkenheuer also gern mit der Harpune hantierte, war wohl auch bekannt.

Erst im Rückblick fällt dem Älteren auf, dass seit der Anwerbung plötzlich der Jüngere die Führung in ihrer Beziehung übernahm: »Das war für mich neu. Bisher stimmten wir immer alles demokratisch ab, jetzt hatte er plötzlich das Sagen.« Eberhard denkt sich nicht viel dabei, denn für ihn ist es eine gute Sache, für die er sich entschieden hat. »Die Amerikaner, das war für mich immer etwas ganz Besonderes. Das war das Bild von Freiheit, das ich hatte.« Und dafür ein bisschen was zu tun, war ja außerdem völlig ungefährlich.

Das schienen die ersten Aufträge zu bestätigen. Er solle melden, ob die Schützenpanzer der Russen dreckig oder sauber waren und wie lang die Haare der Soldaten seien, funkten die Amerikaner nach Ost-Berlin. Ihn wunderte nur ein wenig der Ton der amerikanischen Telegramme: »Das kam recht burschikos rüber. So, als sei ich der Befehlsempfänger der Leute, der nach ihrer Pfeife zu tanzen hatte.«

Einem Mann von Anfang 30, der mitten im Leben stand, passt so etwas nicht unbedingt. Dass die Freundschaft mit Carli litt, akzeptierte der frisch gebackene Spion, hatte er doch inzwischen auch sein Leben in die eigenen Hände genommen: »Ich fühlte mich als Freiheitskämpfer der westlichen Welt. Dass das große und mächtige Amerika gerade mich ausgewählt hatte, machte mich stolz.« Endlich konnte Eberhard Fätkenheuer es allen einmal zeigen, wenn auch im Verborgenen. Hatte ihn nicht sogar sein eigener Vater mal als »geltungssüchtigen Psychopathen« bezeichnet! Irgendwann würden sich alle noch einmal mächtig wundern. Erst Jahre später blickt er kleinlauter zurück: »Ich hatte da schon so einen Anflug von Größenwahn.«

Schade nur, dass sich die Beziehung zu Carli mehr und mehr wie ein Geschäft anfühlte. Dabei hatte Eberhard Fätkenheuer nun endlich auch selbst allerhand vorzuweisen: Eine hübsche Frau, natürlich ein paar Freundinnen nebenbei und dann seinen Sohn! Daniel, am 12. September 1977 geboren. Das war schon was, Vater zu sein. Da konnte Carli mitsamt seinem ganzen Westen nicht mithalten. Eberhard Fätkenheuer liebt seinen Kleinen über alles. Als Daniel am 12. Mai 1978 getauft wird, soll Carli der Pate sein. Er kommt nicht. Die Amerikaner hatten es verboten. Dass ein Stasi-Observant unerkannt unter den Taufgästen war, erfuhr der stolze Vater erst Jahre später.

Ihm wird das alles langsam zu viel. Die Arbeit, die Beziehungen, die ringsum gepflegt werden müssen, das Herumkommandieren der Amis, die Funksprüche, die Angst. Es war, als liege ihm eine Schlinge um den Hals. Noch baumelte sie locker.

Eberhard Fätkenheuer war wider Willen Soldat im Kalten Krieg geworden. In der US-Army nennen sich die Rekruten im Kasernenjargon »GI« – »Government Issue«. Und obwohl »Helmut Prantl« damals noch gar nicht wusste, dass er derweil genau dazu zählte, fühlte er sich wie solch ein »Regierungseigentum« behandelt. Der Ton stank ihm allmählich. »Ich fühlte mich ausgequetscht, bevormundet. Sie forderten mich, als wäre ich in erster Linie ihr Angestellter, der lediglich nebenbei eine Berufstätigkeit ausübte, mit der er seinen Lebensunterhalt bestritt.«

Dazu kamen die privaten Probleme: Irgendwann erwischte ihn seine Frau beim Funksprüche abhören. Die Diskussion, der Streit – Fätkenheuer: »Ich habe sie schließlich eingeweiht. Das war der bequemste und sicherste Weg.« Die Aussicht, einmal im Westen zu leben, überzeugte Helma. Wenigstens wären dann erst einmal all die Weiber Eberhards hinterm Eisernen Vorhang verschwunden. Der konnte es doch sowieso nicht lassen. »Meine Arbeit beim Auto-Service machte mir inzwischen auch mehr Spaß, als die ganze Hobby-Spionage«, sagt er. Er wollte raus aus der Kiste.

Das war nicht übers Knie zu brechen, denn schließlich meinte »Helmut Prantl«, ein wichtiger Mann im Freiheitskampf für die Amis zu sein. Mal plauderte sein Stasi-Schwager über Russen-Raketen, ein anderes Mal beobachtete er selbst merkwürdige, kleine Panzer.

Er schreibt seine Briefe in den Westen mit Handschuhen, lässt die Adressen von einer Kollegin in Schönschrift verfassen, aber er fühlt sich unbehaglich. Angst nistet sich ein: Warum verschwinden plötzlich tschechische Grenzer mit dem Ausweis, warum sitzen zwei Männer in Pankow vor der Haustür, warum wird ausgerechnet der neue Golf so gründlich an der Grenze kontrolliert, warum, warum, warum – ein paar Monate nach Daniels Taufe schreibt Eberhard Fätkenheuer an »Tante Paula« verschlüsselt, dass er aussteigen möchte.

Die Stasi las längst alle Briefe mit: »Ende 1978 teilte Fätkenheuer in einem Geheimbrief mit, dass er seine Arbeit einstellen möchte, da der Ertrag in keinem Verhältnis zu der zu erwartenden Strafe stehen würde.« Auf Spionage im besonders schweren Fall stand damals in der DDR noch die Todesstrafe. Bis 1981 wurde sie auch vollstreckt.

Die Amerikaner akzeptierten ohne Kommentar. Am 14. Januar 1979 kam ihr letzter Funkspruch. Auch Carli hatte Verständnis. Endlich schien alles vorbei zu sein. Das Abenteuer war längst zum Alptraum geworden.

Dass derweil bei der Stasi ein Oberst und ein Oberstleutnant bei ihrem Minister Erich Mielke anfragen, wie sie den Vorgang »Pfeil« am besten zum Abschluss bringen – bei der Stasi nannte man das »liquidieren« – kann Eberhard Fätkenheuer nicht wissen.

Am 28. Juni 1979 griff die Stasi zu. Es hatte ein bisschen was vom Krimi, als plötzlich ein brauner Wolga auf der Magdeburger Albert-Vater-Straße quer stand. Natürlich war Eberhard wieder einmal auf Freiersfüßen zu einer Geliebten unterwegs. Für seine Frau galt es als Dienstreise, Regale kaufen.

Schon in den ersten Verhören merkt »Helmut Prantl«, dass die Stasi alles zu wissen schien. Aber sie brauchten offenbar die Bestätigung von ihm selbst. »Zuerst wollte ich nichts sagen, aber dann habe ich gesungen wie ein Vögelchen«, erinnert er sich. »Ich habe alles ausgepackt.«

Offenbar zuviel, wie sich später zeigte, denn von der Mitarbeit der Ehefrau wussten die Ermittler bis dahin nichts. Das brachte ihr später ein Urteil von fünf Jahren und neun Monaten ein. Anderthalb Jahre davon saß sie ab, dann wurde sie in die DDR entlassen.

Eberhard Fätkenheuer hatte derweil andere Sorgen: Ging es um seinen Kopf oder käme er anders aus der Geschichte heraus. Natürlich hatte Carli damals gesagt, die Amerikaner würden ihn im Falle eines Falles herausholen. Aber wie, wusste der Freund auch nicht.

Als »Nottreff« hatten sie ihm nicht nur die Buche neben der Kirche in der Breiten Straße in Pankow, sondern auch zwei Orte in München genannt! Über solchen Dilettantismus konnten sich die Stasi-Vernehmer schlapp lachen. Aber immerhin hatte einer so nebenbei gesagt: »Den Kopf werden wir ihnen schon nicht abreißen.«

Aber dafür müsse er etwas tun. Carli. Sollte der Freund ihn verraten haben? Eberhard Fätkenheuer will es nicht glauben: »Die Stasi wollte alles von mir über ihn wissen: Wie er seinen Kaffee trinkt und was er gern anzog, wie er es mit den Frauen hielt ... einfach alles.« Er erzählte, was er wusste. Trotzdem griff die Stasi nicht zu, als Carl G. in Moskau auftauchte, während Eberhard schon in Ost-Berlin in U-Haft saß. Die Gründe bleiben im Dunkeln, Geheimdienste haben ihre eigenen Pläne, aber sie machen auch ihre eigenen Fehler. Carl G. reiste später nicht mehr in den Osten und blieb unbehelligt.

Heute versucht Eberhard Fätkenheuer das alles locker zu sehen: »Im Grunde waren die Stasi und ich Waffenbrüder – nur eben auf verschiedenen Seiten.«

Damals war er nicht der coole Agent. Als er einen Mithäftling stundenlang »alles Käse, Rübe ab« krähen hört, kroch die Angst in seine Einzelzelle. Irgendwie war das Urteil auf 13 Jahre Haft nach drei Tagen Verhandlung vor dem Militär-Obergericht im Mai 1980 auch eine Erlösung. Das psychiatrische Gutachten von Prof. Otto Prokop hatte ihm zwar volle Schuldfähigkeit bescheinigt, aber auch »leicht narzisstische Züge« und »übersteigertes Geltungsbedürfnis«. Das klingt zwar nicht sonderlich schmeichelhaft, aber damit konnte ihn das Gericht nicht mehr für einen notorischen Verbrecher halten, der bis zum letzten Tag büßen müsste. Eberhard Fätkenheuer ist 35, auch mit 48 ist das Leben noch nicht vorbei.

Und dann sind da ja auch noch die Amerikaner. Eberhard Fätkenheuer träumt manches Mal davon, wie sich plötzlich ein Hubschrauber mit donnernden Rotorblättern über den Hof im

Knast stellt, und ein Seil heruntergelassen wird, um ihn heim zu holen.

Doch der Helikopter kam nicht. Der abgeschaltete »Helmut Prantl« ahnte nicht, dass sein US-Vorgesetzter im sicheren Westen in aller Ruhe die Spesen für seine verbrannten Leute hinter dem Eisernen Vorhang weiter kassierte und in die eigenen Tasche steckte. Die Sache flog erst auf, nachdem sich Ost-Anwalt Wolfgang Vogel hörbar wunderte, dass sich die Amerikaner nicht um ihre Leute in den DDR-Gefängnissen kümmerten und West-Journalist Lothar Loewe der CIA eine entsprechende Liste übergab. Es dauerte noch Monate, bis sich die Amerikaner zu ihren gefallenen Soldaten im Kalten Krieg bekannten.

Dann ging alles plötzlich sehr schnell. Am 11. August 1985 saß Eberhard Fätkenheuer im Bus. Endstation Glienicker Brücke. Bis zuletzt glaubte er an eine Falle. Deshalb hatte er der Stasi auch gesagt, er würde lieber in die DDR entlassen werden. Es ging doch auch um Daniel!

Und der Hammer kam. Erst im Ausreisebus erfuhr Eberhard Fätkenheuer, dass seine Frau inzwischen einen anderen hatte und mit dem Sohn in der DDR bleiben würde.

Er ist verzweifelt, will nun nicht mehr in den Westen. Rechtsanwalt Vogel verspricht, für eine spätere Ausreise der Familie zu sorgen, wenn die es denn wünsche.

Für Eberhard Fätkenheuer begann die Freiheit in einem Meer von Tränen. Erst als ein paar Wochen später Frau und Sohn dann doch noch eintrafen, fasste er wieder Tritt.

Der endgültige Abschied von den Amerikanern war kühl und professionell. Bei einem Treffen in Tegel ersetzten sie »Helmut Prantl« nur die Unkosten, nicht einmal die materiellen Nachteile. Sie zahlten ihm lediglich eine Entschädigung. Er musste unterschreiben, dass er »mit dem heutigen Tag« aus der US-Army ausscheide und wunderte sich, dass er dort jemals drin gewesen war. Und natürlich, dass er keinerlei weitere Ansprüche »an Amerika« habe. Das war's.

Oder vielleicht noch nicht ganz. Da war ja auch noch Carli, der Freund. Die Männer trafen sich noch ein Mal, telefonierten, aber die frühere Wärme war dahin.

Ebi und Carli. Die abenteuerlustigen jungen Männer sind alt geworden. Ihre Freundschaft haben sie verloren. Als Eberhard Fätkenheuer im April 2013 seine hier erzählte Geschichte dem einstigen Freund nach Österreich schickt, um dessen Meinung dazu zu erfahren, hört er von Frau G., dass Carl am 6. Februar 2009 an plötzlichem Herzversagen gestorben ist. Er ist betroffen, wie es jeden trifft, wenn der Jüngere gehen muss, und sagt: »Ich trage ihm nichts nach. Er war immer ein Freund für mich.«

Dennoch bleibt die Bilanz am Ende zwiespältig. »Ich habe bitteres Unrecht an meiner Frau und meiner Familie begangen«, sagt Eberhard Fätkenheuer heute: »Das werde ich nie wieder los.« Trotzdem ist er froh, dass sich die Welt verändert und er dazu beigetragen hat: »Darauf bin ich auch stolz.«

Ob der Preis für diesen Stolz nur hoch oder zu hoch war, mag er nicht bewerten. Eberhard Fätkenheuer hat erfahren, dass unter der dünnen Schicht von glänzendem Lack im Leben oft Betrug, Verrat, Lügen und Enttäuschungen stecken.

Er hat die Geschichte eines unfreiwilligen Soldaten aus dem Jahrhundert der großen und kleinen Kriege erlebt.

DER GEFÄLSCHTE FREUND

Axel Toth ist kein besonders ängstlicher Mensch. Dennoch fühlte er sich noch einmal wie im Feindesland hinter dem Eisernen Vorhang, als er vor ein paar Jahren im polnischen Poznan über die Messe schlenderte. Es war diese Mischung aus Erwartung und Neugier, vermischt mit Unsicherheit, vager Bedrohung und der unterschwellige Furcht, irgendetwas Ungeahntes könne passieren. »Mir war mulmig zumute«, beschreibt es der Mann aus Bremen.

Dabei ist Polen seit fast 20 Jahren ein demokratisches Land, Mitglied der Europäischen Union und derweil auch Verbündeter der NATO. Die kommunistische Herrschaft taucht nur noch als Fußnote in der wechselvollen Geschichte des Landes auf. Und auch Axel Toth hegte keine düsteren Pläne. Er wollte nichts anderes, als einen Freund suchen, den er aus dem Auge verloren hatte. Der heißt Heinz Arnold und war mal sein Kollege im Bremer Amt für Aussiedler und Zuwanderer. Bis er am 11. Februar 1986 über die Glienicker Brücke zwischen Berlin und Potsdam in den Osten ging, nun auf einmal Stefan Klimek (Name geändert) hieß, und sich in strammer Haltung bei seinen Führungsoffizieren vom »Sluzba Bespieczenstwa«, dem Geheimdienst der Volksrepublik Polen, vom Feindeinsatz zurückmeldete.

Mit ihm kamen vier weitere in den USA und der Bundesrepublik erwischte Agenten aus der Tschechoslowakei, der DDR und der Sowjetunion, im Gegenzug ging der sowjetische Dissident Natan Scharanski, gefolgt vom »Beipack« aus drei im Osten einsitzenden Spionen über den weißen Strich in den Westen. »Es war ein Kuhhandel«, erinnert sich der damalige US-Botschafter in Ost-Berlin, Francis J. Meehan, an den eiskalten Februartag mit viel Schnee. Er hatte ihn gemeinsam mit dem DDR-Rechtsanwalt Wolfgang Vogel und dem westdeutschen Staatssekretär Ludwig A. Rehlinger kurz zuvor im »Gaspingerhof« im österreichischen Zillertal ausgehandelt. US-Botschaftsrat Olaf Grobel aus Bonn und Rehlingers Sekretärin Monika Schuhmacher waren auch dabei. Gastwirt Franz Hörl ließ eigens ein Appartement zum Konferenzraum umrüsten. Ansonsten durfte niemand das Geringste von dem geplanten Deal auf der »Agentenbrücke« erfahren. Nur Polens Regierungssprecher Jerzy Urban ließ vorab etwas verlauten und da der richtige Vor- und Familienname des unter Spionageverdacht stehenden Mannes dem eines polnischen Spitzensportlers entsprach, gab es Verwirrung. Auch deshalb soll der ausgetauschte polnische Spion hier »Stefan Klimek« genannt werden, Namen sind im zweitältesten Gewerbe der Welt ohnehin nicht viel wert.

Das erfuhr auch Axel Toth, der 1984 fassungslos vor dem plötzlich versiegelten Büro seines Freundes, der angeblich Heinz Arnold hieß, stand. Wenig später folgte ein zweistündiges Verhör beim Staatsschutz und aus der Zeitung erfuhr er, dass sein derweil verhafteter Kollege in Wahrheit Offizier des Geheimdienstes in Warschau war.

Dann vergingen mehr als 20 Jahre, bis ihn die polnische Journalistin Rosalie Romaniec bat, ihr bei der Suche nach Heinz Arnold alias Stefan Klimek zu helfen. Ihre Familiengeschichte war auf merkwürdige Weise mit diesem Mann verbunden. Es gab da den 1985 plötzlich verstorbenen Onkel Janusz der Frau, der nur 38 Jahre alt wurde und deutsche Wurzeln hatte. Er hatte nie seine im Westen lebende Mutter Hildegard kennengelernt, doch die war fest davon überzeugt, den verlorenen Sohn 1978 wiedergefunden zu haben – eine verworrene Geschichte, die nur dann schlüssig würde, wenn es einen Doppelgänger gegeben hat.

Um das zu klären, war Axel Toth auf Bitte der Journalistin von Bremen nach Posen gereist. Dort sollte Heinz Arnold alias Stefan Klimek auf der Messe aufgetaucht sein. Doch es war eine schwierige Mission für ihn, die weit über die Hilfe bei der Suche nach der Familiengeschichte von Rosalie Romaniec hinausging. »Mir ging es darum, zu erfahren, ob unsere damalige Freundschaft echt oder nur vorgespielt war.« Der Mann

aus Bremen riskierte eine tiefe Verletzung, denn ein falscher Freund würde nicht zu seiner freimütigen, offenen Art passen. Er lebte ohne fest gefügte Familie, da wäre sie noch viel schmerzhafter als bei anderen: »Was hätte ich für eine Menschenkenntnis gehabt, wenn sich 20 Jahre später alles als Lug und Betrug herausstellte?« Es ging um die Bilanz von Jahren, die zu den schönsten seines Lebens zählten. Axel Toth will wissen, was sie wirklich wert waren.

Rosalie Romaniec hat ein ganz anderes Motiv. Sie will ergründen, ob der Tod ihres Onkels Janusz mit dem Auftauchen eines polnischen Spions im Westen zusammenhängen könnte. Das würde der Familie helfen, endlich unter manch Unerklärliches einen Schlussstrich zu ziehen.

Damit ist sie der Schlüssel für Axel Toth zu Heinz Arnold. Sie hat die Fäden gesponnen, er muss sich mit ihr verbünden, aber gleichzeitig auch seine Interessen wahren. Die beiden finden einen Kompromiss: Der erste Begegnung der beiden Männer wird gefilmt, aber es gibt keinen Ton dazu. Es soll der intime Augenblick der früheren Freunde bleiben.

Sichtbar aufgewühlt spricht Axel Toth den Fremden in Posen an. Er hält ihm ein Foto unter die Nase. Zwei junge Männer, freundschaftlich den Arm um die Schulter des anderen gelegt mit leuchtenden Augen, die wohl ein wenig vom hochprozentigen Eierlikör befeuert sind, den Heinz aus starkem polnischen Primasprit zu mixen verstand. Es dauert nur Sekunden, dann ist Axel Toth erleichtert: »Plötzlich war es wieder Heinz Arnold, der vor mir stand. Ich merkte schnell, dass es damals kein Spiel mit uns war. Und das war es auch für Heinz nicht.« Er fühlt sich befreit und glücklich. Dennoch steht der Vertrauensbruch zwischen den beiden und darüber muss geredet werden. Die Männer vereinbaren einen Tag Bedenkzeit. Axel Toth hat seine Mission erfüllt.

Nun kann er in Ruhe darüber nachdenken, was Rosalie Romaniec von der Familie ihres Onkels Stefan erfahren hat. Deren Geschichte beginnt im Ostseebad Zoppot, das Jahrhunderte zur Hansestadt Danzig gehörte und aus dem seit dem Krieg Sopot und Gdansk geworden waren. Es ist einer der Schicksalsorte Polens, das dreimal zwischen Preußen, Russland und Österreich geteilt war. Der Zugang zur Ostsee sollte für immer und ewig die Existenz des Landes sichern.

Dieser »Meeresgedanke«, der »polska mysil morska«, ist einer der Kernpunkte des polnischen Nationalismus und hat seine Wurzeln in der bis 1370 herrschenden Dynastie der Piasten. Fast 600 Jahre später wurde er mit dem Einmarsch der Roten Armee am Abend des 23. März 1945 in Zoppot Wirklichkeit und Zukunftsfundament.

Dieser Lauf der Geschichte griff direkt in die Familie des Onkels von Rosalie Romaniec ein. Ihre Cousine Dorata erinnerte sich: »Die Geschichte von meinem Vater und meiner Mutter begann 1945, kurz nach dem Krieg. Meine Oma hieß Hildegard. Sie war aus Lauenburg und lebte in Pommern. Sie war 25, verheiratet und hatte eine Tochter. Ihr Ehemann war nicht zu Hause, er war in Kriegsgefangenschaft. Als die Sowjets in die Stadt kamen, lernte sie einen russischen Offizier kennen. Über ein Jahr später bekam sie von ihm einen Sohn, ein außereheliches Kind. Sie nannte ihn Heinz-Pjotr. Heinz nach ihrem Bruder und Pjotr nach dem Vater des Kindes. Es war das Jahr 1947. Mein Vater war noch kein Jahr alt, als seine Mutter aus Pommern flüchtete. Sie nahm nur ihre Tochter mit, mein Vater kam in ein Kinderheim. Im Waisenhaus änderte man seinen deutschen Namen Heinz in den polnischen Janusz. Als er zwei Jahre alt war, wurde er von einem polnischen kinderlosen Ehepaar adoptiert.«

Janusz wuchs heran und heiratete Alicja. Die junge polnische Familie richtete sich im Leben ein, doch es gab ungeklärte Fragen. Alicja: »Er war in vielem anders. Im Laufe der Jahre ahnte er, dass er ein Adoptivkind war. Aber der Schlüsselmoment kam erst, als wir schon verheiratet waren. Er fand ein Dokument, in dem er las, dass er deutscher Abstammung war. Erst dann fing auch seine Adoptivmutter an, offen darüber zu sprechen. Er wurde ab und an in die Militärverwaltung nach Gdynia bestellt und dort über Verbindungen nach Deutschland ausgefragt, ob er dort Angehörige hat und ob er ausreisen will. Mein Mann hat es immer verneint, denn er erzählte Fremden nie von seiner Adoption und seiner deutschen Abstammung.«

Im fernen Westen hatte derweil Bundeskanzler Willy Brandt eine neue Politik begonnen. Es sollte endlich Schluss sein mit der Angst vor dem wieder mächtigen Deutschland, das zwar die Wiedervereinigung mit der einstmaligen sowjetischen Besatzungszone und nunmehrigen DDR, nicht jedoch die Aggression gegen Polen oder gar die Sowjetunion wollte.

Trotzdem ist die Anerkennung der nach dem Krieg entstandenen Oder-Neiße-Grenze politisch nicht durchsetzbar. Aber am 7. Dezember 1970 wurde ein Vertrag in Warschau geschlossen, der Gebietsansprüche ausschloss und so die Beziehungen zwischen beiden Staaten förderte. Ein paar Jahre später vereinbarten Brandts Nachfolger Helmut Schmidt und Polens KP-Chef Edward Gierek die Möglichkeit der schrittweisen Übersiedlung von 125 000 Deutschstämmigen aus Polen in den Westen. Die »neue Ostpolitik« der Bundesrepublik trug Früchte.

Dass Axel Toth mit einigen von ihnen einmal beruflich zu tun haben würde, ahnte er damals noch nicht. Er drehte in jenen Jahren seine letzten Runden auf der Schulbank und begann danach sein Studium an der Verwaltungshochschule Bremen.

Stefan Klimek war da schon ein bisschen weiter. Er studierte Germanistik im »Bruderland« DDR. An der Karl-Marx-Universität in Leipzig warb ihn der polnische Geheimdienst an. Es ging um »Sluzba Polska« – »Dienst an Polen« – ein ehrenvoll erscheinender Auftrag des Vaterlandes an einen jungen Menschen, der auch ein Risiko rechtfertigte. Stefan sollte in die Haut des ihm völlig fremden Janusz schlüpfen und Kontakt zu dessen in der Bundesrepublik lebenden Mutter Hildegard suchen.

Er fand ihn wenig später über Verwandte der Familie in der DDR. Dort kam es auch zu einer ersten Begegnung. Hildegard meinte, die Stimme des Blutes zu spüren, als sie ihren als Baby verlassenen Sohn wieder in die Arme schließen konnte.

Dass es sich bei all dem um ein übles geheimdienstliches Ränkespiel handelte, guckte sich Stefan Klimek schön. Jahre später sagt er: »Ich habe mir das damals so erklärt, sie wird sich freuen, wenn sie den Sohn sieht. Und es war auch so. Sie hat sich riesig gefreut und als ich sah, dass sie zufrieden war, dass sie glücklich war, da hab ich mir gedacht, dass es für sie was Gutes war. Das habe ich mir gedacht.«

Es ist der von jeglicher Diktatur anerzogene und geförderte Opportunismus, der hier seinen Erfolg zeigt. »Die Genossen werden sich schon was dabei gedacht haben«, heißt die zwischen Elbe und Pazifik gängige Entschuldigung dafür. Dass diese Genossen auch in Warschaus Geheimdienst an den Drähten der Moskauer KGB-Zentrale an der Lubjanka hingen und vom traditionell schlechten Verhältnis zwischen Polen und Russen relativ unberührt blieben, sahen viele als Tribut an die Zeit.

»Jeszcze Polska nie zginęła ...«, »Noch ist Polen nicht verloren ... Was uns fremde Übermacht nahm, werden wir uns mit dem Säbel zurückholen«, singt das Volk in seiner Nationalhymne.

Das meinte man auch beim Geheimdienst und wie in allen anderen östlichen Spionagezentralen auch, wurden Pläne geschmiedet, um die Entspannungspolitik für den »Klassenkampf« zu nutzen. Die Ausreiseströme sowjetischer Juden oder deutschstämmiger Polen bis hin zu Siebenbürger Sachsen und Banater Schwaben aus Rumänien boten nun bislang ungeahnte Möglichkeiten. Gelang es, die »richtige« Person in die Identität eines solchen Emigranten zu stecken, könnten Perspektivagenten im Westen angesiedelt werden. Die Protagonisten wurden über ihre Doppelgänger nicht oder nur lückenhaft informiert. Stefan Klimek: »Am Anfang wurde mir gesagt, dass er schwer krank sei und man nicht wüsste, wie lange er überhaupt noch leben würde.« Er reagierte, wie von ihm erwartet: »Außerdem – vielleicht klingt es nicht gut – aber es interessierte mich nicht, was dieser Mensch macht oder wo er ist. Ich wollte nicht in sein Leben treten.« Den Mann aus Sopot hat er nie gesehen, nicht einmal auf einem Foto.

Dennoch blieb das Leben der beiden mit unsichtbaren Fäden verbunden. Janusz' Tochter Dorata erinnert sich: »1977 war irgendwie ein Wendejahr im Leben meines Vaters. Damals geschahen seltsame Dinge. Eigentlich war es eine Zeit, in der viele Polen leichter ins Ausland reisen durften. Mein Vater wollte in die Türkei fahren, also stellte er einen Antrag auf die Ausstellung des Reisepasses, was aber abgelehnt wurde, ohne Begründung. Das war rätselhaft.«

Einen Wendepunkt gab es ein paar Monate später auch im Leben von Axel Toth. Er hatte seine Ausbildung als Verwaltungsinspektor abgeschlossen und bekam als 23-Jähriger im neuen, nur sieben Mitarbeiter umfassenden Amt für Aussiedler und Zuwanderer in Bremen seinen ersten Job. Er hatte Glück, gerade dort eine freie Stelle gefunden zu haben, schließlich war sein Großvater selbst einmal Einwanderer in Deutschland. 1921 kam er aus Ungarn.

Und Perspektive hatte die Sache auch. Der sozialdemokratische Stadtstaat Bremen suchte neue Wege in der Sozialpolitik, in der sich die SPD profilieren wollte. Seit wenigen Jahren regierte sie in der Bundesrepublik mit. Hoffnungsträger

Willy Brandt war bereits über die Spionage-Affäre Guillaume gestolpert und von den eigenen Leuten aus dem Amt getreten worden. Nun ist Pragmatismus und Effizienz angesagt, dazu braucht es engagierte Leute.

Einer von ihnen war Heinz Arnold, den Axel Toth im Amt als Kollegen kennenlernte. »Er schien einerseits recht schüchtern und verschlossen, andererseits aber nett und hilfsbereit.« Da lag die Schlussfolgerung nahe: »Um den musst du dich ein wenig kümmern.« Das nahm der »Neubürger« dankbar an. »Etwas besseres als den Tod findest du überall«, wussten schon die Bremer Stadtmusikanten.

Heinz Arnold war am 5. Februar 1978 zum ersten Mal mit dem Zug zu seiner angeblichen Mutter ins Sauerland gereist. Sie freute sich riesig. Hildegard brachte ihren »wiedergefundenen« Sohn bei ihrer Tochter unter und fuhr mit einem Taxi nach Hause. Als sie aussteigen wollte, fiel sie vor der Haustür tot aus dem Auto – Herzinfarkt. Es kam wie aus heiterem Himmel und völlig unerwartet, vielleicht hatte sie die Wiedersehensfreude zu sehr aufgewühlt.

Ihre Großnichte Petra erinnert sich an die hektischen Tage danach: »Die Mutter von Heinz Arnold ist die Schwester meines Opas gewesen und sie ist gestorben, als Heinz Arnold nach Deutschland kam. Deswegen ist mein Opa ins Sauerland gefahren, wo sie gewohnt hat, zu ihrer Familie zur Beerdigung. Er hat gemerkt, dass Heinz Arnold dort nicht bleiben konnte, weil die Familie total durcheinander war. Heinz hatte ein zweiwöchiges Besuchsvisum für Deutschland und deshalb nahm er ihn für diese Zeit mit nach Bremen.«

Der Besucher aus Polen gab sich bedrückt, mochte kaum etwas essen und druckste herum. Er habe in der Heimat alle Zelte abgebrochen und wolle nicht zurück, gestand er seinem Gastgeber. Dessen Enkelin Petra weiß, wie es weiterging: »Mein Opa war Mitglied der SPD in Bremen, hatte dadurch viele Kontakte und konnte ihm einen Arbeitsplatz im Öffentlichen Dienst in Bremen besorgen. Heinz Arnold wurde mit offenen Armen aufgenommen.«

Zunächst ist es eine Stelle im Rahmen einer ABM, doch da der Neue seine Arbeit gut macht, wird er fest übernommen. Axel Toth: »Heinz sprach besser deutsch, als mancher bei uns im Amt – da gab es überhaupt keine Probleme.« Und auch nach der Arbeit spannen sich enge Beziehungen an: »Wir haben viel im Kollegenkreis unternommen, gefeiert, Ausflüge gemacht und natürlich ging es auch regelmäßig zu Werder Bremen!«

Heinz Arnold wächst in seine Rolle als deutscher Bundesbürger hinein und sie scheint ihm zu gefallen. Dass das auch Probleme macht, mag er sich wohl nicht einmal selbst gegenüber zugeben. Noch Jahre später glättet er den Rückblick: »Es war ein wenig wie in Spionagefilmen. Während ich für mein Land arbeitete, konnte ich irgendwelche phantastischen Träume von einem Super-Agenten, einem James Bond, umsetzen. Ich hatte damals keine Perspektive, wie ich sonst in fünf oder zehn Jahren eine eigene Wohnung hätte kaufen oder ein Haus hätte bauen können. Das war damals unrealistisch.« Von den Tränen, dem Zweifel, der immer wieder unterdrückt werden musste, und der manchmal eiskalt den Hals hinaufkriechenden Angst spricht er nicht.

Axel Toth hat das alles bei seinem Freund beobachtet, ohne die Ursachen dafür zu kennen. »Es gab eine Zeit – etwa so Anfang der 80er-Jahre – da trank Heinz ziemlich viel. In alkoholseliger Laune sprach er dann von der Heimat. Er litt darunter, nicht nach Polen zu können.« Doch sein Freundeskreis um Axel Toth fing ihn immer wieder auf. Dass Fremde das Leben von Heinz Arnold bestimmten, ahnte niemand. Offenbar musste er sich an die Regeln halten: Das Verhältnis mit einer Freundin ging nach einem dreiviertel Jahr in die Brüche. Etwa ab 1983 verkroch er sich immer wieder in seiner kleinen Wohnung in Blumenthal. Heinz Arnold fehlte unentschuldigt im Amt, seine Kollegen deckten ihn. Sein Freund Axel sagt: »Wir haben viel zusammen gesessen, haben uns über Gott und die Welt unterhalten. In der Zeit von '78 bis '85 war Heinz die Person, mit der ich am meisten zu tun hatte.«

Im fernen polnischen Sopot dachte derweil Janusz immer öfter an seine ihm immer noch unbekannte deutsche Mutter. Er näherte sich dem 40. Geburtstag, das ist eine Zeit, in der viele nach ihren Wurzeln forschen. Tochter Dorata beschreibt sie so: »Wir waren eine ganz normale Familie, bis mein Vater 1984 beschloss, dass er seine leibliche Mutter suchen wollte.« Ihre Mutter Alicija kennt die Einzelheiten: »Er suchte in Lembork, besuchte die Kirche und Ämter und erfuhr, dass sein Opa die Geburt persönlich angemeldet hatte. Janusz hatte Pläne

und Träume, was alles kommen würde, wenn er seine Mutter fände. Er wünschte sich Geschwister und hoffte, seine leibliche Mutter kennenzulernen.«

Doch wie sollte das funktionieren, wenn er nicht in den Westen reisen durfte? Auch hier half die Entspannungspolitik. Der Westen kam zu ihm. Bremen pflegte inzwischen eine Städtepartnerschaft mit Gdansk. Dorata: »Meine Eltern lernten irgendwann mal in Danzig deutsche Touristen kennen. Mein Vater übergab ihnen die Dokumente über die deutsche Herkunft, weil sie ihm versprachen, dass sie versuchen wollten, über das Deutsche Rote Kreuz seine Eltern zu finden.«

Die Fremden hielten ihr Versprechen. Beim Roten Kreuz sah man die Karteien durch und stellte fest, dass sich ein paar Jahre zuvor bereits ein Zuzügler aus Osteuropa mit gleichem Namen und Geburtsdatum gemeldet hatte. Der Chef des Suchdienstes, Klaus-Peter Mittermaier, zog die naheliegende Schlussfolgerung: »Also musste eine Person falsch sein.«

Doch er war kein Polizist und vermutete eine der unzähligen Familienquerelen, die er aus seiner Arbeit kannte. Mit Brief vom 28. Februar 1984 informierte deshalb der Suchdienst München die Angehörigen der verstorbenen Mutter Hildegard über die festgestellte Doppelidentität und empfahl ihnen, am besten selbst herauszufinden, wer der richtige und wer der falsche Sohn sei. Damit war die Angelegenheit für das Rote Kreuz erledigt.

In der Familie des angeblichen Heinz Arnold war nun der Keim des Misstrauens gesät. Gut ein Jahr lang erwog sie das Für und Wider und obwohl niemand glauben mochte, dass der verlorene Sohn aus Polen ein Kuckucksei sein könnte, entschloss sie sich schließlich, mit einer Nachfrage bei den Behörden jeden Zweifel auszuräumen.

Das gelang nicht. Stattdessen meldete Radio Bremen am 25. März 1985 die Verhaftung eines Spions im Bremer Amt für Zuwanderer und Aussiedler – es sei ein Oberleutnant des polnischen Geheimdienstes, der herausfinden sollte, wie die deutsche Abwehr Zuwanderer aus Osteuropa durchleuchtete.

Großnichte Petra beschreibt den Schock der Familie kurz und knapp: »Das war wie ein Bombeneinschlag.« Es gab Befragungen und Verhöre von Familienangehörigen und Freunden »Heinz Arnolds« im Westen: »Wir waren total enttäuscht, dass er so lange sowas bei uns gemacht hat.«

Auch Axel Toth fand auf alles keinen Reim: »Das hatte sich ja von uns keiner vorstellen können, dass wir jahrelang mit einem polnischen Agenten zusammenarbeiten. Und dann gab es auch nur eine Menge Gerüchte.« Er versuchte, den Freund in der U-Haft zu besuchen. Das wurde abgelehnt, doch einer Kollegin gelang es. Sie berichtete, dass Heinz Arnold den Eindruck machte, eine Last sei von ihm genommen.

Axel Toth wurde derweil von Staatsschutz als Zeuge befragt. Er konnte nicht wie aus der Pistole geschossen Alibis für jeden Ausflug oder Erklärungen für jede Party mit seinem Freund vorbringen. Das ließ letztlich den zwar unausgesprochenen, aber im Raum stehenden Verdacht gegen ihn unwahrscheinlicher werden. Trotzdem musste er über seine Reisen in die DDR und die Bekannten dort berichten und wurde so unmissverständlich daran erinnert, dass zwischen Ost und West Kalter Krieg herrschte, obwohl das Mitte der 80er-Jahre schon fast vergessen schien. Dass Heinz Arnold nun plötzlich ein schnöder Krimineller sei, mag er schon damals nicht glauben.

Auch die Ermittler haben es schwer, herauszufinden, was der polnische Offizier denn nun eigentlich ausspioniert haben soll. Im »Spionage-Kernland« Nordrhein-Westfalen mit der Bundeshauptstadt Bonn haben die Verfassungsschützer 1985 für Polen gerade einmal 6,1 Prozent der erkannten nachrichtendienstlichen Aufträge ausgemacht, die DDR verantwortete die Hälfte, die Sowjets 25,4 Prozent und die Tschechen mit 15 Prozent immer noch mehr als doppelt so viel wie Polen. Aber Warschau war in jenem Jahr mit 12 Prozent aller Werbungen sehr aktiv, mehr als Moskau mit nur 7,8 Prozent. Deshalb wurden wohl auch Axel Toth und einige andere aus Heinz Arnolds Umfeld gründlich ausgequetscht.

Viel heraus gekommen ist aber offenbar nicht einmal beim Spion selbst. Natürlich lag die Vermutung nahe, er habe sich besonders für die westdeutschen Unterstützer der jenseits von Oder und Neiße gefürchteten Gewerkschaft Solidarnosz interessiert, doch über die konnte man auch in der Zeitung genügend lesen. Und die versuchte Einflussnahme auf die polnischen Emigranten im Westen lief ebenfalls ohne Heinz Arnold. Das Bundesamt für Verfassungsschutz stellt zwei Jahre nach seiner Verhaftung fest, dass gerade diese schon lange der Schwerpunkt der Arbeit der Residentur des Sluzba Bespie-

czenstwa an der Bonner Botschaft der Volksrepublik war. Über den »Bund der Polen ZGODA in der Bundesrepublik Deutschland e. V.« sollte ein freundliches Klima für die kommunistische Politik in der Heimat geschaffen werden.

So scheint wohl Heinz Arnold Recht zu haben, wenn er nachträglich sagt: »Ich sollte als Perspektivagent irgendwann an eine wirklich einflussreiche Stelle kommen. Aber ich wurde zu früh enttarnt.«

Damit wurde er nun zu nichts weiter, als einem Faustpfand im Agentenpoker zwischen Ost und West. Er saß zehn Monate in Untersuchungshaft, dann verzichtete die Bundesanwaltschaft auf einen Prozess. Stefan Klimeks Rechtsanwalt Heinrich Hannover kennt die Gründe: »Mein Mandant war ein geeigneter Austauschkandidat, weil er nicht stark belastet war. Er hatte Glück, denn das Eis des Kalten Krieges begann gerade zu schmelzen.«

Nach der Rückkehr »Heinz Arnolds« nach Polen über die Glienicker Brücke hörte Axel Toth jahrelang nichts mehr von ihm.

Auch, dass es derweil dramatische Ereignisse in der Familie von Rosalie Romaniec gab, erfuhr er erst Jahre später von der Journalistin. Deren Cousine Dorata berichtet: »Mein Vater hatte damals keine Ahnung davon, dass längst ein Spion in Deutschland gefasst worden war. Erst als Monate später Bekannte von uns nach Deutschland reisten, erkundigten sie sich und schickten ihm auf Umwegen eine Nachricht. Er erfuhr, dass seine Mutter inzwischen verstorben sei und dass sich ein anderer als ihr Sohn ausgab und unter der Identität meines Vaters dort lebte.«

Fast instinktiv spürte die Familie, dass das Schwierigkeiten für sie bedeuten könnte. Rosalies Onkel Janusz wurde von Bekannten gewarnt. Es könne eine »schmutzige Angelegenheit« sein, hieß es, erinnert sich später Tante Alicija, und, »dass er aufpassen soll, damit man sich nicht in der Ulica Maleczskiego trifft – dort liegt bei uns der Friedhof.«

Bis in den Sommer 1985 hinein nahm das niemand richtig ernst. Doch dann brach ein schlimmer Tag über die Familie. Alicija: »Diesen 5. Juni 1985 werde ich bis zum Ende meines Lebens nicht vergessen. Es war Mittwoch, ein heißer Tag. Abends rief die Miliz an.« Sie wurde unverzüglich nach Danzig bestellt und ein Milizionär teilte ihr lakonisch mit, dass ihr Mann plötzlich verstorben sei. Die geschockte Frau reagierte heftig: »Ich sagte, ›Ihr habt ihn fertiggemacht‹, weil ich sofort an diese Nachricht aus Deutschland gedacht habe.« Doch es gab keine weitere Auskunft. Alicija: »Man sagte mir noch, dass mein Mann auf einer Bank vor dem Betrieb gestorben sei.«

Mit Bescheid vom 9. Juli 1985 erfuhr die Familie von der Einstellung der Ermittlungen. Es gab keine Obduktion, als Todesursache stand »wahrscheinlich Herzinfarkt« in dem Schreiben. Angeblich hätte Janusz zuvor schon zwei Infarkte gehabt, von denen seine Frau jedoch nichts wusste. »Es war eine sehr seltsame Atmosphäre«, sagt Alicija. Der plötzliche Tod der Mutter Hildegard und das frühzeitige Ableben ihres Sohnes mit nur 38 Jahren können Schicksalsschläge gewesen sein. Dennoch bleibt die bittere Feststellung ihrer Tochter Dorata unwidersprochen: »Zwei Menschen sind umgekommen und niemand hat es genauer überprüft.«

Axel Toth erfuhr davon erst, als ihn Rosalie Romaniec um Hilfe bei der Aufklärung des Schicksals ihres Onkels bat. Er hatte nach dem Zusammenbruch des Kommunismus in Polen gehofft, Heinz Arnold, der nun Stefan Klimek hieß, würde sich bei ihm melden. Toth: »Ich habe auch versucht, ihn zu finden, aber ohne Erfolg.«

Stefan Klimek arbeitete bis zum Ende der Volksrepublik Polen im Geheimdienst, dann wechselte er in den Außenhandel. Als Axel Toth ihn schließlich in Poznan auf der Messe traf, machte er ihm ein Geständnis. »Er sagte, er sei nach 1990 mehrfach auch in Bremen gewesen, aber er hätte sich nicht getraut, mich anzurufen.«

Unsichtbar und brutal hatten die Geheimdienste in das Leben verschiedener Menschen in Ost und West eingegriffen, ohne ihnen die Chance zu lassen, sich dagegen zu wehren. Darüber vergingen fast 30 Jahre – eine Zeit, deren Löcher nicht mehr so einfach zu stopfen sind. Natürlich wechselten Axel Toth und Heinz Arnold nach dem Treffen in Posen ein paar E-Mails und machten Pläne, sich nun doch wieder öfter mal zu sehen. Doch es liegt wohl zu viel Leben zwischen den beiden Männern. Fremde haben die Fäden zwischen ihnen zerrissen, ob sie sich wieder flicken lassen, muss sich erst noch zeigen. Dennoch scheint Axel Toth am Ende zufrieden zu sein: »Ich hatte zwar einen gefälschten Freund, aber keinen falschen Freund«, sagt er. Es klingt dennoch ein wenig hilflos und verloren.

METAMORPHOSE
EINES VERDACHTS

Zum Mittag sollte es Hühnersuppe aus dem Schnellkochtopf geben. Deshalb blieb nach dem Frühstück Zeit für eine Spritztour in den Wald zwischen Lanke und Lobetal, ein paar Kilometer aus Bernau hinaus. Dort lag noch ein bisschen Schnee, ein paar Sonnenstrahlen und die Temperatur um die null Grad lockten und der Wind blies mäßig. Klaus Mühlbach (Name geändert) startete seinen roten Wartburg, seine Frau hatte die kleine Tochter dick eingepackt und es ging los.

Daran, dass Mühlbach an diesem Sonntag, den 27. Januar 1980 um 10.50 Uhr bei der Stasi »negativ anfiel«, dachte der Mann nicht einmal im Traum. Er wollte nichts weiter, als den Vormittag für einen Spaziergang mit der Familie nutzen. Außerdem müsste die Tochter mal wieder fotografiert werden. Klaus Mühlbach war im Jahr zuvor als Journalist ein halbes Jahr allein im Fernen Osten Asiens unterwegs, da versäumt man eine Menge bei einem Kind von anderthalb Jahren. Als er wieder kam, begrüßte ihn die Kleine als »Onkel Papa« – höchste Zeit also, Versäumtes nachzuholen.

Der Weg von der Straße nach Wandlitz durch den Wald nach Lobetal war ideal zum Spazieren. Er hatte eine dünne Teerdecke, so dass sich der Wartburg mit seinen Sommerreifen kaum festfahren konnte, ein paar Bodenwellen, von denen der Schlitten fast schon wie auf einer kleinen Rodelbahn rutschte, sorgten für Abwechslung und viel Verkehr war dort auch nicht zu fürchten.

Rechts und links der Straße gab es nachlässig gebaute Gruben, mit Kiefernholz versteift, die offenbar Lkw als Unterstand dienten. So wie in vielen Wäldern rund um Berlin, wo die Kampfgruppen immer mal wieder ihre Kriegsspiele abhielten. Vielleicht stand deshalb auch ein Halteverbotsschild am Anfang des Weges, wahrscheinlich aber nur, weil er nur eine Spur hatte. Klaus Mühlbach hielt vorsichtshalber neben dem Weg, setzte seine Tochter auf die Kofferhaube des Autos und fotografierte sie, bevor es in den Schnee ging.

Das beobachtete ein Stasi-Spitzel aus dem am Wegabzweig einige hundert Meter entfernt liegenden Chausseehaus. Er war für die »schwerpunktmäßige Außenabsicherung militärischer Objekte« zuständig und hatte an diesem Sonntagvormittag offenbar weit und breit noch keinen Feind ausgemacht. Also meldete »die Quelle« die Autonummer EX 14-75 des Wartburgs, denn bei den Gruben am Weg handelte es sich um Unterstände einer der in Bernau stationierten sowjetischen Truppenteile.

Ein paar Tage später begab sich Leutnant Rusitschka von der Kreisdienststelle des Ministeriums für Staatssicherheit in Bernau auf die Jagd nach einem vermeintlichen Spion, der nun bereits den Decknamen »Fotograf« trug.

Inzwischen hatte er nämlich ermittelt, dass das Auto Klaus Mühlbach gehörte. Der Anfang 30-Jährige war im dienstlichen Auftrag um die halbe Welt gereist, das machte ihn nun besonders verdächtig.

Sicher hätte ihn der Leutnant auch einfach mal fragen können, weshalb die Familie an jenem Sonntag in den Wald gefahren war, doch stattdessen ging am 22. Februar 1980 aus Bernau eine »Operativinformation« an die Hauptabteilung II des Ministeriums für Staatssicherheit in Berlin, die für Spionageabwehr zuständig war. Major Moldenhauer und Hauptmann Lukat, der Chef und sein Referatsleiter der »Kreisdienststelle« meldeten: »Es wurde festgestellt, dass der Mann erst die Frau und das Kind fotografierte. Die Frau und das Kind fuhren weiter mit dem PKW in Richtung Lobetal. Der Ehemann lief zu Fuß weiter, bei ihm wurde ein Fotoapparat festgestellt. Im besagten Gebiet rechts und links des Weges befinden sich Bereitschaftsstellungen der sowj. Armee (Division Bernau). Durch die Quelle wurde festgestellt, dass besagte Person diese leeren Stellungen fotografierte.«

Ein Gespräch mit der »besagten Person« hätte sicher schnell klären können, dass Klaus Mühlbachs Frau den Wart-

burg niemals fuhr und auch das inkriminierte Foto hätte sich nach dem Entwickeln im Bernauer Fotoladen einsehen lassen, doch der Wichtigtuer im Chausseehäuschen hatte noch einen wichtigen Hinweis parat: »Durch die Quelle wurde als absolut eingeschätzt, dass (!) in diesem Gebiet keine touristischen oder anderen Sehenswürdigkeiten gibt und die Feststellung der (!) besonderen Interesse der männlichen Person für diese Bereitschaftsstellungen klar erkennbar gewesen sei.« Möglicherweise war der Spitzel also so vom Jagdfieber erfasst, dass er mit diesem Stammelsatz sagen wollte, wie genau er alles beobachtet habe. Und das sogar am Sonntag! Bekanntlich schläft der Klassenfeind ja nicht.

Nun erfolgte erst einmal eine »M-Kontrolle«, die Post von »Fotograf« und seiner gesamten Familie wurde ab sofort mitgelesen. Gleichzeitig suchten die »Ermittler« in allen bereits vorhandenen Akten nach Spuren auffälligen Verhaltens.

Die offiziellen Beurteilungen gaben kaum etwas her. Am 7. Juni 1973 hieß es zum Beispiel: Klaus Mühlbach »arbeitet systematisch an seiner weiteren Qualifizierung ... (und) versteht es, seine guten theoretischen Kenntnisse ... in der Praxis anzuwenden. Er kann Wesentliches von Unwesentlichem trennen und analytisch arbeiten. Er besitzt ein gutes Allgemeinwissen und ist kulturell vielseitig interessiert.« Drei Jahre später wurde ihm bestätigt: »Seine französischen Sprachkenntnisse gestatten es ihm, auf allen Gebieten selbständig Gespräche und Verhandlungen zu führen ... seine Einsatzbereitschaft und Gewissenhaftigkeit (sind) hervorzuheben ... Er ordnet seine persönlichen Interessen in die gesellschaftlichen Erfordernisse ein.« Negativ sind lediglich »ungenügende russische Sprachkenntnisse« und: »Eine gewisse Veranlagung zur Bequemlichkeit und Lässigkeit«, die »nicht zu übersehen« sei.

Auch die »inoffiziellen Mitarbeiter« wissen wenig Belastendes zu berichten. »Otto Weber«, ein Kollege aus dem Büro, meint am 9. Januar 1978: »Er ist sehr intelligent und versteht, analytisch zu denken. Seine Gedanken und Äußerungen zu den verschiedensten Problemen zeigen, dass er sie gut durchdacht hat. Er ist von schneller Auffassungsgabe und versteht es, auch schwierige Fragen verständlich darzulegen.« Seinen wichtigsten kritischen Hinweis relativierte der Mann mit dem Nebenjob auch gleich wieder: »Obwohl Mühlbach ab und zu über Missstände und Unzulänglichkeiten bei uns in der DDR sich kritisch äußert und dabei auch Vergleiche zu kapitalistischen Ländern zieht, bin ich der Meinung, dass er der Partei und Republik fest verbunden ist.« Immerhin: »Im Kollektiv ist er wegen seines bescheidenen, kameradschaftlichen Auftretens geachtet« und: »Geltungsbedürfnis und materielle Interessiertheit sind bei ihm im Vergleich zu anderen Mitarbeitern weniger entwickelt.«

All das floss auch in den »Kaderauftrag 7175 ›Kabinett‹« vom 23. November 1976 ein. Darüber hinaus enthielt der solch profunde Erkenntnisse wie: »Er führt einen soliden und moralisch-einwandfreien Lebenswandel, suchte bisher nie Gaststätten auf und wurde im Haus noch nie betrunken oder angetrunken gesehen.« Dort »hielt er sich viel auf seinen (!) Balkon auf und beschäftigte sich mit Büchern, dabei rauchte er seine Pfeife.« Der Verfasser, Unterleutnant Deutschmann, weiß sogar, warum: »Ein Zimmer ist nur eingerichtet mit alten Möbeln, sehr einfach, aber sauber.« Immerhin.

Weit weniger gründlich waren Angaben zum Beruf von »Fotograf«, der als »Landmaschinenschlosser« und »Diplomstaatswissenschaftler« angegeben wurde – in Wahrheit hatte er mal Handelskaufmann gelernt und Regionalwissenschaften studiert. Dafür ließ sich im »Ermittlungsbericht« vom 17. August 1981 deutlich der sozialistische Fortschritt ablesen: »Die 3-Raum-Wohnung ist gut und vollständig eingerichtet. Sie befindet sich ständig in einem tadelfreien Zustand.«

Dort, wo es Klaus Mühlbach noch nicht ganz soweit gebracht hatte, ersetzte Dichtung die Wahrheit. So ist zum Beispiel die Rede von einem »Grundstück am Templiner See«, das es niemals gab, auf dem sich »Fotograf« trotzdem angeblich gemeinsam mit seinem Bruder, »der die Absicht hat zu promivieren (!)«, vergnügt haben soll.

Ob dabei der Wodka geschüttelt und nicht gerührt konsumiert wurde, ist nicht überliefert, dennoch taugt das alles nicht für einen James Bond, der im Wald mit seiner »Exa« gesehen wurde.

Deshalb liefert Quelle »Kurt« am 6. Mai 1980 Hauptmann Seidel einen heißen Tipp: »Klaus ist mir frühzeitig aufgefallen als belesener, aber auch sehr wendiger mit Bauernschläue ausgestatteter Genosse.« Hauptmann Höhne befragt dazu am

21. Januar 1981 »KP Horst« und notiert: »M. ist sehr gerissen (›Bauernschläue‹), aber faul.« Das Lexikon erklärt diese »Bauernschläue« mit »Tücke, Gerissenheit, Durchtriebenheit und Verschlagenheit« – das ist doch schon mal was!

Und obwohl am 17. August 1981 im »Ermittlungsbericht« steht, Klaus Mühlbach »legt regelmäßig Fahnenschmuck bei besonderen Anlässen an« – gemeint ist wohl, die Fahne auf dem Balkon – und er »bezieht die Parteipresse«, schreitet die Entlarvung voran.

Spitzel »R. Walter« meldet: Sein »Auftreten wirkte auf mich oftmals aufdringlich und halbherzig, so dass für mich die subjektive Schlussfolgerung naheliegt, dass er nicht immer seine vollständige und auch tatsächliche persönliche Meinung zum Ausdruck bringt.« Ein »Offizier im besonderen Einsatz« mit dem Deckname »Georg« ergänzt später: Mühlbach »neigt nur in äußersten Notfällen zu spontanen Reaktionen, da jedes Vorgehen mit einer bestimmten Berechnung erfolgt ... unabhängig davon ist M. in der Lage, die psychische Unterlegenheit eines Kollektivmitglieds sehr deutlich spürbar herauszustellen und sein zum Teil sehr faktenreiches Wissen anzubringen und überzubewerten.« Natürlich fehlt auch nicht: »M. hat eine ausgeprägte Neigung zum weiblichen Geschlecht und er verträgt eine Menge Alkohol.«

Der einstmals hoffnungsvolle sozialistische Nachwuchskader hatte sich also durch wenige Bemerkungen einiger »inoffizieller Mitarbeiter« – Standardspruch nach dem DDR-Ende: »Ich habe niemandem geschadet« – zum gerissenen, verschlagenen Hurenbock gewandelt, der auch gern mal einen hinter die Binde goss. Das entsprach nun wohl schon eher dem Stasi-Bild vom einem mit allen Wassern gewaschenen Agenten. Immerhin wurde ja nach Paragraph 97 des Strafgesetzbuches der DDR – er betraf Spionage, damals »im besonders schweren Fall« mit »lebenslänglicher Freiheitsstrafe oder Todesstrafe« bedroht – ermittelt.

Aus der Postkontrolle entstand über Monate eine Grafik im Format Din-A-3 mit dem Titel »NSW-Verbindungen zum Material ›Fotograf‹«. Klaus Mühlbach hockt darin wie eine Spinne in der Mitte und unterhielt angeblich Kontakte in alle Welt. Dass dabei die gen Westen gerichteten »Verbindungen« lediglich nach dem Schneeballprinzip entstanden waren, weil irgendwelche Bekannte des Journalisten offenbar mit Leuten in der Bundesrepublik, der Schweiz und Österreich korrespondieren, die er nicht einmal dem Namen nach kannte, schien niemandem aufzufallen.

Besonders verdächtig machte ihn nun eine Geschichte über die Opium-Geschäfte im »Goldenen Dreieck«, die ein paar Jahre zuvor im »Magazin« erschienen war. Klaus Mühlbach beschrieb darin einen ehemaligen Waffen-SS-Mann, der als Söldner über die französische Fremdenlegion nach Indochina gelangt war und eine einheimische Frau geheiratet hatte. In diesem Mann glaubte eine alte Dame aus Bad Frankenhausen ihren verschollenen Lieblingsneffen wiedererkannt zu haben. Nun bedrängte sie Klaus Mühlbach mit mehreren Briefen, einen Kontakt zu ihm herzustellen und lockte sogar damit, den Journalisten dafür an ihrer Erbschaft zu beteiligen. Der konnte den Wunsch beim besten Willen nicht erfüllen, denn er hatte in seiner Figur zwei real existierende Lebensläufe vereinigt, um die Geschichte nicht zu sehr ausufern zu lassen. Um die Frau nicht allzu sehr zu enttäuschen, schrieb er ihr einen Brief und ließ den Neffen einfach bei einer Schießerei zwischen zwei rivalisierenden Opium-Banden sterben. Die hatte es tatsächlich gegeben und in Wirklichkeit war der andere Protagonist erschossen worden – dass aber zu einer Zeit, als Mühlbach längst wieder zu Hause war. Stasi-Schlussfolgerung: Es musste also geheime Kontakte geben, vielleicht zur französischen Fremdenlegion, denn immerhin wusste man ja, dass der Journalist ganz gut französisch sprach.

Gefahr schien im Verzug. Am 17. April 1980 erneuerte ein Oberst Primus von der Hauptabteilung II/14 in Berlin einen offenbar bereits laufenden »Fahndungsauftrag« und befahl: »Um Erledigung wird gebeten.«

Bereits einen Tag zuvor hatten sich »die Genossen Höhne und Rusitschka gemeinsam mit dem Gen. Lukat, KD Bernau« zu einer »Besichtigung der Örtlichkeiten ... wo ›Fotograf‹ beim Fotografieren der Bereitstellungsräume der sowjetischen Armee festgestellt wurde«, aufgemacht. Ihr Bericht: »Als erstes fuhren wir gemeinsam den Lobetaler Weg in Richtung Lobetal – Rüdnitz ab. Bei der Einfahrt in den Lobetaler Weg konnten wir feststellen, dass keine Hinweisschilder auf Sperrgebiet vorhanden sind und es sich auch nicht um solches handelt. Der

Lobetaler Weg ist für alle Fahrzeuge frei und kann auch von jeder Person begangen werden ... Die Quelle der KD Bernau hat aus einem Haus, welches gegenüber der Einfahrt des Lobetaler Weges steht, den ›Fotograf‹ beobachtet. Die Entfernung der Beobachtung betrug ca. 150-200 m Waldsicht. In der Unterhaltung mit Gen. Lukat von der KD Bernau erklärte dieser, dass es auch möglich ist, dass nicht fotografiert wurde.«

Mielkes Detektive schlussfolgerten messerscharf: »Hier tut sich ein Widerspruch auf.« Sie stellten ihren Dienstwagen genau dorthin, wo fast drei Monate zuvor auch der Wartburg Klaus Mühlbachs stand und schossen emsig Fotos. Ergebnis: »Auf Grund des persönlichen Vorstellens am Ort und der sich daraus ergebenden Umstände ist nicht unbedingt zu entnehmen, dass ›Fotograf‹ militärische Geheimnisse preisgeben würde, wenn er diese Informationen weitergegeben hätte«. Bei diesem merkwürdigen Satz malte sogar Rusitschkas Vorgesetzter ein Fragezeichen an den Rand. Doch dann ging es etwas klarer weiter: »Diese Stellungen bestehen seit die sowjetische Armee dort stationiert ist und sind von jedem einzusehen. Man könnte sie beim Befahren oder Spazierengehen zeichnen, fotografieren oder sich einprägen.«

Dazu hätte der Klassenfeind also bereits 35 Jahre Zeit gehabt. Nebenbei bemerkt, war der erste Kommandant der Roten Armee in Bernau für einige Tage Konrad Wolf, der Bruder des nunmehrigen DDR-Spionage-Chefs Markus Wolf. Vielleicht spornte das den Eifer der Drei-Mann-Truppe an und deshalb fiel dem Leutnant im Eifer des Gefechtes nicht auf, dass die Gruben im Januar auch noch unter dem Schnee verborgen waren. Sein Hauptmann nahm derweil »die Quelle« ins Gebet und informierte darüber seine Untergebenen: »Gen. Lukat deutete an, dass es auch sein könnte, dass er (›Fotograf‹) nicht fotografiert hat.«

All das veranlasste Leutnant Rusitschka zu der sensationellen Schlussfolgerung: »Meine persönlichen Feststellungen lassen den Schluss zu, dass man an einem Ort, der jedem zugänglich (kein Sperrgebiet) ist, keine militärischen Geheimnisse feststellen und fotografieren kann. Die Begründung des § 97 StGB oder der Verdacht ist sehr gewagt.«

Wohl wahr, es läuft eben nicht immer so, wie bei Emil und den Detektiven und eigentlich wäre ja nun alles erledigt. Doch weit gefehlt. Immerhin hatte die Stasi ja bereits »ermittelt«, mit welch gefährlichem Gegner sie es zu tun zu haben schien. Deshalb wurde nun eine Falle gestellt: Klaus Mühlbach sollte als Reservist zur NVA eingezogen werden und zwar zu den Pionieren in Pasewalk, die eben solche Löcher gruben, wie er sie angeblich ausspioniert hatte.

Am 25. April 1980 wies Stasi-Oberstleutnant Primus die »Hauptabteilung Stab« des Militärbezirkes V in Neubrandenburg zu Klaus Mühlbach an: »Wir bitten Sie, ihn während des Reservistenlehrganges unter operative Kontrolle zu stellen.«

Nun musste nur noch eine plausible Erklärung für den Delinquenten gefunden werden, der bislang das Glück hatte, um den Wehrdienst herumgekommen zu sein. Inzwischen war er 32 Jahre alt und wäre allenfalls als Schreibstubenhengst brauchbar gewesen, denn seine beiden linken Hände waren legendär. Wie hätte er sich erklären sollen, plötzlich nun ausgerechnet zu den Pionieren eingezogen zu werden?

Bei der dazu nötigen »Legende« halfen wieder die Genossen. Eines schönen Morgens war eine Nebelleuchte von Mühlbachs parkendem Wartburg abgefahren. Am nächsten Tag erschien ein Mann und sagte, er sei zufällig Zeuge gewesen und hätte die Nummer des flüchtigen Fahrers notiert – ein ziviler Wagen mit NVA-Kennzeichen. Klaus Mühlbach reagierte wie erwartet und beschwerte sich schriftlich beim Wehrkreiskommando. Drei Tage später tauchte dessen Chef in seiner Wohnung auf und entschuldigte sich, weitere fünf Tage später kam der Einberufungsbefehl zum 6. Mai 1980. Klaus Mühlbach ärgerte sich, nicht das Maul gehalten zu haben, aber das war nun nicht mehr zu ändern. So landete er in der Kaserne in Pasewalk, in der schon Adolf Hitler beschloss, Politiker zu werden.

Solch große Pläne hegten die mit ihm den Reservedienst abdienenden Kameraden nicht. Sie brauchten etwa eine Woche, um den regelmäßigen Nachschub von Bier und härteren Getränken in die Kaserne zu organisieren und ein paar weitere Tage, um dem jungen Zugführer-Leutnant klar zu machen, er möge ihnen »nicht auf den Sack gehen«, wenn er eine Menge Ärger vermeiden wolle. Das sah der 23-Jährige ein. So verging die Soldaten-Zeit mit Pilze sammeln und Wache stehen. Für die Reservisten war es ein Urlaub vom Alltag. Im Zivilleben

arbeiteten sie meist in leitenden Funktionen in den verschiedensten Betrieben, kümmerten sich um ihre Familien und meist auch noch den Bau eines Hauses. Nun blieb genügend Zeit, endlich mal wieder unter einem Baum zu liegen, und den Wolken nachzusehen. Klaus Mühlbach erlangte eine gewisse Qualifikation im Skatspiel, aber zu spionieren gab es wieder nichts. Nicht einmal Gruben im Wald, denn die gruben nun die wehrpflichtigen Rekruten. Das hatte der Leutnant verlässlich organisiert. Dennoch lohnte es sich für Mühlbach, denn er kannte nun Leute, die Bretter und Autoersatzteile besorgen und mal eine Schweißnaht ziehen konnten.

Am 27. Juli 1980 schickte Oberstleutnant Möller seinen Bericht aus Neubrandenburg an die Stasi in Berlin: »Entsprechend Ihres Schreibens und der geführten telefonischen Rücksprachen teilen wir Ihnen mir, dass der Soldat Mühlbach während seines Reservistenlehrgangs nicht durch operativrelevante Handlungen und Verhaltensweisen angefallen ist ... Inoffiziell und offiziell wurde eingeschätzt, dass der Mühlbach physisch nur schwach belastbar ist und als ›Bewegungsidiot‹ angesehen wurde.« Und: »Ihm sind auch keine militärischen Geheimnisse bekannt geworden.«

Wunderwaffen gab es tatsächlich nicht in Pasewalk und dass nach dem Ausrücken von zwölf Lkw in der Regel nur acht wieder ohne Abschlepper die Kaserne erreichten, war wohl auch allgemein bekannt. Schließlich schien das Schwarzmalen der Reifen mit Schuhcreme wichtiger, als die Motorenpflege. Trotzdem wurden hervorragende Erfolge im Wettbewerb errungen. Wäre Klaus Mühlbach tatsächlich ein Spion gewesen, hätte er allerhand zu erzählen gehabt. So blieb aber alles letztlich eine beruhigende Erfahrung: Mit dieser Armee konnte niemand viel Unheil anrichten. Nicht einmal durch das übliche Schreien statt Führen und dem ständigen Drohen mit dem Militärknast. Und ein schönes Lied lernte er auch noch: »Wir sind dem Sozialismus der Schild und das Schwert«.

Erich Mielkes Agentenjäger mutierten derweil im Fall »Fotograf« immer mehr zu Rostflecken am Schwert des Sozialismus. Klaus Mühlbach »fiel« einfach »nicht an« und die von den »IM« erbrachten Berichte wurden auch immer merkwürdiger. Einer machte eine »Schreibmaschine mit verkehrt herum laufendem Wagen und möglicher Geheimschrift« bei ihm aus – in

Wahrheit war es eine Maschine mit arabischer Schrift – ein anderer, »Gerd Falk«, erkannte am 15. Oktober 1981 »persönliche Probleme«, weil Klaus Mühlbach »sehr stark im Haushalt mithelfen muss«. Und das auch noch: »Obwohl seine Ehefrau eigentlich das Babyjahr hat.«

Hauptmann Höhne entdeckte in seinem Ermittlungsbericht bei Klaus Mühlbach »Offenheit und Sinn für Gemütlichkeit«. Letzterer war aber offenbar nicht nur in 0,7-Liter-Flaschen abgefüllt, denn: »Er ist kein Abstinenzler, wobei er geistige Getränke nur zu besonderen Anlässen zu sich nimmt.« Doch es gab auch Politisches: »Kontakte zu Personen aus dem KA (kapitalistischen Ausland – d. A.) unterhält das Ehepaar M. mit Sicherheit nicht. Weder im Hause noch in den Meldeunterlagen gibt es dafür die geringsten Hinweise.«

Auch die offiziellen Beurteilungen wurden wieder freundlicher. Am 5. Oktober 1981 hieß es: »Klaus Mühlbach arbeitet selbständig. Die ihm übertragenen Aufgaben erfüllt er zuverlässig. Er ist belastbar und einsatzbereit.«

Am 18. März 1983 – also mehr als drei Jahre nach dem Foto im Wald – hielt Oberleutnant Schulze von der Hauptabteilung II/14 des MfS schließlich fest: »Die Bearbeitung ergab keine Beweise zur Erhärtung der vorliegenden Verdachtsmomente. Aus diesem Grunde wurde durch die HA II/14 die operative Bearbeitung 1982 eingestellt.«

Klaus Mühlbach hatte bis dahin und auch danach nicht das Geringste davon gemerkt. Nicht verborgen blieb ihm hingegen, dass die Ergebnisse seiner Arbeit offenbar immer unwichtiger wurden. Bei Berichten über im Ausland geführte Gespräche galt nun eine dem Gesprächspartner zuzuschreibende, nahezu standardisierte Lobhudelei der tollen Politik »des Genossen Erich Honeckers persönlich« als wichtigster Punkt. Dienstreisende DDR-Funktionäre kamen mit langen Wunschlisten, deren »Abarbeiten« vordringlicher als das inhaltliche Anliegen schien, und von den »sowjetischen Freunden« forcierte Diskussionen über Glasnost und Perestroika galten als geistige Konterbande. Mühlbach wollte sich nicht mehr ständig verbiegen und suchte sich 1987 eine ruhige Arbeit an einem wissenschaftlichen Institut, ohne Reisen ins Ausland und ohne »gefährliche« Kontakte. Dass er dafür mit 38 wieder als Berufsanfänger dastand, störte ihn nicht.

So verging der Rest der DDR. Danach wurde »abgewickelt« und Klaus Mühlbach begann, wieder als Journalist zu arbeiten. An seine eventuellen Stasi-Akten dachte er nicht, wozu hätte er sie auch einsehen sollen?

Nach ein paar Jahren im geeinten Deutschland wollte ihm ein Vertreter eine Versicherung verkaufen. Im Gespräch stellte sich heraus, dass der Mann erstaunlich gut über Mühlbach informiert schien. Direkt gefragt, gab er unumwunden zu: »Ja, ich hatte früher schon mit Ihnen zu tun.« Das weckte das Interesse des Journalisten und als es auch noch hieß: »Da gab es mal etwas mit einem Militärobjekt«, stellte er den Antrag auf Akteneinsicht.

Zweieinhalb Jahre später bekam er sie. Nun erfuhr Klaus Mühlbach zum ersten Mal von den Ermittlungen gegen ihn von vor gut 20 Jahren. Zunächst war er amüsiert, dann ärgerlich über die schamlose Arroganz, mit der sich da Leute mit Blockwart-Mentalität erdreistet hatten, über ihn irgendwelche »Einschätzungen« abzugeben. Schließlich begriff er, dass genau so Diktaturen nun einmal funktionieren, und akzeptierte das alles als historischen Beleg.

Dann recherchierte Klaus Mühlbach zufällig in einem tragischen Fall: Ein Mann aus dem Spreewald hatte einen Schulfreund, der vor dem Mauerbau in den Westen gegangen war. Anfang der 70er-Jahre kehrte er als Beamter der Ständigen Vertretung der Bundesrepublik nach Ost-Berlin zurück. Natürlich suchte er Kontakt zu seinem Freund und es gab ein Treffen. Danach tauchte die Stasi bei dem DDR-Bürger auf und versuchte, ihn zu Spitzeldiensten gegen den West-Beamten zu verpflichten. Das wollte der Mann nicht. Er reiste nach Berlin und teilte seinem Freund bei einem Gespräch auf der Leipziger Straße mit, dass er den Kontakt leider nicht fortsetzen könne, weil er nichts mit der Stasi zu tun haben wolle. Dass sah der West-Freund ein, die beiden trennten sich in der Hoffnung auf vielleicht einmal bessere Zeiten.

Wenig später wurde der Spreewälder verhaftet. Vorwurf: Spionage.

Klaus Mühlbach suchte weiter und machte erstaunliche Entdeckungen: In einem der zahlreichen Verhöre beschrieb der Verdächtige den Besuch des Freundes aus dem Westen. Seine Frau hatte üppig aufgetischt und der Besucher fragte, wie sie denn all die schönen Sachen besorgt habe, was doch sicher nicht leicht gewesen sei. Im Protokoll war dazu vermerkt: »T. informierte den BRD-Bürger über die Versorgungslage in der DDR.« Solche und ähnliche »Vergehen« brachte ihn schließlich mit einem Urteil über vier Jahre Haft nach Bautzen. Nach der Hälfte der Zeit wurde er freigekauft.

Nun wollte auch Klaus Mühlbach wissen, ob seine »Spionage« ebenfalls Konsequenzen hätte haben können. Unter einem Vorwand vereinbarte er ein Gespräch mit Wolfgang Vogel und zeigte ihm die Akten. Der Rechtsanwalt warf nur einen kurzen Blick in die Papiere. Dann sagte er: »Fünf bis sechs Jahre. Da wären bei einer Hausdurchsuchung sicher noch ein paar Bücher aus dem Westen oder ein, zwei ›Spiegel‹ oder ›Stern‹ hinzu gekommen, West-Fernsehen sowieso und ein paar unbedachte Äußerungen im Verhör – also so um die 5 Jahre wären da drin gewesen.«

Wolfgang Vogel sah Klaus Mühlbach über den Rand seiner Brille an: »Ist Ihnen nicht gut?« Der beteuerte, alles sei in bester Ordnung und würgt die Frage nach einem eventuellen Freikauf heraus. »Schwierig«, sagt der Anwalt, »die DDR hätte befürchten müssen, dass der Fall im Westen an die Öffentlichkeit kommt. Der Mann war schließlich Schreiber – andererseits war es auch eine peinliche Sache, juristisch schwach fundiert. Also ich würde sagen, nach drei Jahren, irgendwo als Beipack bei einem wichtigen Mann wäre eher etwas drin gewesen als beim Freikauf über die Listen.«

Klaus Mühlbach verabschiedet sich etwas überstürzt. Er will an die frische Luft. Trotz der vielen bunten West-Reklamen scheinen die DDR-typischen Hochhäuser rings um den Alexanderplatz wie eine Welle über ihm zusammenzuschlagen. Das »neue Stadtzentrum«, zum 20. Jahrestag der DDR 1969 gebaut. In der 39. Etage des Hotels »Stadt Berlin« hatte Mühlbach damals als Student Beton gekarrt.

Es war auch eine Zeit der Hoffnung und Träume.

DER GESCHÄFTSFÜHRER

Als der DDR-Kaufmann und Stasi-Informant »Klaus« am 3. Februar 1983 kurz nach elf Uhr abends mit einem Geschäftspartner aus Bochum im nahen Wattenscheid den Laden mit dem harmlos klingenden Namen »Wiesenhof« betritt, ist er, glaubt man seinem Bericht an die Genossen an der Heimatfront darüber, angeblich höchst entsetzt: »Bereits nach dem Eintreten und Platznehmen wurden wir sofort von zwei Amüsiermädchen belagert.«

Fast den ganzen Feierabend, von 17 bis 19.30 Uhr, brauchte er ein paar Tage später, um mit Hilfe des »Inoffiziellen Mitarbeiters zur Sicherung des Verbindungswesens« mit dem Decknamen »H. Birke« an Major Hartung, Stasi-Hauptabteilung XVIII/7, von diesem perfiden Überfall des Klassenfeindes zu beichten und sich selbst wieder ins rechte Licht zu rücken. Während sein West-Begleiter mit einem Mädchen im Séparée verschwand – »das Mädchen war dem Äußeren nach eine Mulattin, die aber einwandfrei Deutsch sprach« – trieb er nämlich Sozialstudien vor Ort: »Ich nutzte die Zeit, um mich mit dem Mädchen über das Warum und Wieso ihres Berufes und über Preise zu unterhalten. Sie wollte für einen Beischlaf mindestens 130 DM haben. Eine solche Aufforderung wurde von mir abgelehnt.« Dabei war »Klaus« eingeladen und hätte nicht einmal die knappen DDR-Spesen beanspruchen müssen.

»Grundsätzlich bin ich diesen Dingen nicht abgeneigt gewesen«, sagt Hans Altmann (Name geändert), damals Geschäftsführer der Bochumer Firma NOHA, der seinen Kollegen aus der DDR auch immer mal wieder was Besonderes bieten wollte. Das festigte die Bindung des Kunden und »ist ja auch normal in dieser Branche.«

Damals meldete »Klaus« der Stasi, sein Begleiter im »Wiesenhof« sei »vom Trinken und dem Liebesakt ziemlich geschafft« gewesen und schwieg auf der Rückfahrt im Taxi. Inzwischen sitzt Hans Altmann mit seinen fast 80 Jahren im Rollstuhl oder läuft schwer am Rollator und meint: »Da muss ich wohl vorsichtig sein, wenn es um die alten Geschäfte geht.«

Wohl wahr, denn was dabei eigentlich geschah, legte die »Ordnung für die einheitliche Leitung und Kontrolle der Tätigkeit der Firmen in der BRD und anderen kapitalistischen Staaten, die sich im Eigentum der SED befinden« im Punkt 1.1. fest: »Die Geschäftstätigkeit der Firmen ist ausschließlich mit dem Ziel durchzuführen, Gewinne unter Beachtung und Nutzung der Zoll-, Steuer- und Devisengesetze der kapitalistischen Länder für den disponiblen Fonds der Partei zu erwirtschaften.«

Dabei war die NOHA besonders erfolgreich. In den 80er-Jahren gehört sie zu den fünf wichtigsten Devisenbeschaffungsfirmen der DDR im Westen. Das Geld wird mit der »Vertretung« von DDR-Firmen auf dem westdeutschen Markt kassiert. Wer mit der DDR ins Geschäft kommen wollte, musste die Dienste einer solchen Vertreterfirma in Anspruch nehmen, sonst wurden keine Verträge geschlossen. Dafür nahmen die Vertreter, von denen es ein Dutzend gab, zwischen einem halben und fünf Prozent Provision, bei besonders lukrativen Deals auch mehr. So zahlte zum Beispiel die West-Waffenschmiede Heckler & Koch an die NOHA 10 Prozent. Das spülte so beachtliche Gewinne in die DDR-Kasse, dass jegliche Skrupel untergingen. Mitte der 80er-Jahre schrieben die Waffenbauer aus Oberndorf burschikos nach Bochum: »Nach siebenmonatiger Verlobungszeit – wobei wir uns auch nach anderen hübschen Mädchen umgesehen haben – haben wir uns entschlossen, unsere Zusammenarbeit mit Ihnen zu legalisieren und zu offizialisieren.«

Die Waffenhändler waren nicht allein. In den Stasi-Akten finden sich mehrere Dutzend West-Firmen als NOHA-Kunden, darunter Adidas, Canon Deutschland, Hanomag, Klöckner Ferromatic aus Achim, Dynamit Nobel aus Troisdorf, verschieden Thyssen-Werke und so weiter. Als Ost-Partner nennt eine interne Aufstellung über die NOHA die DDR-Außenhandels-

betriebe Union, Metallurgiehandel, Maschinen Export, Holz und Papier, Chemie Export, Buchexport, Bergbauhandel, Techno-Commerz, Heimelektronik, Intermed, Interpelz und andere – die Geschäfte liefen also durch alle Branchen.

Dafür hatte Heinz Altmann gesorgt. Er fing 1973 in Bochum an, damals hieß die Firma noch »Nolte KG«. Fritz Nolte und dessen Frau Christel hatten sie 1961 gegründet, um Geld für die im Westen seit 1956 verbotene Kommunistische Partei und deren legale Nachfolgerin DKP zu erwirtschaften. Fritz Nolte war Parteisekretär in der Ortsgruppe Bochum-Dahlhausen und zählte zu den eher gemäßigten Linken. Seine Frau hielt stabile Kontakte in die DDR und hatte auch in der Firma die Hosen an. Trotzdem schlitterte der Laden nach und nach in die Pleite.

Heinz Altmann fing 1973 als Assistent des Chefs an: »Ich hatte mich damals auf eine Zeitungsannonce beworben«, erinnert er sich.

Die DDR war gerade mit ihrem Westpartner Nolte tüchtig unzufrieden. In der Firma krachte und knirschte es. Altmann: »Rote Zahlen, nur rote Zahlen!« Das ging gegen die Ost-Berliner Interessen. In der bereits genannten Ordnung hieß es nämlich: »Das Eigentum an den Firmen ist durch juristische Maßnahmen unter Berücksichtigung der Gesetzgebung der BRD und anderer kapitalistischer Länder zu sichern.«

Das schien mit Fritz Nolte nicht mehr effektiv möglich zu sein. In internen Berichten wurde er längst als »großer Quatschkopf« bezeichnet, der besonders unter Alkohol gern plauderte, besonders über die schönen Dienstreisen in die DDR. Ein besorgte Stasi-IM meldete: »Selbst ein Geheimdienst-Lehrling würde von Nolte alles erfahren.« Die Sache schien aus dem Ruder zu laufen und das widersprach Punkt 5.1. der »Ordnung«: »Die spezielle und konspirative Tätigkeit der Leiter (Geschäftsführer) und anderer leitenden Mitarbeiter der Firmen ist entsprechend den politisch-ideologischen Notwendigkeiten in Abstimmung mit der DKP und anderen Bruderparteien durchzuführen.«

Deshalb stieg 1977 Alexander Schalck-Golodkowski mit seiner »Kommerziellen Koordinierung« (KoKo) direkt als stiller Teilhaber ein. Der bisherige Assistent Fritz Noltes, Heinz Altmann wurde nach Berlin bestellt. Er erinnert sich: »Das Vieraugengespräch dauerte nur fünf oder sechs Minuten. Herr

Schalck sagte: ›Trauen Sie sich zu, die Nolte KG auf Vordermann zu bringen?‹« Er traute sich.

Die Bedingung dafür waren in Punkt 14 der KoKo-Ordnung fixiert: »Die Leiter der Firmen (Geschäftsführer) in der BRD und anderen kapitalistischen Staaten sind dem Leiter des Bereichs Kommerzielle Koordinierung zu unterstellen, handeln entsprechend der ihnen erteilten Weisungen und sind ihm gegenüber rechenschaftspflichtig.«

Der Kapitalist im SED-Auftrag hatte sich nach einer kaufmännischen Lehre über Jobs im Bergbau und in der Verwaltung bereits bis zum Prokuristen hochgearbeitet und so gezeigt, was in ihm steckte. Die Firma wurde 1977 in die »Nolte & Co. GmbH« umbenannt. Ein großer Teil des Stammkapitals von 500 000 DM kam nun aus dem Osten. Akten belegen, dass das eine wohlüberlegte Entscheidung war: »Die Nolte KG ist ein reines Export-Import-Unternehmen und vertritt die DDR einmal von der BRD in die DDR und einmal von der DDR in die BRD. Dabei passiert folgendes: wenn Nolte Exporte in die DDR tätigt, so bezieht sie Provision, die mitunter 10 bis 15 % des Wertes ausmachen, von den einzelnen BRD-Firmen, verkauft diese Firma von der DDR in die BRD, so hat sie aufgrund ihres Kommissionsvertrages mit der DDR das Recht, von der DDR Provision zu erhalten, die sie dann ebenfalls einnimmt. Wenn jetzt eine Kapitalbeteiligung von 75 % zu 25 % erfolgt, so wird die Provision für den Import sowie für den Export von 25 % zu 75 % dem neuen Firmeninhaber zu gute kommen.«

Deshalb wurde Heinz Altmann als Marionette der SED nun offiziell Geschäftsführer im Westen. 1981 benannte sich die Firma in »NOHA« um, und die noch knapp 50 verbliebenen Leute – fast die Hälfte der einstigen Mitarbeiter flog in den 80er-Jahren aus »Rentabilitätsgründen« – lösten diese Abkürzung unter sich gern als »Nichts Ohne Heinz Altmann« auf.

Der war erfolgreich und steigerte den Umsatz um 100 Prozent. Altmanns Kollegen anderer SED-Firmen, die das nicht so schafften, zerbrachen manchmal am Alltagsstress.

So starb am 8. September 1981 der Geschäftsführer der »Parteifirma« Intema, Karl-Heinz Noetzel, in der DDR. Verfassungsschutz-Chef Eckart Werthebach teilte dem Staatssekretär im Innenministerium, Hans Neusel, am 1. Juli 1990 dazu mit: »Noetzel wurde am 08.09.1981 (Leipziger Messe) im Hotel

Stadt Leipzig in Leipzig beim Abendessen mit Geschäftsführern anderer ›Parteifirmen‹ und SED-Funktionären unwohl. Er ging in die Toilette und starb angeblich an Herzversagen. Noetzel war vorgeworfen worden, dass seine Firma mit Verlusten arbeitete.« Heinz Altmann meint, so etwas könne zwar passieren, »wurde aber nie richtig aufgeklärt«.

Am 15. Juni 1982 beging Peter Bruns, Geschäftsführer der Firma Metama, Selbstmord. Am 31. November 1993 berichtete die »Berliner Zeitung« dazu: »Nach Aussagen eines Rechtsanwalts im Dezember 1990 vor der Berliner Staatsanwaltschaft sei diese Version allerdings anzuzweifeln. Es könne sein, dass der Selbstmord, der gar nicht zu Bruns' Person passte, nur vorgetäuscht war ... Bruns war bei der Metama unter anderem mit der Beschaffung von Kraftfahrzeugen für SED-Kader befasst gewesen.«

Angeblich ebenfalls an Herzversagen starb am 20. August 1982 auch Fritz John Bruhn, Nachfolger von Karl-Heinz Noetzel als Geschäftsführer von Intema, in Heinz Altmanns Ost-Berliner Stamm-Hotel, dem Metropol. Verfassungsschützer Wertebach: »Nach Hinweisen von Bruhn war ein Geschäftsmann in Niedersachsen als Agent des MfS oder des KGB identifiziert worden; dieser Agent hatte sich nach seiner Entlassung aus der U-Haft in die DDR abgesetzt. Bruhn hatte zu diesem Verratsfall vor der Bundesanwaltschaft ausgesagt. Dementsprechend könnte Bruhn in der DDR unter Agentenverdacht geraten sein. Das BfV hatte mit Bruhn in Verbindung gestanden.«

Auch ein Fall, bei dem Heinz Altmann gute Gründe zum Nachdenken hatte, von denen noch zu berichten sein wird.

An den Tod des Chefs der SED-Parteifirma Spedition Ihle, Uwe Harms, erinnert sich Heinz Altmann ebenfalls: »Wir haben kurz vorher miteinander gesprochen. Er sagte, irgendwann müsse mit dem Geschäft auch mal Schluss sein.« Seine Leiche wurde am 26. April 1987 in einem Müllsack in Hamburg entdeckt. Eckart Wertebach sah einen Zusammenhang zum illegalen Waffenhandel der DDR: »Uwe Harms, Geschäftsführer von Ihle, verschwand am 30.03.1987 auf dem Heimweg nach einer Besprechung in Hamburg, an der auch DDR-Funktionäre aus dem Wirtschaftsbereich teilgenommen hatten .... Die Tatverdächtigen, die aus dem ›Rotlichtmilieu‹ Hamburgs stammen, mussten vom Tötungsvorwurf freigesprochen werden, da es hierfür keine Beweise gab. Harms soll nach nicht verifizierbaren Hinweisen unter Druck gestanden haben, mit seiner ›Parteifirma‹ (Ihle) Transporte für IMES übernehmen zu müssen. Harms habe sich geweigert, ihm seien deshalb Konsequenzen angedroht worden.«

Angeblich an den Folgen eines Sturzes während der Leipziger Messe verschied am 19. März 1988 Manfred Pulitzer, von 1982 bis 1986 Generaldirektor der KoKo-Firma Asimex.

Der Inhaber der Firma Humedia, Klaus-Dieter Kranz, wurde am 21. März 1988 in seinem Büro in Neufahrn in Bayern gefunden. Er hatte sich erhängt. Seit 1987 importierte seine Firma über das KoKo-Unternehmen BIEG Blutplasma und Enthrozyten aus der DDR für das Klinikum Karlsruhe für etwa eine Million DM pro Jahr. Dieser Deal stand unter direkter Stasi-Kontrolle im Operativen Vorgang »Exporteur«. Als das so genannte »Blutgeschäft« im März 1988 über Medien-Berichte öffentlich wurde, so eine Vermutung der Ermittler, fühlte sich Kranz derartig unter Druck, dass er selbst seinem Leben ein Ende setzt.

Mehr Gerüchte als Fakten gab es auch zum Tod von Herbert Rübler im März 1989. Der West-Berliner Embargo-Händler für elektronische Bauteile mit österreichischem Pass stand bei der Stasi im Verdacht, Doppelagent zu sein. Er wurde im Ost-Berliner Palast-Hotel tot aufgefunden. Die Angaben zur Todesursache blieben widersprüchlich und reichten vom Sturz im Bad bis zum Herzinfarkt.

Heinz Altmann wusste von all diesen Geschichten, denn die Geschäftsführer der SED-Firmen saßen öfters mal bei Wein und härteren Getränken zusammen. Auch wenn es keine Beweise für fremde Hände bei solchen Zwischenfällen gab, die Gerüchte blühten allemal. Das begann schon lange vor Altmanns Zeit auf dem Chefsessel, 1972, als am 15. März der Kaufmann Horst Bosse aus Bad Honnef auf der DDR-Autobahn bei Gotha tödlich verunglückte. Für das MfS war er nebenbei als »Jäger« tätig und hielt Kontakt zum SPD-Strippenzieher Karl Wienand, der später als »Streit« selbst angeworben wurde.

Ingrid Köppe, Mitglied des KoKo-Untersuchungsausschusses, stellte in ihrem »Abweichenden Bericht« mehr als 20 Jahre später fest: »Über diesen Fall finden sich in den Unterlagen … eine Fülle von Hinweisen, die den Verdacht nahe legen, dass es sich bei dem Tod Bosses nicht um einen Unglücksfall, sondern

um eine geheimdienstliche Operation des MfS handelte.« Sie bezog sich vor allem auf Aussagen des KoKo-Überläufers Günter Asbeck, der beim BND gesagt haben soll: »Bosse wusste wohl zu viel.« Der frühere Stasi-Spionageoffizier Günter Bohnsack berichtete: »Sepp Ebelseder und Fotograf Fred Ihrt vom ›Stern‹ recherchierten in der DDR zu Bosse. Es gab dann aber eine Geschichte über Unregelmäßigkeiten bei seinem Tod in der ›Quick‹. Sie basierte auf Aussagen eines in den Westen geflüchteten Assistenzarztes, der jedoch erst im Oktober 1972 seinen Dienst in dem Krankenhaus angetreten hatte, in dem Bosse behandelt worden war«.

Alles Geschichten vom Hörensagen also, dennoch bedrohlich für all jene, die wie Heinz Altmann über Jahre in den dunklen Geschäften steckten. Er selbst will darüber nicht reden. Versonnen schaut er dem Rauchkringel seiner Zigarre nach und überhört die Frage ebenso wie die Nachfragen: »So schnell kann es manchmal gehen!« Es könnte auch sein, er meinte den zerstiebenden Rauch.

In den 80er-Jahren war der bester Schutz vor Ärger, anständig Geld herbei zu schaffen. Und genau das tat auch Altmann mit seiner NOHA. 1985 vermittelte die Firma einen Umsatz von rund 300 Millionen Mark. Die Bilanz im Wendejahr 1989 wies Einnahmen von 21 086 150,90 DM aus. Die Kosten von etwa 10,5 Millionen DM bestanden zu 85 Prozent aus Provisionen und Gehältern, der verbliebene Gewinn mit über 10 Millionen Mark blieb respektabel. Es war der Erfolg von Heinz Altmann. Der einst massige 1,90-Meter-Mann, Leichtathlet und Fußballer, die Nummer 5 beim SC Dahlhausen in der Verbandsliga, hatte es noch einmal geschafft. Damals, im Sport, endete die Karriere von einem Tag auf den anderen. Meniskusriss, außen und innen. Nun war er inzwischen geschäftlich ganz oben. Dass ausgerechnet sein Geschäftspartner DDR ihm noch einmal so ein Bein stellen würde, wie damals der unfaire Verteidiger beim Fußball, ahnte er nicht. Schließlich sorgte Heinz Altmann dafür, dass es ihr gut ging.

Ein großer Teil der NOHA-Gewinne flossen, als Provisionen getarnt, über Liechtenstein und die Schweiz nach Ost-Berlin. Geschäfte nur auf dem Papier. Ein Schwarzgeld-Empfänger in der DDR war zum Beispiel die Simpex GmbH, »Büro für Handel und Beratung«, mit dem Konto 98031300011 bei der »Deutschen Außenhandelsbank AG«. Ein anderer das Konto 0584 bei der Deutschen Handelsbank, das den Titel »Disponibler Parteifonds« trug. Zeichnungsbefugt: Alexander Schalck-Golodkowski.

Ein weiterer Weg lief über den Treuhänder »Refinco Establishment« in Bochum, der diese Funktion für rund weitere 20 SED-»Parteifirmen« ausführte. 1988 machte der Laden über 3 Milliarden Mark Umsatz. Heinz Altmann wusste durchaus, dass da nicht allzu treue Hände wirkten. »Wenn herauskommt, dass die Refinco eine DDR-Firma ist, dann können die Zahlungen an die Simpex als verdeckte Gewinnausschüttung angesehen werden«, vermerkt ein KoKo-Papier seine Bedenken. Doch die Männer Schalck-Golodkowskis zerstreuten sie mit Barem. Weil das Herunterrechnen seine Tantiemen schmälerte, bekam Heinz Altmann seinen Anteil zusätzlich zum Gehalt im Koffer, allein 1986 waren es 114 920 Mark.

Der Fiskus des Klassenfeindes wurde so doppelt betrogen: Er büßte nicht nur Gewerbe-, Körperschafts- und Kapitalertragssteuer ein, sondern auch Einkommensteuer von Heinz Altmann. Der verdiente offiziell 144 000 Mark im Jahr, von weiteren geldwerten Vorteilen, wie der VIP-Card im Ost-Berliner Hotel »Metropol« wußte im Westen ohnehin niemand.

Auch im Nachhinein sieht er das alles nicht so eng: »Wir waren der größte Steuerzahler in Bochum. Zwischen 1973 und 1989 hat die Stadt allein an Gewerbesteuer im Schnitt 1,3 Millionen von der NOHA bekommen. Wir hätten auch in eine billigere Randgemeinde ziehen können.«

Stattdessen ging es nach dem Motto leben und leben lassen. Auch für die Mitarbeiter der Firma. Sie residierte in einer dreistöckigen Villa am Bochumer Stadtpark. Filialen gab es unter anderem in Berlin, Dortmund und Essen. Die gediegene Einrichtung mit einer rustikalen Bar in Holz und sogar Teppichen auf der Toilette, wurde von einer Alarmanlage in jedem Zimmer geschützt, natürlich gab es auch auf dem Dach eine Sirene und eine Warnleuchte. Doch es ging wohl nicht nur um die Möbel, sondern eher um die Geschäfte.

Die sollten möglichst auch vor den Mitarbeitern verborgen bleiben.

Eine ehemalige Sachbearbeiterin, erst mit Im- und Export von Musikinstrumenten, dann von metallurgischen Erzeugnis-

sen beschäftigt, erinnert sich: »Wir haben Produkte aus der DDR in die BRD importiert und umgekehrt. Da wurde nicht viel gefragt.« Dennoch war es ein angenehmer und nicht besonders anstrengender Job: »Es war sehr familiär. Wir haben uns auch privat getroffen und gefeiert. Getrunken wurde kräftig.« Besonders von Heinz Altmann. Seine Mitarbeiterin: »Der Chef war gefürchtet wegen seiner intensiven Alkoholzufuhr. Er war absolut cholerisch. Wir haben immer gesagt, wenn er morgens seine Weißweinschorle nicht kriegt, ist er mittags nicht zu ertragen.«

Seine sozialistische Insel im kalten Westen wollte sich der Kapitalist im SED-Auftrag nicht streitig machen lassen. Und von irgendeinem Geheimdienst schon gar nicht. Deshalb lebte er nicht nur mit der Stasi-Überwachung, sondern streckte seine Fühler auch zu deren Kollegen im Westen aus.

Ein Thema, über das Heinz Altmann nicht gern spricht. »Ich fühlte mich da irgendwie verpflichtet«, sagt er stockend, »ja, aus Pullach, vom Bundesnachrichtendienst ist da hin und wieder jemand gekommen, nein, Genaues weiß ich da wirklich nicht mehr.« Er kippt seinen Hennessy in einem Zug: »Das müssen sie mir glauben.«

Bei einem Strafverfahren 1992, von dem noch zu sprechen sein wird, erinnerte er sich offenbar genauer. Im »Abweichenden Bericht« der Bundestagsabgeordneten Ingrid Köppe, Bündnis 90/Die Grünen, zum 1. Schalck-Untersuchungsausschuss 1994 heißt es: »Wie er in der Hauptverhandlung zugab, war Altmann auch für den bundesdeutschen Verfassungsschutz nachrichtendienstlich tätig.« Richter Hans-Joachim Regul kommentierte das damals: »Der wollte wohl Freunde auf beiden Seiten haben.« Staatssekretär Johannes Vöcking aus dem Bundesinnenministerium hielt sich vor den Parlamentarier hingegen bedeckt: »Im Interesse des generellen Vertrauensschutzes für V-Leute und der Funktionsfähigkeit des Bundesamtes für Verfassungsschutz kann zu solchen Behauptungen, unabhängig von der Frage, ob diese zutreffen oder nicht, grundsätzlich nicht Stellung genommen werden ... Ich bitte um Verständnis für diese Handhabung.«

Das ist schwer aufzubringen, denn der BND wäre für die Aufklärung verantwortlich gewesen, der Verfassungsschutz jedoch nur für die Spionageabwehr, zu der auch die Beobachtung der im Westen tätigen Kommunisten gehörte. Die Vermutung liegt nahe, dass sie für die bundesdeutschen Behörden weit wichtiger war, als die immensen wirtschaftlichen Schäden durch dubiose Firmen wie die NOHA entstanden.

Das vermutete auch die Stasi, denn in der KoKo-Ordnung über die Führung dieser Firmen heißt es im Punkt 2: »Alle Weisungen und Handlungen gegenüber den Firmen, die Behörden der BRD und anderer kapitalistischer Länder in die Lage versetzen, mit strafrechtlichen Mittel gegen die Firmen bzw. ihre Leiter (Geschäftsführer) vorzugehen, sind ab sofort einzustellen.«

Doch in Ost-Berlin verließ sich niemand nur auf die Anweisung, sie wurde auch akribisch kontrolliert. Das war Aufgabe der Stasi, die neben einigen anderen auch ihren »inoffiziellen Mitarbeiter Fritsche« gegen die NOHA, damals noch Nolte KG, einsetzte.

Eigentlich hieß der Mann Horst T. und arbeitete als Technologe im VEB Stahlgießerei Elstertal Silbitz. Seit 1974 war er »Reisekader« in den Westen. Dort gelang es ihm Angebote der DDR-Gießerei »wettbewerbsfähig zu gestalten« und deshalb bestätigte der Betriebsdirektor am 14. Oktober 1977 in einem Schreiben an die Stasi-Kreisdienststelle Eisenberg, Hohe Straße 7: »Charakterlich schätzen wir den Genossen Horst T. als zuverlässig ein.«

Die Stasi sah sich bestätigt, denn am 10. Februar 1977 hatte sie ihn als »Fritsche« angeworben. Der IM sollte im Außenhandelsunternehmen Techno-Commerz in Düsseldorf installiert werden und über die NOHA – über die auch die Stahlgießerei Elstertal Silbitz ihre West-Geschäfte abwickelte – berichten.

Die West-Reisen bekamen »Fritsche« nicht gut. Am 21. April 1986 schreibt Stasi-Hauptmann Schöde etwas enttäuscht: »In der bisherigen inoffiziellen Zusammenarbeit muss jedoch eingeschätzt werden, dass die Aussagekraft der Berichterstattung nachgelassen hat, obwohl ›Fritsche‹ gezielt instruiert und geschult wurde.« Er konstatiert: »... die Unterschätzung der Gefährlichkeit des Imp.«, mangelndes Verständnis »zur Abgrenzungspolitik unserer Republik ... unreale Einschätzung der Klassenkampfsituation (und) Zweifel und Skepsis an der Richtigkeit der Wirtschaftspolitik von Partei und Regierung.« Der reale »Imp.« beeindruckte Fritsche offenbar mehr als der reale »Soz.«. Das hatte Auswirkungen: »Es konnte mittels Be-

richtsvergleich nachgewiesen werden, dass er Informationen dem MfS gegenüber verschweigt ... Der IM ist nicht immer offen und ehrlich.«

Offenbar hatte sich Horst T. durch seine Eindrücke im Westen vom Überzeugungstäter zum Zweifler gewandelt. Das blieb nicht ohne Folgen und Hauptmann Schöde schlug vor, dass derartige »Verhaltensweisen ... die operative Bearbeitung notwendig macht.« IM »Fritsche« war im Laufe der Zeit zum Feind geworden und wurde nun seinerseits von der Stasi bespitzelt.

Solcherart Sorgen machte Heinz Altmann weder der Stasi, noch der KoKo. Er funktionierte auch noch, als die DDR zusammenbrach. Am 19. Februar 1990 wurde von der NOHA das IVK Industrie-Vertriebs-Kontor in Hattingen mit einem Grundkapital von 100 000 DM gegründet. Im März flossen weitere 750 000 DM in den Kapitalstock. Das Geld wurde mit Überweisungen zwischen Techno-Commerz in der DDR und NOHA und IVK im Westen hin- und hergeschoben. Angeblich gab es Fehler bei Provisionsberechnungen, mit denen der Geldfluss gleichzeitig »erklärt« und verschleiert wurde. Laut NOHA-Buchhaltung verschwanden in der »Wendezeit« sechsstellige Schecks aus der Kasse mit dem Vermerk »Umbuchung«. Die NOHA wurde per 31. Dezember 1990 liquidiert. Vorher hatte sich Geschäftsführer Heinz Altmann noch eine Million Mark Abfindung genehmigt.

Das Bundesamt für Verfassungsschutz schätzte diese und zahlreiche ähnliche Vorgänge so ein: »Es muss davon ausgegangen werden, dass die oben geschilderten Aktivitäten (Umfirmierung, Verkäufe, Käufe, Neugründungen) auf Veranlassung des Bereichs KoKo bzw. seiner Nachfolgeeinrichtungen vorgenommen worden sind und dazu dienen, SED/PDS-Eigentum zu ›privatisieren‹ und damit vor dem Zugriff der Treuhandanstalt zu verschleiern.«

Heinz Altmann schien die Vergangenheit einzuholen, als am 18. Dezember 1991 früh um halb acht die Polizei klingelte und ihn in U-Haft nahm. Doch es ging nicht um schwarze Geschäfte und geheimdienstliche Verstrickungen, sondern nur um ganz profane Steuerhinterziehung. Das Landgericht Bochum warf ihm vor, in den Jahren 1986 bis 1989 der Bundesrepublik Deutschland 317 342 DM Umsatzsteuer, 974 362 DM Gewerbesteuer, 1 586 706 DM Kapitalertragssteuer und 1 121 770 DM

Körperschaftssteuer vorenthalten zu haben. Dazu kamen die nicht gezahlte Einkommensteuer auf die schwarz gezahlten Prämien. Dafür verurteilte ihn das Gericht unter Aktenzeichen 5 StR 546/93 im Herbst 1992 zu drei Jahren Haft. Ein Jahr später bestätigte der Bundesgerichtshof im wesentlichen das Urteil. Nur weil er sich in der Berufung zu einer gemeinnützigen Zahlung von 300 000 DM verpflichtet hatte, wurde die Strafe zur Bewährung ausgesetzt. Allerdings war im Prozess seine Millionen-Abfindung draufgegangen. Zum Leben blieb nur noch eine Rente von inzwischen 1900 Euro im Monat.

Der Kammervorsitzende des Bochumer Landgerichts, Hans-Joachim Regul, kommentierte im Juni 1992 den Fall dann auch fast schon mitleidig: »Da sind sie ein echter Verlierer der Wiedervereinigung.« Das sah wohl auch Heinz Altmann so: »Ich war der Sündenbock für alle. Und jetzt lebe ich arm wie eine Kirchenmaus.«

Die letzten Lebensjahre verbrachte Heinz Altmann zwischen seiner Seniorenwohnanlage und der Klinik: Herzschrittmacher, eine künstliche Klappe und zu allem Überfluss hatte ihn auch noch ein bei einer OP versehentlich durchtrennter Nerv im Rücken krumm gemacht. »Ohne meine Frau wäre ich schon längst nicht mehr am Leben«, sagt er.

Von den alten Geschichten im Puff in Wattenscheid muss sie ja nicht unbedingt erfahren.

DER DOPPELTE
DIETER

Der blaue Aktenordner hat bestimmt schon fröhlichere Zeiten gesehen, denn auf dem grauen Deckblatt steht links unten »Florenz, Rom, Dez. 1995«. Vielleicht waren darin einmal Urlaubserinnerungen gesammelt. Jetzt beherbergt er ein Konvolut von Kopien aus Stasi-Akten, die eigentlich banaler nicht sein können: Dutzende von Zettelchen auf denen ebenfalls Dutzende von Leuten über Jahre festgehalten haben, wann sich ein Gast aus dem Westen bei seinen Besuchen wo in der DDR bewegte und immer wieder feststellen mussten: »Hinweise auf Vorkommnisse bzw. einem negativem Wirksamwerden bei seinen Einreisen liegen nicht vor.« Ärgerlich für Major Dalski von der Stasi-Bezirksverwaltung Frankfurt/Oder, der sich für eine derartige Erkenntnis auch noch auf das dünne Eis der deutschen Grammatik begeben hatte und prompt strauchelte.

Offenbar eine stinklangweilige Sache für die Genossen an der unsichtbaren Front. Vielleicht hat deshalb irgendjemand mitten in die Akte eine eigenhändig signierte Autogrammkarte des österreichischen Skiläufers Anton Steiner geheftet. Immerhin hatte »Jimmy« 1984 bei der Olympiade in Sarajevo die Bronzemedaille im Abfahrtslauf geholt.

Eine Seite weiter dann die Überraschung: Ein bundesdeutscher Personalausweis, ausgestellt auf den Namen Dieter Friedemann Schanz, geboren am 9. Dezember 1937 in Danzig. Das Bild daneben zeigt jedoch einen anderen Mann. Schanz ist seit 1983 Abgeordneter der SPD im Deutschen Bundestag, sein Konterfei findet sich in diversen Verzeichnissen. Es ist dem

Mann im Ausweis mit Tony-Marshall-Minipli-Frisur kaum ähnlich.

Nun erschließt sich auch die Geheimdienst-Folklore: Ski – Schanze, da fehlt nur noch der »Springer« auf der Eselsbrücke. Und genau das ist der Deckname, unter dem Bundesbürger Dieter Schanz bei der Stasi geführt wird. Doch wer ist der Mann auf dem Bild? In den Akten heißt er »Siakou«. Das klingt nach japanischer Teezeremonie, ist aber auch nur ein Deckname. Dahinter verbirgt sich ein DDR-Ingenieur aus einer Kleinstadt zwischen Leipzig und Gera. Er möchte seinen Namen nicht genannt wissen, das ist sein Recht. Deshalb soll er hier »der Thüringer« heißen. Dieser Mann reiste bis zum Ende der DDR mit dem gefälschten Ausweis von Dieter Schanz im Westen umher, um von Spionen erbeutete Dokumente hinter den Eisernen Vorhang zu schaffen. Der doppelte Dieter.

Es sind ihre Lebenswege, die die zwei Männer ins Visier des DDR-Geheimdienstes geführt haben und es ist der Lauf der Geschichte, der die vermeintliche Legitimation dazu lieferte.

Dieter Schanz wurde 1937 in Danzig geboren. Die Kriegswirren verschlugen ihn nach Klosterfelde bei Berlin. Er besuchte dort die Schule und lernte Bäcker und Konditor. Die DDR hätte seine Heimat werden können. Schanz: »Meine ganze Familie war politisch links orientiert und ich natürlich auch.« Aber: »Ich konnte in der DDR den Mund nicht halten.« Deshalb soll er zurechtgebogen werden. Ein paar Jahre Dienst bei der »Kasernierten Volkspolizei« scheint den Funktionären das geeignete Mittel dazu zu sein. Das will das Kriegskind nicht. Noch meinen viele im Osten wie im Westen, jede Hand solle verdorren, die jemals wieder eine Waffe anfasst. Bertolt Brecht sinniert in seinem »Das Leben des Galilei« über Helden. »Unglücklich das Land, das Helden nötig hat«, lässt er Galilei seinem Gefährten Andrea entgegnen, als der sagt: »Unglücklich das Land, das keine Helden hat.« Im April 1955 ist es in Köln, im Januar 1957 in Ost-Berlin auf der Bühne zu hören. Hinhören mag hier wie da niemand so richtig. In Ost und West muss jeder seinen eigenen Umgang mit dem Vergangenen finden.

Dieter Schanz wich dem zunehmenden Druck aus und ging 1956 »nach drüben«. Er landete im Münsterland.

Der Thüringer, zwei Jahre jünger, dürfte damals gerade sein Studium an der Technischen Universität Dresden begonnen ha-

ben. Er wird Diplom-Ingenieur für Elektrotechnik. 1964 beginnt er sein Arbeitsleben in einem Betrieb, der für DDR-Verhältnisse ungewöhnlich aufgestellt ist. »Görler« hat schon vor dem Krieg Teile für Radios produziert, »Görler Spulensätze« sind bei Bastlern beliebt. Die Firma produziert in Brühl bei Mannheim und einer thüringischen Kleinstadt, in die während des Krieges ein Teil der Herstellung ausgelagert wurde. Der Chef sitzt in West-Berlin. Er hat den Thüringer eingestellt. Die DDR hatte sich mit 25 Prozent in die Firma eingekauft, der Volksmund nennt dieses Wirtschaften »halbstaatlicher Betrieb«. In Wirklichkeit wurde »Görler« das nie, denn im Gegensatz zu anderen »Kommanditgesellschaften« durfte der Eigentümer sein Kapital ebenfalls erhöhen, wenn der DDR-Anteil wuchs. Dafür wurden die ab 1968 produzierten Rundfunkgeräte bald nur noch im Westen unter der Handelsmarke »Bruns-Radio« verkauft. Geradezu zwangsläufig avancierten der Thüringer und die anderen leitenden Mitarbeiter der Produktionsstätte in der DDR zu »Reisekader«.

Dieter Schanz quält sich derweil auf dem zweiten Bildungsweg übers Abitur durch ein Studium als Sozialarbeiter. Das konservative Schulsystem macht ihm zu schaffen. »Mich hat das zur Opposition geführt«, sagt er Jahre später. 1961 trat er in Gronau in die SPD ein. Der junge Mann wollte etwas bewegen. Als der sozialdemokratische Hochschulbund in Münster entstand, gehörte er zu dessen Gründungsmitgliedern. Ohne es auch nur zu ahnen, dürfte er bereits damals ins Visier des Staatssicherheitsdienstes der DDR geraten sein.

Den Geheimdienstlern in Ost-Berlin war längst aufgefallen, dass in diesem Teil Nordrhein-Westfalens Spionagepotential steckte. In der katholischen, von der CDU geprägten Gegend mit ihren SPD-Inseln neben den schwarzen Hochburgen liegt Münster als Universitätsstadt mit ausgeprägt linkem Milieu. Da sind gesellschaftliche Widersprüche vorprogrammiert.

Noch 1989 hatte die Stasi 16 »inoffizielle Mitarbeiter« (IM) in Münster, die auf rund 400 Personen angesetzt waren. Das Spektrum war breit. Es reichte vom Pastor Josef Frindt, Deckname »Erich Neu«, mit Kontakten zu seinem schon damals vielversprechenden Kollegen Joseph Ratzinger bis zum Studenten der Soziologie und Philosophie an der Uni Münster, Peter Wolter, der später Journalist wurde und als IM »Pirol« seit den 70er-Jahren aus dem Marxistischen Studentenbund

Spartakus berichtete. Drei Münsteraner Unternehmen standen auf den Stasi-Wunschlisten, der emsige IM »Park«, ein Bibliotheksmitarbeiter, »tippte« künftige Spionage-Kandidaten aus der Westfälischen Wilhelms-Universität und natürlich war auch die »Erprobungsstelle 53« der Bundeswehr »abgedeckt«. Ein Mann wie Dieter Schanz wäre gut zu gebrauchen gewesen.

Im fernen Thüringen wurde derweil aus »Görler« der »Volkseigene Betrieb Hochfrequenzwerkstätten« (HF). Die DDR enteignete 1972 den früheren Besitzer und fand ihn ab. Das Geschäft mit dem Westen sollte darunter nicht leiden. Immer wieder reiste der DDR-Ingenieur zu »Quelle« nach Nürnberg, um den Kollegen dort klarzumachen, dass die gewohnte Qualität erhalten würde. Kleine Mängel bügelte er vor Ort aus. Doch den »Quelle«-Leuten wurde das langsam alles zu kompliziert: Eine Woche mussten sie warten, bis ihr DDR-Produzent anreiste, dabei wäre es von Thüringen nach Bayern doch auch in drei Stunden zu schaffen gewesen!

Der Ingenieur spürte den Druck – die Planerfüllung, die eigene Karriere, das Vertrauen der Kollegen ... zum Glück hat er einen Schulfreund, der meint, helfen zu können. Er würde für ein Dauervisum sorgen, denn er arbeite bei der Kreisdienststelle des Ministeriums für Staatssicherheit im nahem Altenburg und sei extra für die »HF« verantwortlich. Natürlich wäre das für den Thüringer mit einer Verpflichtung als inoffizieller Mitarbeiter verbunden. Schließlich ginge es gegen den Klassenfeind im Westen. Nein, mit dem, was man sonst so von der Stasi höre, habe das natürlich alles nichts zu tun.

Der Thüringer schlug ein und bald hieß es, er könne ja auch mal ein paar Embargo-Waren mitbringen und im Westen mit Kollegen reden, um zu erfahren, was es dort denn so Neues gäbe. Der Mann wusste, was er tat: »Ich habe dann Wirtschaftsspionage betrieben«, sagt er. Doch das sah er wohl alles nicht so verbissen, denn heute meint er: »Zum einen wollte ich meinem ehemaligen Schulkameraden nicht so einfach ›nein‹ sagen, schon weil er die Sache mit den Dauervisa geregelt hatte, zum anderen war es auch ein Abenteuer, das mir da plötzlich geboten wurde.«

Eine besondere Affinität zum DDR-Sozialismus – der Volksmund sagte aus alter Gewohnheit noch aus der Nazi-Zeit »Er war ein 150-Prozentiger« dazu – hatte der Thüringer nicht. Er

war nicht einmal SED-Mitglied, als er Agent wurde. Stattdessen hatte er eine Erziehung genossen, die für viele DDR-Bürger typisch war. »Nur nicht anecken« hieß ihr Credo. Für den Thüringer lagen die Wurzeln dieser Haltung im christlichen Elternhaus. »Bei uns hieß es, jede Obrigkeit ist von Gott gewollt, deshalb muss man ihr Untertan sein«, erinnert er sich: »Mir wurde eingebläut: Werden von der Obrigkeit Dinge eingefordert, die man mit seinem Gewissen nicht vereinbaren kann, so muss man nicht gleich aufbegehren, sondern sich so geschickt verhalten, dass man sie letztlich doch nicht tun muss.«

Das funktionierte, bis die Stasi kam. Der Thüringer durchlebte seine pubertären Proteste, heiratete mit dem Segen der Kirche und ließ seine Tochter taufen. Spitzte sich ein Konflikt zu, wurde eben zurückgerudert. Doch dann war da auf einmal diese scheinbar allmächtige und völlig undurchsichtige Stasi da. Wenn die wollen, dann können sie jedem etwas anhängen, war die gängige Volksmeinung. Was also tun, noch dazu als junger Familienvater mit der Lebenserfahrung eines Mittdreißigers? Es dürfte nur wenige gegeben haben, die in einer solchen Lage den verinnerlichten Opportunismus plötzlich ablegten.

Der Thüringer gehörte nicht dazu. Für ihn gab es einen weiteren Punkt, der ihn beeinflusste: »Görler« war inzwischen ein VEB – zeigte das nicht auch, dass es in der DDR vorwärtsging? Der Westen jedenfalls reagierte allergisch. Vom Handels-Embargo für wichtige Waren bis zum Anspruch der Alleinvertretung für alle Deutschen – wie soll man sein Leben organisieren, wenn andere dessen Grundlage in Frage stellen? Die Eltern hatten doch Recht, man muss sich in den gegebenen Verhältnissen einrichten, seinen Frieden mit ihnen machen.

Das tat der Thüringer: »Ich war ein loyaler DDR-Bürger und fühlte mich natürlich auch politisch in der Pflicht. Außerdem kannte ich ja die Embargo-Geschichten – wenn ich dagegen etwas tun konnte, warum nicht?«

Genau das dürfte der Ansatzpunkt der Stasi gewesen sein. Das oft zitierte Spiel von Zuckerbrot und Peitsche funktioniert nicht so einfach. In der Praxis herrschte erbarmungsloser Pragmatismus: Der Thüringer hatte einen persönlichen Zugang zur »Zielperson«, also musste er ran. Auch das ist eine Form von Missbrauch, denn eigentlich wollte der Mann einfach nur seiner Heimat DDR dienen.

Auch Dieter Schanz will seiner Heimat dienen. Er macht die Ochsentour in der Partei und holt 1983 das Direktmandat für den Deutschen Bundestag im Wahlkreis Oberhausen. Er hat sich auf dieser SPD-Insel im schwarzen Münsterland bis zum Vorsitzenden des SPD-Unterbezirkes hochgearbeitet und schafft auch die nächsten drei Wahlperioden den Sprung ins Parlament. Beruflich geht es ebenfalls voran, zuletzt ist er Leiter des Jugendamtes Oberhausen.

»Springer« dürfte damit für die Stasi ein heißes Objekt der Begierde geworden sein. Er hatte es aus eigener Kraft geschafft, beruflich und in der SPD Karriere zu machen, war dabei nicht zu hoch gestiegen, aber auch nicht zu niedrig hängen geblieben, verfügte über Wurzeln in der DDR und pflegte seine familiären Kontakte dorthin intensiv. Und: Er lebte in einem politisch widersprüchlichen Milieu. Es war die Zeit der »neuen Ost-Politik« Willy Brandts, ein erbitterter Kampf zwischen konservativem Denken und Vernunft.

Doch Dieter Schanz ließ sich nicht packen. Bei seinen Besuchen in Klosterfelde meldete er sich pünktlich an und ab, seinen schicken West-Wagen parkte er unauffällig auf dem Hof des Bruders und der galt mitsamt Familie für die Stasi als »politisch nicht geeignet«, um ihn »operativ zu bearbeiten«. Auch die Verwandtschaft in Marzahn blieb außen vor und lediglich beim Mann einer Nichte in Rostock prüfte die Stasi, ob bei ihm als »Genossen« etwas zu machen sei.

Gleichzeitig beobachten Dutzende von Leuten jeden Schritt, den Dieter Schanz als Bundestagsabgeordneter bei Reisen in die DDR macht. Eine weitere dicke Akte unter der Vorgangsbezeichnung »Prominenz« entsteht. All das bringt nur viel Arbeit, dem Klassenkampf dient es nicht.

Derweil wuchs der Thüringer in seine Rolle als »Kundschafter« hinein. »Ich wurde in den Kontakt mit einem BRD-Bürger geführt«, sagt er. Er habe diesen Mann in München, Deckname »Schulze«, selbst geworben, behaupten die Akten. Die Wahrheit liegt wieder einmal in der Mitte: »Schulze« war Mitte der 50er-Jahre in den Westen gegangen und ein Jugendfreund des Thüringers. Es ging um technische Informationen und Dokumentationen, die IM »Siakou« vor Ort auf Mikrofilm bannte und dann in sorgsam verborgenen »Containern« über die Grenze schmuggelte. Heute beschreibt er das als recht

harmlose Tätigkeit: »Letztlich betraf das Leistungen, die die DDR gekauft hat. Firmen-Mitarbeiter im Westen haben ihre Arbeitsergebnisse doppelt verkauft, einmal über ihren Arbeitsvertrag an ihr Unternehmen, ein zweites Mal an die DDR.«

An die in den Akten belegte Spitzeltätigkeit im Westen, stets auf der Suche nach weiteren Stasi-Kandidaten, erinnert sich der Thüringer nicht. Das mag mit dem eigentümlichen Charakter der Spionage zu tun haben: Betrieben wird sie von beiden vermeintlich verfeindeten Seiten, doch genau das, was für den einen daran kriminell ist, wird vom anderen als Heldentat belohnt. Gerade aus diesem Widerspruch heraus bemüht sich jede Seite, ihre Protagonisten besonders zu schützen. Eine überall auf der Welt erprobte Methode dazu besteht darin, den Spion im »Feindesland« mit Papieren dieses »Gastlandes« reisen zu lassen. So fuhr der Thüringer eine Weile als »Herr Hoffmann« im Westen umher, dann stand plötzlich »Schanz« in seinem bundesdeutschen Personalausweis und er musste die neue falsche Unterschrift üben. Wer sich hinter dem fremden Namen verbarg, weiß Doppel-Dieter nicht. Er sei sicher, hatte man ihm bei der Stasi gesagt.

Was sollte die auch mit diesem verdammten Schanz anfangen? Soviel Arbeit hatte er sie gekostet und nichts war herausgekommen! Da mussten doch zumindest die akribisch gesammelten Daten zu nutzen sein. So bekommt Dieter Schanz im Osten einen Doppelgänger, von dessen Existenz er nichts ahnt.

Die Sache ist so clever eingefädelt, dass selbst heute noch erfahrene Geheimdienstler erst einmal die Hände über dem Kopf zusammenschlagen: Ausgerechnet ein Bundestagsabgeordneter als unfreiwilliger Namensspender, warum kein Müller oder Meier? Erst beim zweiten Blick kommen sie darauf. Ein Bundestagsabgeordneter reist in aller Regel mit einem Diplomatenpass, sein Ausweis bleibt »jungfräulich« und taucht kaum bei Grenzkontrollen auf. Es ist auch nicht anzunehmen, dass solch ein Mann unbemerkt auf irgendeine Fahndungsliste gerät. »Ich habe die Papiere nur für Grenzübertritte und in Hotels benutzt«, bestätigt der Thüringer. Oft reist er über Drittländer in den Westen oder kriecht durch die »Grenzschleuse Garten« über die Demarkationslinie. So wird er erst vor Ort zum doppelten Dieter, dessen echtes Pendant die Zeit über unter »operativer Kontrolle« durch Stasi-Mitarbeiter im »Operationsgebiet« steht. Auch das lässt sich bei einem Abgeordneten mit seinem feststehenden Terminplan leichter als bei einem Meier oder Müller bewerkstelligen.

So schwebt über Dieter Schanz jahrelang das Damoklesschwert einer Bedrohung, von deren Existenz er nichts ahnt. Denn was wäre geschehen, hätte man durch irgendeinen dummen Zufall Doppel-Dieter im Westen erwischt? Offiziell nicht viel. Der Staatsschutz hätte schnell ermittelt, wer Dieter Schanz in Wirklichkeit war und dass er nichts mit der Stasi zu tun gehabt hat. Doch unter dieser Decke hätte es Konsequenzen gegeben. Der Abgeordnete hätte nicht mehr in die DDR reisen können, weder um seinem kranken Bruder die Hand zu halten, noch als politischer Gast. Das Lüftchen der Verleumdung hätte seine Partei durchzogen, die ja nicht nur Verdienste, sondern auch eine lange Intriganten-Tradition hat. Alles was sich Dieter Schanz bis dahin im Leben erarbeitet hatte, wäre infrage gestellt gewesen. Dass es ein paar Jahre später noch viel schlimmer kommen sollte, war damals noch nicht zu ahnen.

Gefährlich, wenn auch in ganz anderer Art, war es auch für den Thüringer. »Gefängnis hätte ich in Kauf genommen«, sagt er heute, darauf war er vorbereitet: »Der Befehl für den Fall der Verhaftung lautete, sich als DDR-Bürger zu outen, um so die konsularische Betreuung sicher zu stellen und einen späteren Austausch zu ermöglichen.« Das war es also nicht.

Doch wie sah das Drumherum in der Heimat aus? Wenn der Thüringer auf Reisen ging, verabschiedete er sich von seiner Frau mit der Ausrede, eine Expertengruppe in Berlin habe ihn wieder einmal für ein paar Tage in die Hauptstadt gerufen. Dann ging es nach Altenburg und er wurde – vom Haarteil bis zur Unterhose – als West-Bürger verkleidet. Natürlich durfte er aus dem »Operationsgebiet« nichts mitbringen. Andererseits schleppte jeder Berlin-Dienstreisende ein paar Flaschen Club-Cola und Hortex-Konserven, vielleicht sogar Halberstädter Würstchen und einige Dosen Champignons im Einkaufsbeutel nach Hause. Die Hauptstadt war eben besser versorgt und wenn solcherart Kleinigkeiten nicht klappten, witterte jede DDR-Hausfrau Verrat. Und dann drei- bis viermal im Jahr die Reisen! Zwei Stunden von zu Hause weg, aber mit Übernachtung – »Irgendwann glaubte mir meine Frau die Räuberpistole nicht mehr. Dramatische Auswirkungen auf unser Zusammen-

leben waren damit vorprogrammiert. Das änderte sich erst 1987, nachdem meine Frau in mein Doppelleben eingeweiht wurde.«

Gab es also persönliche Opfer für die Stasi? Der Thüringer will sich nicht hinter Larmoyanz verstecken, schließlich war er bis zum Schluss dabei. Noch im August 1989 reist er über die »Grenzschleuse Garten« in den Westen, während Tausende seiner Landsleute in Ungarn auf einen Fluchtweg ins vermeintlich gelobte Land hoffen. »Dann war die Stasi plötzlich weg«, erinnert sich der Thüringer.

»Nach dem Fall der Mauer zeichnete sich ja sehr schnell ab, dass Deutschland wieder eins werden würde«, sagt Dieter Schanz. Er sitzt im Bundestag, erlebt die Hoffnungen und Bedenken mit, die sich damit verbinden. Bei letzteren ist die Stasi nun in aller Munde. Der Abgeordnete erlebt, wie Kollegen aus der zur PDS gewendeten SED wegen ihrer inoffiziellen Mitarbeit im Geheimdienst der DDR fallen. Einer, Prof. Gerhard Riege, erhängt sich sogar im Februar 1992 in seinem Garten. Dabei hatte der inzwischen berufene Bundesbeauftragte für die Unterlagen des Staatssicherheitsdienstes der ehemaligen DDR dessen IM-Tätigkeit als »eher bedeutungslos« bewertet. Die Geschichte soll aufgearbeitet werden. Stattdessen wird gerichtet.

Doch was geht Dieter Schanz die Stasi an. Er hatte sich wie alle Parlamentarier zweimal überprüfen lassen – angeblich fanden sich keinerlei Akten. Das er nun ohne sein Wissen oder gar Zutun zumindest bis zum Ende seines Mandats im Jahr 1998 unter einer existenziellen Bedrohung steht, weiß er nicht.

Es ist die Zeit der Stasi-Hysterie. Wer öffentlich in die auch nur geringste Verbindung mit der Stasi gebracht wird, ist stigmatisiert. Schanz: »Eine Schlagzeile: »Bundestagsabgeordneter Schanz bei der Stasi als ›Springer‹ registriert« oder ähnlich hätte genügt, mich zu vernichten. Natürlich hätte sich dann ein paar Wochen später der wahre Zusammenhang geklärt, doch das wäre dann nochmal eine 5-Zeilen-Meldung auf der letzten Seite gewesen.« Er hat Recht, mannigfaltige Beispiele jener Jahre belegen es. Für Dieter Schanz hat sich die seit langem bestehende Gefahr durch die ihm unbekannte Stasi-Verstrickung mit dem Fall der Mauer potenziert. Jetzt ging es um sein Lebenswerk und er ahnte immer noch nichts davon.

Für den Thüringer stellte sich die neue Gefahr indes ganz anders dar. Am 28. April 1994 bekam er vom Bundeskriminalamt eine »Beschuldigtenbenachrichtigung«. Er hatte sich wegen »Verdachtes der geheimdienstlichen Agententätigkeit« in Leipzig zum Verhör einzufinden. In seiner Heimatstadt wurde seit langem gemunkelt, manch Wendehals verweigerte ihm den Gruß, aber nun schien tatsächlich Gefahr zu drohen Der Straftatbestand im § 99 Strafgesetzbuch ist auch ohne schweren Fall mit Freiheitsstrafe bis zu fünf Jahren oder Geldstrafe bedroht.

Er wurde vom einstigen Klassenfeind »sachlich und korrekt« behandelt und revanchierte sich dafür: »Ich habe nie versucht, da abzublocken.« Die Akten waren nicht vernichtet und lagen vor, der Thüringer bekam Zeit, darin zu lesen. Selbst hat er bis heute keine Akteneinsicht beantragt.

Gleichzeitig baute er in seiner Heimatstadt ein Berufsbildungszentrum auf und engagierte sich in der Wirtschaftsförderung. Politisch neigt er nun zu den Konservativen.

Dieter Schanz bringt derweil sein Bundestagsmandat in Ehren über die Runden. Er ist der SPD-Beauftragte für Südostasien, reist in den Fernen Osten und hat sein Haus bestellt, als er 1998 in den Ruhestand geht. Er hat eigene Krankheiten zu überwinden und Sorgen mit der Gesundheit seines Sohnes. Auch der Bruder im früheren Osten braucht seine Hilfe, doch das ist jetzt ja zum Glück kein Problem mehr.

Für den Thüringer scheint alles erledigt, als er von der Verfügung der Staatsanwaltschaft beim Bayrischen Obersten Landesgericht vom 13. Januar 1997 erfährt. Das Ermittlungsverfahren gegen ihn wird eingestellt, es gibt keine Anklage und keine Auflagen.

Auch der von ihm im Westen geführte Spion »Schulze« muss nicht ins Gefängnis. Gegen Zahlung von 40 000 DM wird das Verfahren eingestellt. »Die Hälfte davon habe ich übernommen, privat und ohne Zwang. In zehn Jahresraten habe ich das Geld an ›Schulze‹ gezahlt«, sagt der Thüringer. Er fühlt sich bis heute dem Mann aus München freundschaftlich verbunden. Für sich selbst zieht er einen Schlussstrich: »Strafrechtlich war die Einstellung des Ermittlungsverfahrens der Schlusspunkt unter die ganze Sache. Damit war ich straffrei und es gab demzufolge keinerlei Notwendigkeit, über den in

die strafrechtliche Aufarbeitung meines Falles einbezogenen Personenkreis hinaus weitere Personen zu informieren.« An die Vergangenheit will er nicht mehr denken: »Ich bin kein Mensch, der Sägemehl sägt«, sagt er.

Dieter Schanz hat Glück gehabt, nicht irgendwann zum Sägemehl in der Vergangenheit des Thüringers geworden zu sein. 2010 bekommt er einen Anruf von der Stasi-Unterlagenbehörde: Journalisten hätten im Rahmen der gesetzlich möglichen Nutzung der Stasi-Akten die zu ihm vorliegenden Dokumente beantragt. Er müsse nun nur noch zustimmen, damit alles herausgegeben werden kann.

Der Ruheständler ist erschüttert. Welche Akten? Man hatte ihm doch zweimal versichert, es gäbe nichts!

Er beantragt selbst Akteneinsicht und muss feststellen, dass ihn die Behörde recht merkwürdig behandelt. Da werden angeblich Papiere an ihn geschickt, die nie ankommen, der zuständigen Referatsleiterin wird der Fall entzogen und letztlich verfügen die Journalisten über mehr Stasi-Aufzeichnungen über ihn, als er selbst.

Dagegen kämpfen will er nicht, denn viel kann er mit dem Konvolut ohnehin nicht anfangen. Aber er erfährt zum ersten Mal, dass es einen Mann gab, einen DDR-Bürger, der in seinem Namen im Westen herumgereist ist. Der doppelte Dieter. Die Vergangenheit scheint ihre Krallen nach ihm auszustrecken. Er braucht einige Tage, um zu begreifen, dass ihn diese Krallen nicht mehr zerfetzen können. Doch es kostet Kraft, saugt sich ins eigene Leben und das der Familie.

Dann meldet sich ein Fernseh-Team von »Kontraste« an. Sie möchten die Geschichte des Doppelgängers erzählen, ein Statement von Dieter Schanz würde gebraucht. Er soll am besten richtig draufhauen, das Wort »Rache« wäre nicht schlecht.

Der bedächtige Mann hat derweil längst wieder zu sich selbst gefunden und ist viel zu klug, um sich vor solch einen Propagandakarren spannen zu lassen. »Die Einheit ist mehr wert, als das, was dazwischen gestanden hat«, sagt er. Rache? Nein, das ist nicht seine Sache. »Ich hege keinen Groll gegen den Herrn aus Thüringen. Ich würde ihm nur gern einmal in die Augen sehen.«

Das will das Fernsehteam auch. Vor laufender Kamera halten sie dem Thüringer dessen Stasi-Akten unter die Nase. Das ist eine fragwürdige Methode, denn er ist keine »öffentliche Person«, die sich so etwas bieten lassen muss. Prompt kommt dann von ihm auch das zwangsläufig kleinlaut klingende »Dazu sage ich nichts« und das immer noch gepflegte Klischee vom Täter und seinem Opfer scheint wieder zu stimmen.

Die beiden Männer sind indes lebenserfahren genug, um zu wissen, dass es so einfach nicht ist. Fünf Tage nach der Fernsehsendung ruft der Thüringer bei Dieter Schanz an. Er entschuldigt sich, sein unfreiwilliger Namensspender nimmt die Bitte um Verzeihung an. Es ist sicher kein leichtes Telefonat für den einstigen Doppelgänger, doch er ist froh, den Mut gefunden zu haben: »Ich bin sehr erleichtert, dass der Bundestagsabgeordnete, dessen Identität ich damals benutzt habe und der demzufolge ein unmittelbar Betroffener ist, meine Entschuldigung angenommen hat.«

Er akzeptiert nun auch, dass ihn die Vergangenheit noch einmal eingeholt hat. Per E-Mail wendet er sich an jene, die ihm wichtig sind, und schreibt: »Vergangenes kann man leider nicht rückgängig machen, auch wenn man gern möchte. So kann ich nur alle diejenigen, die sich durch mein Handeln verletzt, getäuscht oder hintergangen gefühlt haben, um Verzeihung bitten.« Ein paar Artikel in der Lokalpresse und einige hasserfüllte Leserbriefe muss er ertragen.

Dieter Schanz und der Thüringer vereinbaren ein Treffen. Es soll dabei nicht um Sieger und Besiegte gehen. »Ich will etwas über sein Leben erfahren«, hofft Dieter Schanz. »Ich werde ihm seine Fragen beantworten«, kündigt der Thüringer an.

Von den vielen mit dem Fall befassten ehemaligen Stasi-Offizieren ist dazu keiner bereit. Mit einem geraunzten »Alles Siegerjustiz« oder »Über Konterrevolution und Verrat rede ich nicht« werden Anfragen abgeblockt.

So blieb es den beiden Männern vorbehalten, ihre Geschichte, die nur aus der Geschichte entstehen konnte, im Jahr 22 der deutschen Einheit endlich zur Geschichte werden zu lassen.

DER AUSREISSER

Ja, ja, ja, es ist politisch nicht korrekt, aber es muss einfach raus: Dem Manne fließt Zigeunerblut in den Adern. Gernot Friedrich aus Gera hat nichts gegen eine solche Feststellung. Für den Gottesmann sind vor dem Herrn ohnehin alle Menschen gleich. Das ist für ihn kein Lippenbekenntnis, sondern die Quintessenz seiner seit über 40 Jahren betriebenen Weltreisen, meist nach Osten, der Sonne entgegen. Von Thüringen bis an den Stillen Ozean.

Der Drang in die Ferne trieb ihn schon als kleiner Junge immer wieder aus dem Elternhaus. Vater und Mutter machten sich Sorgen. »Hänschen klein, ging allein, in die weite Welt hinein ...« hätte für ihren Gernot erfunden sein können. Nur die Großmutter lächelte dann weise und eines Tages sagte sie sybillinisch: »Ihr wisst ja alle nicht, was unter meinen Fußsohlen geschrieben steht!« Heute ahnt es Gernot Friedrich: »Sie wollte wohl andeuten, dass es in unserer Familie tatsächlich mal Zigeuner gab.« Damals konnte man nicht darüber reden: Gernot ist 1937 geboren und für die Nazis waren Zigeuner »Untermenschen«, die ungesühnt ermordet werden durften.

Die Großmutter war nicht nur eine weise, sondern auch eine praktische Frau. Für den Enkel mit dem Wandertrieb wurde auf ihr Anraten von der Mutter ein Ledergeschirr geschneidert mit kleinen Glöckchen dran. So fand man ihn leichter, wenn er mal wieder verschwunden war.

Ein paar Jahre später liegt Thüringen dann nicht mehr mitten in Deutschland, sondern am Rande der DDR. Gernot Friedrich muss sich dem »Ernst des Lebens« stellen und weil auch schon der Vater und der Großvater Lehrer waren, nahm er 1955 den Weg aufs Lehrerseminar in Mühlhausen. Biologie und Chemie waren nun angesagt. Seine Freizeit verbrachte der junge Mann – wie zuvor auch schon während der Oberschulzeit – in der »Jungen Gemeinde«. Das war der Obrigkeit ein Dorn im Auge. Gernot Friedrich wurde nachdrücklich verwarnt. Er stand bereits im Examen und sollte nun abschwören. Das wollte er nicht. Nicht noch einmal. Friedrich: »Vor dem Abitur habe ich es getan, das hat mich jahrelang belastet. Diesmal wollte ich nicht wieder schlapp sein.« Deshalb landete er ohne Abschluss zur Bewährung »in der Produktion« und wurde Hilfsarbeiter bei der Dewag-Werbung in Gera.

Der Wunsch, mit jungen Menschen zu arbeiten, ist durch diesen Karriereknick nicht verschwunden. Über die offene Grenze in den Westen zu gehen, schloss sich aus, denn die kranke Mutter in Thüringen brauchte ihren Sohn. So blieb nur die kirchliche Jugendarbeit als Alternative. Eigentlich wollte Gernot Friedrich ja Erzieher werden, doch die Kirchenleute boten ihm die Ausbildung am Katechetischen Oberseminar in Naumburg an; er könne dort Theologie studieren und sich dann immer noch entscheiden, ob er Katechet oder Pfarrer werden wolle. Gesang, Musik und Orgelspiel gehörten zu den Fächern und das reizte ihn ebenso, wie die Möglichkeit auch zwei Jahre in Berlin zu studieren.

Gernot Friedrich wohnte mit »zeitweiligem Zuzug« im Osten der Stadt, die Hochschule liegt im Westen, in Zehlendorf. Am 13. August 1961 wurde sie mit Stacheldraht abgeschnitten. Was sollte nun werden?

Um das zu klären, setzte sich der Thüringer zwei Tage nach der Grenzschließung in ein Paddelboot und fuhr über den Heiligen See und die Havel in den Westen. Er hatte seinen Schutzengel dabei, denn schon wenige Tage später wäre bei einem solchen Ausflug scharf geschossen worden. Von seinen Lehrern erfuhr er, dass die Kirche für ihre Studenten aus der DDR in Ost-Berlin eine Lehreinrichtung schaffen würde. Sie würde dann den Tarnnamen »Evangelisches Sprachenkonvikt« tragen und die fast nahtlose Fortsetzung des ganz normalen Hochschulstudiums anbieten. Also studierte Gernot Friedrich weiter, nun im Osten.

Danach folgten noch einmal zwei Jahre in Naumburg und die Examen in Halle, und schließlich wurde der junge Mann Vikar in Schmölln.

»Ich war kein großer Redner«, erinnert er sich, und die erste Predigt machte ihm schlaflose Nächte. Dreimal ließ ihn sein Superintendent den Text umschreiben. Eine Quälerei. Friedrich: »Doch dadurch habe ich eigentlich erst richtig Lust aufs Pfarramt bekommen!« Ihn interessiert die Seele der Menschen. Die sucht er auch jenseits der engen DDR. Mit dem Fahrrad fuhr er fünfmal bis Bulgarien, trampte an den ungarischen Plattensee und erkundete Polen. Die Welt war klein für DDR-Bürger. Doch gab es da nicht auch noch die riesige Sowjetunion, ein Sechstel der Erde?

Das Zigeunerblut pochte in Gernot Friedrich, dort wollte er hin. Gar nicht so einfach, trotz all der vermeintlichen sozialistischen Brüderlichkeit. Der organisierte Trip in der Reisegruppe war zu haben, wenn man sich mal ein paar Stunden oder eine Nacht über beim Reisebüro anstellte – aber privat? Dabei kostete der Eisenbahnkilometer im internationalen Tarif zwischen den sozialistischen Staaten gerade einmal 2 Pfennige. Von Jena bis in die Mongolei macht das für die Fahrkarte 150 Mark, bis Peking waren es gerade fünf Mark mehr. Da musste doch was zu machen sein.

Gernot Friedrich nutzt in seiner Naivität und Unschuld die alltägliche Unehrlichkeit der DDR. Seit Anfang 1964 gab es ein Abkommen über visafreie Privatreisen in die Sowjetunion. Das wussten nur wenige, denn darüber wurde weder in der DDR-Presse berichtet, noch in den Gesetzblättern informiert. Dennoch konnte man mit einer »formgebundenen Einladung« in kyrillischer Schrift, die offiziell bestätigt sein musste, bei der Polizei eine »Reiseanlage für den visafreien Reiseverkehr« beantragen, die dann gemeinsam mit dem DDR-Personalausweis und einem »Antrag auf Ausreise aus der Deutschen Demokratischen Republik« gültig war. Das Abkommen regelte auch den Durchreiseverkehr durch das sowjetische Riesenreich. Mit einem Transitvisum durften sich dort dann Privatleute maximal 3 Tage auf einer vorgeschriebenen »Marschrut« bewegen – doch die Vorschriften nahm niemand so genau.

Genau hier setzte Gernot Friedrich an. Blauäugig fragte er bei der Meldestelle der Volkspolizei nach, ob er denn nicht einmal die sozialistischen Freunde in der Mongolei beehren könne. Die Antwort: Natürlich, Reisen ist doch in der Deutschen Demokratischen Republik nicht verboten – Sie möchten in die Mongolei, bitte schön, die Ausreise dorthin ist kein Problem.

Nach ein paar Wochen hatte er den Stempel auf der »Reiseanlage zum Personalausweis«. Nicht einmal einen Pass brauchte man dafür. Ob es mit dieser DDR-Ausreisegenehmigung Richtung Mongolei dort aber auch eine Einreise gäbe, stand auf einem ganz anderen Blatt. An der mongolischen Botschaft in Ost-Berlin druckste man herum: Der Tourismus sei noch nicht so weit, wir bitten um ihr Verständnis. Gut, wenn nicht Aufenthalt, dann vielleicht Transit? Zugeer, aber bitteschön, kein Problem – ob es in China allerdings die Einreise gibt …. Sajn jawaaraj, gute Reise!

So kam der junge Pfarrer 1968 an seine erste »Ausreise«. Als er an der polnische Ostgrenze den Stempel vorwies, lachten sich die Zöllner einen Ast: Nach China wollte hier einer, und das auch noch zu Fuß und per Anhalter! »Wszędzie dobrze, gdzie nas nie ma – Überall, wo wir nicht sind, ist's gut!« Sie drückten ihm den Stempel aufs Papier: Służba nie drużba, Dienst ist Dienst.

Dass der Mann heimlich ein paar russische Bibeln im Gepäck hatte, fiel nicht auf. Die sowjetischen Posten waren da aufmerksamer. Ohne Gruppe und auch noch zu Fuß – das ging nicht. Sie schickten ihn zurück. Doch am Abend war der Ausreißer wieder da. Diesmal im Zug und im Schutz einer Gruppe. Wie alle anderen auch, spuckte er in hohem Bogen in den Bug, als die Eisenbahn über die Stahlbrücke ratterte. Da sahen die Grenzwächter schon von weitem, dass er dazu gehörte. Dann war er in Brest und bekam seinen Stempel. »Kitai? Poschalsta, Schastliwogo Puti!« – Nach China? Bitte, guten Weg. Er darf das Riesenreich im Transit durchqueren, in welche Richtung, steht nicht so genau drin. Der Bankkassierer händigt ihm die erlaubten 10 Rubel aus und tauscht privat noch einmal 200 DDR-Mark um, das macht weitere 66 Rubel.

Gernot Friedrich fühlt sich reich und will erst einmal nach Moskau. Aber die Züge dorthin sind ausgebucht. Stattdessen wäre Leningrad zu haben. 17 Rubel die Fahrkarte. Auch gut. Unterwegs trifft er ein paar Leute, die vom Pilze sammeln kommen. Nicht weit weg waren sie, nur 500 Kilometer. In

Russland zählen Wege anders. Die ersten Freunde sind gefunden. Kost und Logis sind kein Problem, viel schwieriger ist es, wieder abzureisen. Die russische Seele ist groß und wenn der Gast sogar noch eine Bibel mitbringt und fromme Lieder singt, kann er doch nur ein guter Mensch sein. Den lässt man doch so schnell nicht wieder weg. So ganz mit Gott verscherzen wollen es sich nicht einmal die Kommunisten.

Doch irgendwann musste »Bruder Gernot« weiter. Aber er hatte sein Zigeunerblut geleckt. Nun reiste er die nächsten Jahre immer wieder mit derselben Masche: Ausreise in die Mongolei beantragen und ab. Das klappte fünfmal, die Nachfahren Dschingis Khans an der Grenze kannten ihn bald und gaben ihm ohne Probleme den Stempel. Sie verstanden den Mann. »Besser einmal mit eigenen Augen sehen, als tausendmal von anderen hören«, sagt ein mongolisches Sprichwort.

Einmal ging es sogar bis nach China. An der Grenze stand auf einem Schild in großen Zeichen »LÍNGRÉNGĀOXÌNG« auf einem Schild. Das heißt auf chinesisch »Willkommen«, aber auch »erfreulich«. Gernot Freidrich fühlte sich willkommen und fand das höchst erfreulich.

Zufrieden zieht er heute seine Bilanz: »Aus der DDR bin ich immer mit ungültigen Papieren losgefahren und wenn ich zurück kam, waren sie gültig.« So brachte er es – alles zusammen gerechnet – auf rund drei Jahre Aufenthalt allein in der Sowjetunion. Ob am Eismeer oder am Baikal, im Fernen Osten oder auf der Krim, die alte russische Weisheit »Tíshe jédeshj, dáljshe búdeshj« – Fährst du langsam, kommst du weiter – bestätigte sich für Gernot Freidrich immer wieder.

Bald kannte sich der Pfarrer aus Jena fast überall im großen Sowjetreich aus und von den rund 160 Aufenthalten in Prag, den Ferien bei den Zigeunern in Bulgarien und Ungarn oder am Strand des Schwarzen Meeres ist dabei noch gar nicht die Rede.

Natürlich blieb das der Stasi nicht verborgen. Für den Drang ins Freundesland hatte sie nur eine Einschätzung: Verschlagen und gefährlich ist der Mann. Weil er zu Hause in seiner Kirchengemeinde freimütig von seinen Reisen erzählte und Dia-Vorträge hielt, schien er den Schergen besonders suspekt. Krude Stasi-Logik: Wer aus der Sowjetunion berichtete, wie es dort wirklich aussah, konnte nur »antisowjetische

Hetze« betreiben. Der Mann musste aus dem Verkehr gezogen werden. Aber wie? Ohne Aufsicht reisen, fotografieren, Informationen sammeln – da bot sich Spionage doch geradezu an.

Erst nach dem Ende der DDR erfuhr Gernot Friedrich aus seinen Stasi-Akten, dass im Rahmen der über ihn beschriebenen 3000 Seiten sogar ein ganzer Aktenband angelegt wurde, um zu erforschen, wie er psychologisch so tickte. Dort stand unter anderem drin, dass er ein hilfsbereiter Mensch sei.

Die Stasi meinte damals, genau dort einen Ansatzpunkt gefunden zu haben. Nun wurde mit viel Mühe ein inoffizieller Mitarbeiter an ihn »herangeschleust«, der sich »Dr. Simon« nannte und ihn bat, illegal ein katholisches Gesangsbuch nach Prag zu schmuggeln. Natürlich tat das der evangelische Pfarrer und als er auf der Rücktour von einem Tschechen gebeten wurde, ebenfalls ein Buch in die DDR mitzunehmen, versteckte er auch das am Körper. Aber er hatte zuvor einen Blick hineingeworfen: Es war »Gotteslob«, das gleiche Buch, das er bereits in der Gegenrichtung über die Grenze gebracht hatte. Irgendetwas stimmte also nicht mir den frommen Brüdern.

Die Stasi wähnte sich am Ziel, doch Gernot Friedrich war stutzig geworden. Als ihn »Dr. Simon« erneut um den geheimen Transport eines Buches bat, nahm er die Bitte nicht an. Friedrich: »Das war komisch, der Mann stand immer wieder wie aus dem Boden gewachsen vor mir, im Theater, im Restaurant, beim Waldspaziergang, in Leipzig ebenso wie in Berlin, überall, und hielt mir das Buch hin. Ich habe einfach meine Arme baumeln gelassen und die Hände nicht gehoben.«

Da hat er wohl wieder einen Schutzengel gehabt, denn später aus den Akten erfuhr der Pfarrer, dass die Stasi einen Mikrofilm mit Aufnahmen von militärischem Gerät im Buchdeckel verborgen hatte.

Also wieder nichts. Inzwischen ist es 1981 und die Stasi wollte endlich Schluss mit dem ewigen Ausreißer machen und ihn zur Strecke bringen. Gernot Friedrich wurde zum Verhör bestellt. Ein Stasi-Offizier brüllte ihn an: »Seit zehn Jahren beobachten wir Sie! Sie sind ein Spion und wir können das auch beweisen. Sie bekommen einen Schauprozess, unter fünf Jahren gehen sie da nicht 'raus! Ginge es nach mir, würden Sie lebenslänglich bekommen!« Gernot Friedrich gehen seine harmlosen Reisen durch den Kopf. Wie sagte doch Nikolai Gogol in sei-

nem »Taras Bulba«? »Terpi, kazak, atomanom staneshj« – Halt aus, Kosake, so kannst du Ataman werden. Er hielt aus.

Auch nach fünf Stunden Verhör war ihm nicht das Geringste zu beweisen. Dabei gab es doch bei der Stasi sogar einen ganz konkreten Verdacht: Das Gustav-Adolf-Werk (GAW). Als Hilfswerk der evangelischen Kirche, 1832 in Leipzig gegründet, hatte es sich die Unterstützung der Christen in der Diaspora zur Aufgabe gemacht. In den Jahren der deutschen Teilung wurde die Organisation aus Kassel verwaltet. Das roch für die Stasi förmlich nach Klassenfeind. Sie vermutete hinter dem GAW »ein umfangreiches System zur Nachrichten- und Informationssammlung«.

Bereits in einem Schreiben vom 5. Juli 1971 forderte die Geheimpolizei, »in die konspirative Tätigkeit des GAW weiter einzudringen.«

Benannt war der Hilfsverein nach dem schwedischen König Gustav II. Adolf und der fiel 1632 in der Schlacht von Lützen bei Leipzig. So registrierte die Stasi ihren »Operativen Vorgang« gegen Gernot Friedrich auch gleich unter dem Decknamen: »Lützen«. Eine der oft zu findenden Stasi-Eselsbrücken.

Natürlich hatte Gernot Friedrich mit dem Gustav-Adolf-Werk konspiriert, denn die Hilfsorganisation ließ die russischen Bibeln in London drucken. Dann wurden sie insgeheim nach Leipzig geschafft – Friedrich: »man frage nicht, wie« – und der Pfarrer versorgte sich dort mit dem geistlichen und geistigen Reiseproviant für seine Expeditionen in den wilden Osten. Erst wurden die Bibeln nach Polen geschmuggelt, dann brachte sie ein polnischer Amtsbruder in letzter Sekunde an den Zug.

Doch all das band Friedrich dem Stasi-Mann damals natürlich nicht auf die Nase. Stattdessen verwies er unbefangen auf sein »Zigeunerblut«, holte seinen Kalender heraus als der Vernehmer mit einem weiteren Verhör drohte, und fragte, wann es denn passe. Der Offizier lief rot an und schnappte nur noch nach Luft ...

Die Stasi stand nämlich längst auch aus Moskau unter Druck. Gernot Friedrich: »Das passierte immer mal wieder, dass ich von den sowjetischen Behörden getatzt wurde und dann ging natürlich eine Meldung an das KGB.« Der russische Bär hatte also ein wenig die Tatze gehoben, um den lästigen Eindringling zu verscheuchen. Die tödliche Pranke blieb aber stets nur Drohung, wie zum Beispiel nach einem Besuch in Tiblissi. Zuerst verlief er ganz nach den Regeln; es gab eine offizielle Einladung und die Anmeldung des Ausländers durch die einheimischen Gastgeber. Doch dann wollte der Jenaer Wandervogel heimlich noch ein paar Tage dranhängen und einen Kaukasus-Gipfel erklimmen. Prompt wurde er beim Trampen in die Berge erwischt. Es folgten ein paar Tage Hausarrest und schließlich die Ausweisung aus Freundesland. Innerhalb von 24 Stunden musste er die Sowjetunion verlassen. Selbstverständlich wurde der Geheimdienst in Moskau über den merkwürdigen Mann, der russisch sprach und mit dem Fotoapparat vor dem Bauch umherreiste, informiert.

Die heimatliche Stasi hatte derweil diverse Spitzel auf ihn angesetzt, darunter sogar Amtsbruder Klaus G. als IM »Romain«. Sie kontrollierten die gesamte Post, notierten jedes Wort bei den Dia-Vorträgen und hörten am Telefon mit. Packen konnten sie den Mann nicht.

Und nun war auch noch das Verhör ohne Ergebnis geblieben. Gernot Friedrich: »Ich war da nicht einmal erschrocken, als ich plötzlich in diesem namenlosen Büro saß.« Die Angst kam erst später. »Ich fühlte mich, als stünde ich neben mir. Eigentlich blieb mir nur, an die Bibel zu denken. Mir fiel Matthäus 10.19 ein: ›Wenn man euch vor Gericht stellt, macht euch keine Sorgen, wie und was ihr reden sollt; denn es wird euch in jener Stunde eingegeben, was ihr sagen sollt‹.«

Natürlich informierte der Pfarrer seinen Bischof Werner Leich über die Stasi-Attacken. Der erinnert sich: »In mühsamen Verhandlungen gelang es mir zwar, Pfarrer Friedrich aus dem Verdacht der Spionage herauszulösen, beendet wurde seine Überwachung freilich nie, solange die DDR bestand.« So schien es für den gläubigen Mann dann auch gewesen zu sein.

Die Stasi zog das ganze Register ihrer »Zersetzungsmaßnahmen«. Längst war nicht nur die Abteilung XX in Gera, sondern auch die Zentrale in Berlin mit dem Ausreißer beschäftigt. In einem Strategie-Papier wurde erwogen, was man ihm unauffällig alles antun könne: »Maßnahmen zur persönlichen Erschwernis, physisch und psychisch fertig machen, Anrufe, anonyme Briefe, möglicherweise Krankheit ... isolieren, diffamieren ... keine Reisen, keine Vorträge ... Isolierung im kirchlichen Raum, möglicherweise Erreichen von Disziplinarmaß-

nahmen, Intrigen, Ausspielen, ihn bei Freunden, Bekannten, in seiner Gemeinde unmöglich machen ...« Es ist das komplette Potential kranker Gehirne, das da der »Sicherheit« des Staates DDR dienen sollte, die sich von einem Mann bedroht fühlte, der nichts weiter wollte, als in die befreundete Sowjetunion zu reisen. Später fanden sich Pläne, Unfälle zu inszenieren – insgesamt waren es fünf –, Überfälle und Einbrüche zu fingieren und die »Möglichkeiten von Fotomontagen zu prüfen« – ein nacktes Mädchen im Arm des Gottesmannes und die Wodkaflasche in der Hand, das wäre doch mal was!

Die Stasi wähnte sich auf dem richtigen Weg und konstatierte zufrieden: »Durch zahlreiche inoffizielle Informationen wurde die volle Wirksamkeit aller eingeleiteten Maßnahmen bestätigt. F. war betroffen von der Konsequenz der Maßnahmen. Er wurde äußerst nervös, unsicher und machte teilweise einen gehetzten Eindruck (Berichte IMV ›Romain‹, IMV ›Lenz-Blümel‹, IMV ›Schuster‹, IMV ›Heckel‹ u. a.).«

Doch das reichte alles offenbar nicht aus; nun mussten auch noch die »staatlichen Organe« ran. Gernot Friedrich wurde wegen »Transitvergehen« der blaue DDR-Ausweis entzogen und durch einen Sonderausweis »PM 12« ersetzt. Der machte generell das Reisen in die sozialistischen Länder – woanders hin ging es ohnehin nicht – unmöglich und garantierte bei jeder Polizeikontrolle ein gründliches Filzen. Auch nach Ost-Berlin durfte Friedrich mit diesem Ausweis nicht so ohne weiteres und es konnten jederzeit weitere Bewegungsbeschränkungen verhängt werden.

Nun reichte es dem Pfarrer und er beantragte die Entlassung aus der DDR-Staatsbürgerschaft und den Status eines »Staatenlosen«. Gleichzeitig erklärt er, dass er aber nicht daran denke, seine Heimat zu verlassen. Er wolle nur reisen. Wieder eine »unerhörte Provokation«.

Die Stasi ist hilflos. Sie schickt Oberstleutnant Klaus Roßberg aus der in Berlin für die Kirche zuständigen Stasi-Einheit und der entschuldigt sich höchst offiziell bei Gernot Friedrich! Er wisse doch, Staat und Kirche stünden sich in der DDR nicht feindlich gegenüber. Kirche im Sozialismus würde angestrebt, da wären doch auch die Bischöfe dafür ... Der Pfarrer nimmt das erstaunt zur Kenntnis und fragt, ob er damit nun wieder ein unbescholtener Bürger sei. Das bestätigt der Stasi-Mann und daraufhin meint der Thüringer, dann könne man ihm ja auch mal eine Reise in die Schweiz erlauben. Ein Woche später hatte er die Genehmigung!

Doch viel wichtiger war ihm, dass nun auch der Weg nach Osten wieder frei schien. Vorerst musste er aber den Umweg über Bulgarien nehmen. Friedrich: »Doch von dort ging es wieder mit dem sowjetischen Transitvisum – nach wie vor war nicht vorgeschrieben, auf welchem Weg man die Sowjetunion zu durchqueren hatte.«

Erst als die Mauer fiel, wurde der Ausreißer zum ganz normalen Touristen. Er sah sich Europa und den Rest der Welt an, aber seine Liebe blieb bei den Menschen im Osten. Auch dort zog die Freiheit ein und manche wanderten nun aus.

Für Gernot Friedrich kein Problem mehr: Dann besucht er seine alten Freunde eben in der neuen Heimat. Wie zum Beispiel den Arzt Juri, der von der Wolga erst nach Kalifornien, dann an den Eriesee gezogen war. Und er traf Bekannte aus der Baptistengemeinde, die früher in Wolgograd wohnten und inzwischen in Amerika lebten.

Man hält in der Fremde zusammen und eines Abends erschien zufällig ein weiterer Gast: Ein Deutsch-Sibirier. Beim Borschtsch, dem kräftigen Eintopf aus roten Rüben, saßen sie zusammen. Woher er denn komme, fragt der deutsche Pfarrer den Sibiriaken. Aus Nowosibirsk. Aha. Dort war der Thüringer Weltenbummler natürlich auch schon. Sogar ein kleines Mädchen, Ilona, habe er damals in Sibirien getauft. Der Auswanderer springt auf: »Wie hieß die Straße in Nowosibirsk? Wie hießen die Leute?« Er bekommt Antwort und kann es kaum fassen: »Da wohnte meine Großmutter. Jetzt lerne ich endlich den deutschen Pfarrer kennen, der meine Nichte getauft hat!«

Das ist ein paar Wodkas wert. Nasdarowje. Und so steht für Gernot Friedrich am Ende seiner langen Wege die Erkenntnis: »Die Welt ist tatsächlich nur ein Dorf und als Christ bin ich überall in den Gemeinden zuhause.«

GEGEN DEN STROM

Die Goldene Hochzeit ist längst mit einer Kreuzfahrt von Rio bis Venedig gefeiert, das Haus bestellt und die beiden Söhne stehen schon seit langem auf eigenen Beinen. Und mit der Rente lässt es sich leben. Doch trotzdem gibt es etwas, das Karlheinz Reimann immer mal wieder in seiner inneren Ruhe stört.

Das hängt mit einem Satz zusammen, den Stasi-Offizier Bernd Walther in einem »Beschluß« über das Anlegen einer »IM-Vorlaufakte« vom 11. Juli 1974 mit der Registriernummer XIV/997/74 fast zwei Jahre nach diesem Tag unter der Rubrik »Gründe für die Einstellung« festhalten musste.

Von all dem erfuhr der Ingenieur aus Kleinolbersdorf bei Chemnitz erst rund 20 Jahre später, als Stasi-Unterleutnant Bernd Walther längst ein arbeitsloser Stasi-Oberstleutnant geworden war. Damals, 1974, dauerte es noch über ein Jahr, bis der direkte Angriff gegen ihn anlief. In dessen Ergebnis stand dann der Satz, der ihn nie wieder ganz los ließ: »Der Kandidat lehnte eine Zusammenarbeit mit dem MfS ab, weil er angeblich in innere Konflikte gerät, wenn er das MfS über ihm nahestehende Personen informiert.«

Karlheinz Reimann, damals 35 Jahre alt, war also nicht zum »inoffiziellen Mitarbeiter mit Feindberührung« geworden. Die Stasi musste den von ihr gewünschten Spitzel mit dem bereits von ihr ausgewählten vorläufigen Decknamen »Klein« vergessen.

Dem war das umfangreiche Ausspionieren des Mannes, seiner Familie und seines Umfeldes vorausgegangen und es gab streng geheime Ermittlungen gegen ihn, um herauszufinden, ob er vielleicht erpressbar sei. Mit Fug und Recht könnte er diesen Satz deshalb heute wie eine Fahne vor sich her flattern lassen. Er würde ihm zu nichts anderem, als zur Ehre gereichen und doch geht ihm hin und wieder gerade dieser Satz nicht aus dem Kopf.

Dass es einmal so käme, war in jenen Jahren nicht zu ahnen. Niemand sollte je erfahren, dass diese 25 Worte, mit denen sich Karlheinz Reimann trotz Angst und Bedenken seine persönliche Freiheit erhalten wollte, sein Leben beeinflusst und belastet haben. Dafür hatte die Stasi gesorgt. Am 16. Oktober 1975 verpflichtete Stasi-Offizier Walther den »Kandidaten« per Unterschrift, »gegenüber jedermann, selbst meinen nächsten Angehörigen, strengstes Stillschweigen über alle stattgefundenen und künftigen Kontakte zum Ministerium für Staatssicherheit der DDR zu wahren.« Er musste zur Kenntnis nehmen, dass er ansonsten »die Arbeit des MfS gefährde« und akzeptierte gezwungenermaßen, in diesem Fall »strafrechtlich nach § 245 StGB zur Verantwortung gezogen« zu werden.

Der Paragraph 245 im Strafgesetzbuch der DDR vom 12. Januar 1968 in der durch Gesetz von 1974 geänderten Fassung betraf den »Geheimnisverrat«. Der hier relevante Absatz 3 des § 245 drohte eine Freiheitsstrafe »bis zu acht Jahren« an, Absatz 4 sagte: »Der Versuch ist strafbar.« Eine bedrückende Aussicht für einen Menschen, der sich nicht nur nichts hatte zu Schulden kommen lassen, sondern das auch niemals plante. Eine Institution der DDR-Regierung hatte mit ihm gesprochen, das allein war Grund genug, den Verlust eines Teils seines Lebens in Aussicht zu stellen. Ein merkwürdiger Umgang eines Staates mit seinen Bürgern.

Seit diesem 16. Oktober 1975 war Karlheinz Reimann in der DDR also nicht nur eingesperrt, sondern auch noch gefesselt. »Wir mussten damit rechnen, bis zum Ende unseres Lebens DDR-Bürger zu sein und hatten uns darauf eingestellt.« Die Verhältnisse hatten ihn wie ein Blitz aus heiterem Himmel gezwungen, gegen den Strom zu schwimmen. Er musste damit klar kommen. Allein. Einsam. Hilflos.

Dabei hatte der Mann eigentlich Glück. 1939 in Chemnitz geboren, überlebte er als Kind die verheerenden Bombenangriffe am 13. und 14. Februar und am 5. März 1945 auf das »sächsische Manchester« bereits in Kleinolbersdorf. 720 anglo-

amerikanische Bomber legten die Industriestadt in Schutt und Asche. Das alte »Ruß-Chamtz« am Nordrand des Erzgebirges existierte nicht mehr, ein Drittel der Stadt war zerstört.

Für Karlheinz Reimann war das Ende der Anfang. Am 1. Oktober 1945 kam er in seinem Heimatdorf in die damals sechsstufige Grundschule, die bis vor kurzem noch als Lebensmittellager der untergegangenen Wehrmacht genutzt worden war. Danach besuchte der begabte und technisch interessierte Junge die Karl-Marx-Oberschule in Karl-Marx-Stadt, Karl-Marx-Platz 4 – mehr Karl Marx ging nicht – und legte 1957 dort sein Abitur ab. Ungeachtet dessen, dass der in Trier geborene und in London gestorbene Karl Marx in Chemnitz nie eine Fußspur hinterließ, war der traditionsreiche, slawische Name Chemnitz 1953 getilgt worden. Auch weil Dresden eine Namensänderung abgelehnt hatte und Leipzig als spätere »Walter-Ulbricht-Stadt« in petto bleiben sollte.

Dass es danach mit dem Studium an der Technischen Universität in Dresden wegen der »Zwei« in Mathematik nicht klappte, sah er ein, aber die Ausbildung an der Hochschule für Verkehrswesen in der Elbe-Stadt war ja auch nicht schlecht. Dort hatte jeder Student in spe zunächst ein ganzjähriges Praktikum bei der »Deutschen Reichsbahn« zu absolvieren. Am Schraubstock stehend, wurde der junge Karlheinz vom Praktikantenbetreuer in ein Werbegespräch verwickelt, ob er nicht zunächst »freiwilligen Ehrendienst« in der NVA leisten wolle. Mit Engelszungen »vertagte« er dieses Ansinnen auf die Zeit nach dem Studium und glaubte, das Problem sei gelöst. Doch zwei Wochen vor Studienbeginn flatterte ein Brief ins Haus, in dem es hieß: Die Zulassungskommission der Hochschule habe beschlossen, ihn »zur charakterlichen und weltanschaulichen Weiterentwicklung ein weiteres Jahr in der Praxis zu belassen«.

Das wollte der junge Mann nicht hinnehmen. Er hatte bei der Bahn von einem Dutzend Dienststellen beste Zeugnisse erhalten. Nur das Gespräch am Schraubstock konnte das Haar in der Suppe sein.

Karlheinz Reimann ging Lenins »Was tun?« nicht aus dem Kopf. Jetzt war er es, der etwas tun musste und so packte er in aller Heimlichkeit ein Rucksäckchen und sah sich den Stadtplan von Berlin an. Die Grenze war noch offen. Doch vorher wollte er noch in der Hochschule herausfinden, was er eigentlich falsch gemacht habe. Karlheinz Reimann erzählte Inge Thiele, einer sehr achtenswerten und verständnisvollen Frau, die das KZ Buchenwald überlebt hatte und nun im Prorektorat für Studienangelegenheiten ein gewichtiges Wort sprach, von seinen Sorgen. Auch von seiner Ungeduld, ein weiteres Jahr zu warten. Wenig später kam der positive Bescheid per Eilbrief.

Mit einem Diplom für Hochfrequenztechnik schloss Karlheiz Reimann 1963 die Hochschule ab und fand eine Arbeit als Entwicklungsingenieur für Datenverarbeitung in der Firma »Elektronische Rechenmaschinen« im heimischen Karl-Marx-Stadt. Diese ELREMA entwickelte die erste funktionstüchtige elektronische Datenverarbeitungsanlage der DDR und wurde fünf Jahre später als wissenschaftlicher Industriebetrieb zur Keimzelle für das DDR-Elektronikkombinat »Robotron«.

»Das Sein bestimmt das Bewusstsein«, hatte Chemnitz' neuer Namenspatron, Karl Marx, verkündet, und auf Karlheinz Reimann traf genau das auch zu. Sein Leben begann, eine ruhige Bahn zu ziehen. Er war jung verheiratet, verdiente eigenes Geld, hatte eine interessante Arbeit und sein Hobby als Amateurfunker füllte ihn aus.

Robotron entwickelte seit 1970 gemeinsam mit sowjetischen Spezialisten den Telefonvermittlungsrechner NEWA für »die Freunde«. Das war nicht nur technisch anspruchsvoll, sondern für die DDR auch ein gutes Geschäft. 1,7 Millionen Rubel brachte eine solche Anlage. Damit konnte dringend benötigtes Erdöl bezahlt werden. Die Sowjets waren auf ihre ostdeutschen Partner angewiesen, denn deren technologische Produktionsbasis hatten sie nicht. Andererseits waren die Russen ausgezeichnete Kybernetiker und entwarfen ein Konzept, das eine extrem hohe Zuverlässigkeit gewährleistete: Maximal zwei Stunden Ausfall innerhalb von 20 Jahren! Das gab es zu dieser Zeit weder bei Siemens noch bei Alcatel. Außerdem verfügte der Rechner über 16 Prioritätsebenen: Wenn Breschnew oder ein hoher Parteifunktionär telefonieren wollte, war ein Besetztzeichen ausgeschlossen. Die 32 größten Städte der Sowjetunion wurden damit ausgestattet. Dann bestellte das Militär weitere 32 Anlagen. Karlheinz Reimann erinnert sich: »Natürlich war mir klar, dass die Stasi in solch einen strategisch wichtigen Bereich ihre Finger steckte. Aber ich wollte einfach nur meine Arbeit machen und hatte keine Ambitionen, beruflich aufzusteigen. Was sollte mir also passieren?«

Er ist stolz auf das, was er kann. Auch in Moskau wird der Ingenieur als Fachmann geschätzt. Er spricht russisch und als die sowjetischen Partner mehr fordern als fragen, ob denn »Towarisch Karl-Geinz« auch beim nächsten Treffen wieder dabei sei, traut sich niemand, ihn aus der Delegation auszuschließen.

Doch der »Genosse« war das Problem: Der Ingenieur hatte sich mit der Begründung »noch nicht so richtig reif dafür« zu sein, bislang erfolgreich vor der Mitgliedschaft in der SED gedrückt. Die wahren Gründe lagen woanders. Die Verwandtschaft lebte im Westen, er und seine Frau wollten auf diese Kontakte nicht verzichten. »Die Grenze ging mitten durch unsere Familie«, sagt er heute. Und er wollte hin und wieder auch mal Recht haben und verabscheute das alberne »Die Partei, die Partei, die hat immer Recht«.

Karlheinz Reimann schwamm im Strom eines ganz normalen DDR-Lebens: »Ich war beruflich zufrieden, auch ohne die Chance, jemals Abteilungsleiter zu werden.« Über die immer mal wiederholten Aufforderungen – »es gab sechs oder acht Anläufe« – sich doch endlich in die »Vorhut der Arbeiterklasse« einzureihen, sprach er mit seiner Frau. Die beiden zogen eine nüchterne Bilanz: »Uns reichte, was wir zum Leben hatten. Wir mussten uns nicht verbiegen und wir wollten es auch nicht.« Die Einigkeit machte sie stark und wenn die Enge mal zu drückend wurde, blieb ja immer noch der Ritt auf den Ätherwellen in die weite Welt hinaus.

So ging das Leben seinen Gang, bis eines Tages im Oktober 1975 ein fremder Mann an der Haustür in Kleinolbersdorf klingelte. Er sei von der »Arbeiter- und Bauern-Inspektion« und habe ein paar Fragen, sagte er. Erst im Wohnzimmer zog er seinen Klappausweis am Lederbändchen und wies sich als Stasi-Mitarbeiter aus.

»Das war ein Schock für mich«, erinnert sich Karlheinz Reimann, »ich hatte ja nichts falsch gemacht.« Der Mann machte es kurz: Er wolle sich mit dem Ingenieur treffen, hier könne man nicht offen reden. Also in einer Woche am Klapperbrunnen am Busbahnhof in Karl-Marx-Stadt.

Für Karlheinz Reimann wurde es die schlimmste Woche seines Lebens. »Man wollte ja nicht alles aufs Spiel setzen«, sagt er. Doch was tun, wie sich verhalten? Sollte er mit seiner Frau sprechen? Nein, die würde sich nur aufregen. Es war keine Frage von Vertrauen oder Misstrauen: »Ich musste sie doch schützen!« Und natürlich die Kinder. Reimann: »Da geht einem vieles im Kopf herum. Was wird mit der Ausbildung der Söhne, wie geht es im Beruf weiter, wenn ich ›nein‹ sage.«. Das Grübeln krallte in seinen Magen, die gesundheitliche Schwachstelle.

Dann gewann der kühle Kopf des Technikers die Oberhand. Hingehen musste er, das war klar. Karlheinz Reimann: »Das Schlimmste war die Erkenntnis, dem System machtlos ausgeliefert zu sein.« Aber er musste konsequent bleiben, auch das war klar: »Mein Widerspruch lag darin, nicht zuzustimmen und trotzdem möglichst keinen Schaden zu nehmen.«

Er rettete sich in Hoffnungen. Vielleicht würde alles gar nicht so schlimm. Schließlich gab es gerade mit den Sowjets ein paar Probleme. Er hatte es übernehmen müssen, deren Delegation nach Karl-Marx-Stadt vorerst wieder auszuladen. Ein bisschen Rückendeckung bei der Stasi könnte eventuell nicht schaden. Karlheinz Reimann biss sich an diesem Gedanken fest: »Ich war naiv. Ich dachte tatsächlich, die wollen etwas über die Schwierigkeiten bei der Zusammenarbeit mit der Sowjetunion wissen.«

So ging er am 16. Oktober 1975 mit weichen Knien zum Klapperbrunnen am Busbahnhof, mit dem Bildhauer Johann Belz 1968 die dortige Parkanlage verziert hatte. Karlheinz Reimann erlebte ein geheimdienstliches Schmierenstück. Am Brunnen erwartete ihn Stasi-Mann Walther, doch »erkennen« durfte er ihn nicht. Im konspirativen Gänsemarsch ging es in die Wohnung Karl-Liebknecht-Straße 37. Dass sie bei der Stasi insgeheim »Wenzel« hieß, durfte er damals nicht erfahren. An einer Tür im Erdgeschoss stand auf einem Pappschild »Nobis«, doch die Altbau-Wohnung hinter dem dicken Filzvorhang an der Eingangstür war ohne Bewohner. Nur Bernd Walther bewegte sich dort wie der Hausherr und servierte erst einmal einen Kaffee und später einen Schnaps. In der schlichten DDR-Konsumwelt unterschied man zwischen »Braunem« und »Weißem«. Bei »Wenzels« gab's »Braunen«, das gehörte zum Geschäft. In einem späteren Bericht stand: »Im weiteren Verlauf der Aussprache über den Freizeitbereich des Kand. (Funk-

sport, Auto) bei einem Glas Kognak ›taute‹ der Kand. auf.« Es sollte ja alles »freundschaftlich« wirken.

Doch Karlheinz Reimann berichtete nur über Probleme im Betrieb, ließ sich aber nichts über die Kollegen entlocken. Resigniert musste Unterleutnant Walther notieren: »Er wich den Einschätzungen zu Personen ... speziell in politischer Hinsicht aus. Die Ursache dafür wurde vom Unterzeichner so eingeschätzt, dass sie nicht in der Unfähigkeit des Kand. liegen bzw. hier die Grenzen des Kand. liegen, sondern das liegt an der eigenen politischen Grundposition des Kand., so wie es im Ermittlungsergebnis aufgezeigt wurde.« Liegen, liegen, liegen, »der Kand.« legte sich offenbar quer und der verquaste Satz muss wohl ein hartes Stück Arbeit für den Genossen an der unsichtbaren Front gewesen sein. Doch gute Miene zum bösen Spiel zu machen, beherrschte er offenbar besser als seine Muttersprache. Karlheinz Reimann erinnert sich: »Eigentlich war Herr Walther nicht bösartig und hat mich ganz gut behandelt.«

Das war ein Irrtum, denn der gleiche Bericht stammelt weiter: »D. h. eine Werbung durch polit. ideologische Überzeugung ist hier nicht möglich somit ist durch inoffizielle Mittel eine Situation zu schaffen, in welcher dem Kand. die Notwendigkeit der Zusammenarbeit unumgänglich dokumentiert wird, bzw. ist ein Druck-Material zu schaffen.«

Die Stasi wollte also Karlheinz Reimann nicht so einfach aus den Fängen lassen. Der Grund: »Der hierzu erforderliche Aufwand scheint als gerechtfertigt, da der Kand. für eine Zusammenarbeit geeignet ist und außerdem beim Sicherungsgegenstand noch keine inoffizielle Basis vorliegt.« Gemeint war damit, dass der Spitzel-Plan bei Robotron zu dem Zeitpunkt noch nicht erfüllt war.

Doch obwohl auch das Locken mit Stasi-Hilfe bei der weiteren beruflichen Karriere nicht ausblieb, erwies sich »der Kand.« Karlheinz Reimann auch beim zweiten Gespräch am 11. November 1975 als renitent. Und das, obwohl Unterleutnant Walther den Druck erhöhte und seinen Chef, Hauptmann Mädler, mitgebracht hatte. Dieses Mal war Karlheinz Reimann jedoch besser gerüstet: »Nach drei Stunden in der Mangel fasste ich mir ein Herz mit folgender Position: Wenn es zur Stärkung der Wirtschaft der DDR erforderlich sei, technisches Wissen bei der Konkurrenz im Westen auszuspähen, sei ich dazu bereit. Das machen die Japaner bei Freund und Feind überall in der Welt. Wenn ich aber eine Meldung oder einen Bericht über einen meiner Kollegen abgeben sollte, weil er einen politischen Witz erzählt oder sich zu einem politischen Ereignis kritisch geäußert habe, dann sei das mit mir nicht zu machen. Ich habe ein ehrliches Verhältnis zu meinen Kollegen und so solle es auch künftig bleiben. Punkt.«

Hauptmann Mädler konnte seinen Ärger darüber nur schwer unterdrücken. Schließlich wollte man einen Spitzel werben, keinen »Kundschafter« gewinnen! Unterleutnant Walther beklagte nur die viele Arbeit, die sich »das Organ« bereits gemacht habe, »zeigte sich aber ansonsten versöhnlicher«, so Reimann. Das gehörte zur Fassade beim Menschenfang.

Hinter den Kulissen wühlte die Stasi nämlich weiter gegen den ungehorsamen »Kandidaten«. Zunächst wurden erst einmal die Spitzel im Umfeld aktiviert, um doch noch schwarze Flecken auf Reimanns weißer Weste zu finden. Das Funktagebuch seiner Station »DM 2 BVN« wurde konspirativ kontrolliert und es gab auch mal einen vergessenen Schreibtischschlüssel an einer Schublade mit vertraulichen Dokumenten, doch das alles reichte nicht, um den Ingenieur zu erpressen.

Also entstand am 11. März 1976 ein »Maßnahmeplan« zum weiteren Vorgehen. Nun sollte ein uralter Geheimdiensttrick helfen: Zwei Männer würden aufeinander gehetzt, in der Hoffnung, dass sich einer von ihnen beim Bier in der Kneipe verquatscht. Als Tatort wurde die Gaststätte »Industriezentrum« vorgesehen. Karlheinz Reimann würde zuvor als »Ansprechlegende« – Klartext: ein erlogener, angeblich »bewiesener« Zusammenhang – offeriert, »dass Forschungsergebnisse zu feindlichen Dienststellen abfließen« und ein Verdächtiger beschrieben. Dieser war in Wirklichkeit der Stasi-Spitzel »Schröder«, der »den ›Klein‹ in ein Fachgespräch verwickeln« sollte, indem er vorgab, selbst Interesse an einem Job bei Robotron zu haben. Alles war perfekt geplant: »Um dem ›Klein‹ einen Anlass dafür zu geben, seinen Informationsbedarf zur Tätigkeit des ›Schröder‹ einzubringen, muss der ›Schröder‹ vorher seinen Informationsbedarf zu Entwicklungen bei Robotron erbringen, der wie folgt lautet …« Es folgten die genau bedachten Tipps. Wäre das Opfer auf solch ein Gespräch eingegangen, hätte es »Vertrauliches« mitteilen müssen.

Auch an die äußeren Umstände des »zufälligen« Treffens dachte Unterleutnant Walther. »Schröder« musste an einem »2-Mann-Tisch« sitzen und in der Gaststätte sollte wenig Betrieb sein, damit er »einen Platz freihalten kann.« Auch Karlheinz Reimann würde exakt instruiert werden: »Dabei beginnt der Kand. das Gespräch damit, dass er heute erst einmal ein Bier trinken muss, das Klima im Großraumbüro würde ihm zu schaffen machen und die Kehle austrocknen.«

Doch der schöne Plan ging nicht auf, denn Walthers Chef fand ihn »vom Grundgedanken her richtig«, fürchtete aber »Gefahr der Dekonspiration.« Und »Schröder«, ein Technischer Leiter des VEB Gerätewerkes Karl-Marx-Stadt, wurde noch gebraucht.

Das machte es nun für den Unterleutnant eng, denn schließlich lag der Kampfkurs zum bevorstehen IX. Parteitag an. Und ein erfahrener Genosse müsste doch wohl in der Lage sein, einen bockigen Robotron-Ingenieur zu »überzeugen«, der nicht einmal »Genosse« war! Bernd Walther war unter Druck.

Deshalb erfand er 14 Tage später einen Bericht über ein drittes Treffen mit Karlheinz Reimann in der konspirativen Wohnung »Wenzel«, das in Wahrheit nie stattfand. Laut Bericht vom 24. März 1976 erklärte er seinem Opfer ausführlich die Spionage-Räuberpistole. Doch »der Kand. sah alles ein, bat aber trotzdem um Bedenkzeit.« Dann öffnete sich der Stasi-Offizier clever ein Hintertürchen, indem er behauptete, Karlheinz Reimann hätte sich nach einer Arbeitsmöglichkeit im Stasi-Sendezentrum erkundigt: »Es entstand der Eindruck, als wolle der Kand. nur herausfinden, um was für eine Einrichtung mit welcher Aufgabe es sich bei diesem Objekt handelt.«

Der Ingenieur also als Sicherheitsrisiko, das wäre ein plausibler Grund, auf »den Kand.« als inoffiziellen Mitarbeiter zu verzichten. Und prompt türkte Bernd Walther am 31. März 1976 eine weitere »Aktennotiz« und schrieb: »Er lehnte eine Zusammenarbeit ab, da er nicht in persönliche Konflikte geraten will, wenn er über ihm nahestehende Personen berichten müsste.«

Karlheinz Reimann ist gegen den Strom geschwommen und nicht darin ertrunken. Er hielt die Familie aus der Sache heraus und beruflich ging alles weiter seinen Gang. »Trotzdem hat mich die Angst nie wieder losgelassen«, sagt er. Er macht keine großen Worte von »sich treu bleiben« oder gar

Heldentum. Seine Lebenserfahrung in der DDR kulminiert in einem einzigen Satz: »Es gibt einen Schwellwert zwischen dem Entgegenkommen gegenüber dem Staat und dem privaten Leben.«

Dass seit Beginn der 70er-Jahre fast ein ganzes Dutzend Spitzel um ihn herum über ihn berichteten und auch nach seiner Ablehnung aktiv »arbeiteten«, merkte er kaum: »Nur einmal schlich ›Hans-Jürgen‹ ums Haus, um sich alles von außen anzusehen.« Und auch, dass die Stasi am 3. Mai 1977 eine erneute »IM-Vorlaufakte« anlegte, blieb ihm verborgen.

Karlheinz Reimann hielt sich an seine Schweigeverpflichtung. Erst fünf Jahre nach der erfolglosen Anwerbung machte er einmal eine kurze Bemerkung im engsten Kollegenkreis. Wie aus einem Munde sagen die beiden anderen erstaunt: »Was, du auch?« Dass einer von ihnen als emsiger »IM Schulze« alles brühwarm der Stasi berichtete, ahnte Reimann nicht. Doch auch dieser »Verrat« blieb ohne Folgen.

Die beiden Jungen wurden im Laufe der Jahre groß und sein Berufsleben ging langsam in die letzte Runde. »Wir wollten uns nicht zum Märtyrer machen«, erinnert sich Karlheinz Reimann. Es ist das bedrückende Fazit eines DDR-Lebens, das nur dann ohne Probleme vor sich hin holperte, wenn man sich anpasste. Als das dann 1989 plötzlich nicht mehr als unumgängliches Schicksal schien, hatte er eigentlich mit 50 ein Alter erreicht, in dem sich niemand mehr ein Bein ausreißen musste.

Doch bei dem Ingenieur lief es anders. Er hatte gespürt, wie es ist, gezwungen zu werden, gegen den Strom zu schwimmen. Jetzt wollte er es. »Freiheit« war in der DDR ein diffuses Gefühl. Nun wurde es für ihn konkret und Karlheinz Reimann spürte auf einmal, weshalb er sich 50 Jahre lang unfrei fühlte: »Ohne die Stasi wäre ich politisch nicht so weit gekommen.«

Er malte seine Wünsche nach Veränderung auf Transparente und organisierte Bürgerversammlungen in Kleinolbersdorf. »Ich wollte die Protestbewegung aus der Stadt herausholen, hier zu uns auf das Land.« Das Engagement im »Neuen Forum« war damals der geeignete Weg dazu. Beim zweiten Zusammentreffen in der Kirche des Dorfes platzte die Nachricht vom Mauerfall in die Runde.

Karlheinz Reimann wollte aktiv dabei sein, als nun alles anders wurde. Endlich konnte er mit seiner Frau über die Last

der vergangenen Jahre sprechen. Sie war dankbar, dass er sich schützend vor die Familie gestellt hatte und bestätigte ihm im Nachhinein, das Richtige getan zu haben.

Nach der Wahl 1990 übernahm er den Posten des Gemeindevertretervorstehers in Kleinolbersdorf-Altenhain. Auch beruflich ging es nahtlos weiter. Ab 1. Juli 1990 wurde er von der Deutschen Post angestellt, es folgten die Telekom und Ende der 90er-Jahre dann der Vorruhestand.

Endlich schwamm er nicht mehr gegen den Strom. Doch der Eindruck trog. Bereits 1994 waren Gerüchte im Ort aufgetaucht, der neue Mann an der Spitze sei insgeheim bei der Stasi gewesen! Die simple Begründung: »Wer zu DDR-Zeiten eine Funkstation zu Hause hatte, durfte das nur, wenn er dort angebunden gewesen sei.«

Das erschien vielen glaubhaft und die Verleumdung zog ihre Bahn. Im Dorf wurde getratscht und als »Gartenstadt-Nord« als neue Siedlung gebaut werden sollte, zerfiel die einstige Gemeinschaft in Neinsager und Befürworter. Die einen stänkerten gegen die anderen und verantwortlich war natürlich der, der jetzt die Fäden zog. Und das war Karlheinz Reimann als Gemeinderatsvorsitzender.

Deshalb musste er ein drittes Mal gegen den Strom schwimmen. Wieder gegen seinen Willen.

In den Wirren des Neuanfangs nach dem Ende der DDR stand das Recht auf dem Kopf. Es galt nicht »im Zweifel für den Angeklagten«, dem seine Schuld zu beweisen war, sondern der Verdächtige musste seine Unschuld belegen. Dabei half ihm unbeabsichtigt der IMB «Hans Stiehler«, Stasi-Registriernummer XIV 83286, mit seiner Verleumdung, denn bereits nach zwei Wochen erhielt Karlheinz Reimann im Sommer 1994 Einsicht in seine Stasi-Akte. Nun konnte er Kopien davon den staunenden Gemeinderäten auf den Tisch legen: »Der Kandidat lehnte eine Zusammenarbeit mit dem MfS ab ...« Schwarz auf Weiß, eindeutig und unmissverständlich.

Ein besseres Zeugnis hätte Unterleutnant Walther dem jetzt beschuldigten Gemeinderatsvorsitzenden nicht ausschreiben können.

Doch das Staunen ging fast nahtlos in Schweigen über und die Sitzung zum nächsten Tagesordnungspunkt. Der Dunst von Zweifeln blieb im Raum. Legenden, Desinformation und Zersetzung der Stasi wirkten auf die Menschen wie ein Nervengift, auch lange nachdem »das Organ« offiziell aufgelöst war.

Karlheinz Reimann fasst an diesem Tag einen Plan: Nicht jetzt, aber zur nächsten Wahl wird er seine Bereitschaft zum Dienst an der Gemeinschaft überdenken. Es ist ein bitteres Fazit: »In der DDR habe ich mich eigentlich nicht als Stasi-Opfer gefühlt. Ein Opfer bin ich erst mit der nachträglichen Verleumdung geworden, für die Stasi tätig gewesen zu sein«.

Karlheinz Reimann ist wieder der kühle Technik-Denker, wenn er heute sagt: »Ich weiß, dass nicht jeder so ein authentisches Zeugnis vorweisen kann. Auch manche nicht, die ebenfalls ihr Rückgrat bewahrt und auf ihre Art zum Ende der DDR beigetragen haben. Deshalb bin ich froh, dass diese Akten erhalten worden sind.«

Und gerade deshalb lässt ihn die Vergangenheit bis heute nicht los. Nein, kämpfen will er nicht mehr, aber schweigen auch nicht. Er erinnert sich an Heinrich Heine, der vor 200 Jahren schrieb: »Die über Nacht sich umgestellt, zu jedem Staate sich bekennen, das sind die Praktiker der Welt; man kann sie auch Halunken nennen.«

Karlheinz Reimann triff diese Halunken zuweilen beim Spazierengehen: »Der freiheitliche Rechtsstaat schützt die Täter offenbar mehr als die Opfer. Die Chancen dreister Täter, heute Karriere zu machen, sind einträglicher als im realen Sozialismus der DDR ...«

Dennoch sucht er einen versöhnlichen Ausweg: »Vor dem Vergeben muss das Bekennen stehen. Darauf kommt es mir an.«

EIN HINTERZIMMER
IN WIEN

Rudolf Wein ist ein kleiner, kräftiger Mann mit einem großen Schnauzbart. Seinem Namen macht er keine besondere Ehre, denn in seinem Lokal, dem »Gutruf« in der Wiener Milchgasse, wird statt eines leicht moussierenden Heurigen lieber der »Hausschnaps« ausgeschenkt. Das ist eine Mischung aus einem Drittel Obstler, einem Drittel Wodka und einem Drittel Gin, alles direkt aus dem Eiskasten. Da auf den langen Bänken hinter den kleinen Tischen im »Gutruf« fast nur Männer sitzen, gehört eine gehörige Portion des Gesöffs einfach dazu und über jene, deren Leber das im Laufe der Jahre nicht überlebt hat, wird gern gesprochen.

Das »Gutruf« war in den 70er- und 80er-Jahren so etwas wie ein Treffpunkt zwischen Politikern, Meinungsmachern, Wiener Bohème und Halbwelt. Wer es ins Hinterzimmer der Kneipe schaffte, war auch in den Zeitungen der österreichischen Hauptstadt präsent, meist in den Spalten mit der unnachahmlichen Überschrift »Adabei«. Und manchmal auch im Polizeireport. Da ging es dann meist um dunkle Geschäfte oder Spionage. Der Rudi soll da ganz dick dabei gewesen sein, munkelte man. In beiden Branchen, für die DDR und deren Staatssicherheitsdienst.

»Gengans, Spionasch war dös net, wir waren halt Ost-Händler normale Leit«, sagt Rudolf Wein und dass er in den Stasi-Akten als »Prokurist« geführt wird, ficht ihn nicht an: »Dös war alles ganz offiziell über unsere Firma KIBOLAC hier im Hause.«

Über dem «Gutruf« residierte in den Siebzigern tatsächlich ein Unternehmen »KIBOLAC« und zwischen den von

Zigarettenrauch gegerbten Wänden der Kneipe war zu hören, der Phantasiename bestünde aus dem »KIB« für Kibuz und OLA, das von den Nazi-Elite-Schulen »Napola« stammen solle, mit einem »C« ergänzt. Rudi Wein interpretiert es anders: »Schmarrn, das war die Abkürzung für ›Kunststoffe, Bau, Optik, Lizenzen, Anlagen, Chemie‹ – es ging um Erfindungen!« Doch welcher dieser seltsamen Namen auch stimmen mag, eine Nachfrage ist es allemal wert.

Alte Zeitungen offenbaren Spuren, meist unter der Rubrik »Skurriles«. Da propagierte KIBOLAC-Mitinhaber Udo Proksch zum Beispiel die Senkrechtbestattung in Plastikröhren und kreierte ein Eau de Toilette mit der Duftnote »Schmutziges Motorenöl«, es wurde ein Gerät erfunden, mit dem man Schnäpse altern lassen konnte, ein selbstmordsicheres Schlafmittel gemischt und der »Volks-Safe« aus Plastik entwickelt. Das große Geld brachten all diese Dinge nicht, dennoch war bei der KIBOLAC daran kein Mangel.

Das Kapital kam nämlich vom Staatssicherheitsdienst der DDR, genauer, vom dortigen Sektor »Wissenschaft und Technik«. Es sollte vor allem dazu dienen, dringend benötigte High-Tech-Waren, die wegen des westlichen Embargos gegen die Sowjetunion und die anderen »sozialistischen Bruderländer« nicht exportiert werden durften, hinter den Eisernen Vorhang zu bringen. Rudolf Wein war der Stasi-»Resident«, der sich darum kümmerte. Das hat eine lange Vorgeschichte.

Sie beginnt im April 1945 auf einem Panzer der Roten Armee. Entwurzelte Waisen, die mit den kämpfenden Truppen durch halb Europa zogen, nannte man damals »Kinder des Regiments«. Sie waren so etwas wie ein Maskottchen der Soldaten. Nach dem Sieg tauchten sie irgendwo unter. Rudolf Wein, am 15. Mai 1930 als Sohn eines jüdischen Schneiders geboren, war in Wien zu Hause. Die Nazis hatten seine Eltern nach dem Einmarsch in Österreich nach Theresienstadt deportiert, wahrscheinlich sind sie dort oder in einem anderen Konzentrationslager oder Ghetto umgekommen. Rudolf spricht Zeit seines Lebens nicht darüber, nicht einmal mit seinen eigenen Kindern.

Er fand eine Anstellung beim kommunistisch gesteuerten »Globus«-Verlag und natürlich fühlte er sich auch politisch den Kommunisten zugehörig. Die sowjetische Besatzungsmacht protegierte ihn und Rudolf Wein engagierte sich als Jugend-

führer in der Kommunistischen Partei Österreichs (KPÖ). 1957 fuhr er zu den Weltfestspielen der Jugend und Studenten nach Moskau.

Dort entstand eine Freundschaft, die Rudolf Wein ein Leben lang begleiten sollte. Er lernte Udo Proksch kennen.

Der Mann ist vier Jahre jünger, hat einige Semester in der Meisterklasse der Akademie für Angewandte Kunst Design studiert und ist voller Pläne und Träume. Sie machen ihn wenig später nicht nur zu einer der schillerndsten Figuren Österreichs, sondern führen ihn auch ins kriminelle Abseits.

Doch zunächst hat Proksch ein Problem, das er mit der Freundschaft zum Kommunisten und Juden Rudi Wein zu kompensieren versucht: Er hat eine Nazi-Eliteschule besucht und seine Eltern hängen auch nach dem Krieg noch der braunen Ideologie an. Deshalb gerierte er sich nun besonders antibourgeois und pflegte Kontakte zu Politikern unterschiedlichster Couleur.

Beruflich hat er Erfolge als Art-Director beim Hersteller von Plastikproduktionsanlagen »ANGER OHG«. Als »Serge Kirchhofer« designt Udo Proksch Brillen. Er verfügte über genügend Einfluss, um auch seinen Freund Rudolf Wein, der nach dem Aufenthalt in Moskau einen Job beim Büromaschinenhersteller Olivietti gefunden hatte, schließlich bei ANGER unterzubringen. Ab 1963 machte die Firma umfangreiche Geschäfte mit dem Ostblock und Insider meinen, dass es dabei auch damals schon um Anlagen ging, die die sozialistischen Geschäftsfreunde mit dem eigenen Know-how nicht bauen konnten.

Offenbar sahen aber gerade darin Proksch und Wein ihre Chance. Am 5. April 1966 gründeten sie mit einem Stammkapital von 200 000 Schilling die KIBOLAC. Udo Proksch hielt 60, Rudolf Wein 40 Prozent des Kapitals, die Firma residierte in der Wiener Siebensterngasse 52, der Wohnung des Mehrheitseigners. Er war es wohl auch, der immer wieder die Initiative ergriff, denn sein Partner Wein brachte nur einen gebrauchten Peugeot 404, aber kein Geld in das Unternehmen ein. Doch »der Rudi« hatte Kontakte zum DDR-Staatssicherheitsdienst. Etwa 1968 machte er seinen dortigen Führungsoffizier, Stasi-Major Horst Müller alias Horst Winkler – der in den 70er-Jahren als angeblicher DDR-Diplomat in etwa fünf Jahre lang in der Schweiz arbeitete – auf ein kleines Technik-

Unternehmen aufmerksam, das die beiden Physiker Rudolf Sacher und Karl Heinz Pfneudl betrieben.

Im Auftrag der DDR entwickelten sie auf der Basis eines westdeutschen Prototypen ein elektronisches Heizungssteuerungsgerät. Dafür gab es in Ost-Berlin ein Patent und von der Stasi 1,2 Millionen Schilling Provision für die KIBOLAC.

Nun liefen die Geschäfte prächtig. Unter der stillen Führung der Stasi wurde die »Rudolf Sacher GmbH« gegründet, in der Wein als inoffizieller Stasi-Mitarbeiter (IM) »Prokurist« die Fäden zog. Rudolf Sacher wurde inzwischen als IM »Sander« in Ost-Berlin geführt. Sein Technikbüro, zeitweilig mit bis zu 40 Wissenschaftlern in der Wiener Apollogasse, füllte die Know-how-Lücken der DDR. Es beteiligte sich an etlichen weiteren wirtschaftlichen Unternehmungen, wie beispielsweise der »Optico Warenhandelsgesellschaft m.b.H.« und der »Optico Forschungs- und Vertriebsgesellschaft m.b.H. & Co. KG«. Ein wenig gebremst wurden die Geschäfte nur, weil Udo Proksch derweil dem Alkohol verfiel und eine Entziehungskur machen musste. Danach stieg er wieder bei Rudi Wein ein. Mit ihm betrieb er nun auch eine »Nachrichtendienst GmbH«, die mit technischen Dokumentationen handelte.

Bei all diesen Unternehmen ging es um Halbleiter, Transistoren, integrierte Schaltkreise und Gas-Chromatografen. Reichten die Kapazitäten der Wiener nicht aus, wurden von der »Sacher GmbH« Forschungsaufträge an Institute in den USA vergeben, deren Ergebnisse dann direkt in die DDR wanderten. Karl Heinz Pfneudl, selbst auf Atomphysik spezialisiert, erinnert sich: »Wir haben ein Gamma-Spektrometer in den USA besorgt. Noch in Schwechat haben wir es in einen Wohnwagen eingebaut und sind damit über die Tschechoslowakei in die DDR gefahren. Es war wie im Film: Bei einer Wegkreuzung sind plötzlich aus allen Richtungen Männer in schwarzen Ledermänteln gekommen und haben die Ware übernommen.«

Doch es geht längst nicht mehr nur um Technik, auch Informationen sind gefragt. Udo Proksch ist seit 1972 Chef der renommierten »K. u. K. Hofzuckerbäckerei Demel«, die er 1974 kauft. Er gründet den »Club 45«, eine Seilschaft von Politikern, vor allem aus der SPÖ. Der exklusive Herrenverein diente nicht nur der Anbahnung von Geschäften, sondern bot

auch die unterschiedlichsten Vergnügungen, deren schlüpfrige Teile vom Hausherrn heimlich auf Video verewigt wurden, die dann wiederum allzu harte Geschäftsbedingungen erweichten. Auch Karl Heinz Pfneudl zog es in die Kneipenszene. Am 17. März 1972 übernahm er die Geschäftsführung des Nachtclubs »Casanova Bar«. Als er ein paar Jahre später den Fehler machte, auch seine geheimen DDR-Gäste bei intimen Partys zu filmen, flog er bei der Stasi raus und verlor seine einträgliche Teilhabe an der erfolgreichen »Sacher GmbH«. Heute verharmlost er: »Das war mir alles zu heiß geworden, ich habe mit Sacher abgerechnet und bin ausgestiegen.«

Die umtriebige »Sacher GmbH« hatte derweil eine komplexe Ionen-Implantationsanlage zum Beschichten von Steuerplatten in die DDR geliefert. Als erste Tranche wurden dafür 1971 rund 25 Millionen Schilling aus Ost-Berlin überwiesen. Provisionen flossen an die KIBOLAC und Rudolf Wein, der inzwischen Udo Proksch die Hälfte seiner Anteile an der Firma – angeblich im Suff – abgenommen hatte. Er kaufte sich das »Gutruf« mit seinem berühmten Hinterzimmer. Am 15. Mai 1973 gründet er die »Rudolf Wein GmbH«, die das Traditionslokal nun als »Club« betrieb. Das erlaubte es, Frauen – es gab nur ganz wenige Ausnahmen – und Hunden das Betreten des Etablissements zu verbieten.

Das »Gutruf« ist seit 1906 eine Wiener Institution. In dem Haus, in der Milchgasse komponierte Wolfgang Amadeus Mozart 1781 »Die Entführung aus dem Serail« und mit seinen importierten Delikatessen aus aller Welt schien das dort dann 125 Jahre später entstandene Lokal auch tatsächlich an die Pracht des Morgenlandes anzuknüpfen. Das lockte schon früh die Prominenz ins »Gutruf«, das von 1947 bis 1966 vom Opernsänger Hannes Hoffmann betrieben wurde. Dann brannte der Laden ab und Rudolf Wein ließ alles wieder in alter Pracht entstehen. Der neue Promi-Treffpunkt Wiens war geboren und im Hinterzimmer des »Gutruf« blieb kein Geheimnis der Alpenrepublik lange geheim. Patron Rudi gefiel sich in der Rolle des Salonkommunisten und verkündete fröhlich: »Spionasch, dös ist doch net anderes, als die höchste Form des Klassenkampfes.« Solche Bemerkungen riefen stets allgemeine Heiterkeit hervor und dass im Obergeschoss inzwischen die KIBOLAC ihre Büros hatte, wusste ohnehin jeder. Osthandel eben, wo soll denn sonst die Drehscheibe zwischen Ost und West sein, wenn nicht im »Land der Berge, Land am Strome«, bittschön?

Während so die KIBOLAC, von allzu Neugierigen durch das Hinterzimmer des »Gutruf« abgeschirmt, »Patente und Erfindungen in den Ostblock verschafft« – so eine Akte der österreichischen Staatspolizei (Stapo) –, will Udo Proksch das ganz große Ding drehen.

1976 chartert er den Frachter »Lucona«, der angeblich eine Uranmühle transportieren soll. Die Fracht wird auf umgerechnet 15,4 Millionen Euro versichert. Am 23. Januar 1977 explodiert das Schiff im Indischen Ozean. Es versinkt innerhalb von zwei Minuten, sechs der zwölf Besatzungsmitglieder fanden den Tod.

Schnell entstand der Verdacht, die »Lucona« habe nur Schrott geladen gehabt. Die Versicherung verweigerte die Zahlung, doch die Ermittlungen schleppten sich ergebnislos dahin – die guten Beziehungen von Udo Proksch und nicht zuletzt die intimen Informationen aus dem »Demel« und dem Hinterzimmer im »Gutruf« schienen sich zu rentieren. Erst Anfang 1985 wurde Proksch wegen Betrugsverdachts verhaftet. Nach zwei Wochen war er wieder frei. Nun recherchierte der Journalist Hans Pretterebner, 1987 deckte er den Skandal auf. Die Alpenrepublik Österreich wankte in ihren Grundfesten, Nationalratspräsident Leopold Gratz und Innenminister Karl Blecha traten zurück. Udo Proksch floh nach Asien und ließ sich in Manila das Gesicht verändern. Trotzdem wurde er am 2. Oktober 1989 beim Transit in Wien mit einem Pass auf den Namen »Alfred Semrad« verhaftet.

Inzwischen hatten auch Taucher das Wrack der »Lucona« untersucht und festgestellt, dass das Schiff tatsächlich nur Schrott transportierte. Udo Proksch wurde 1992 wegen sechsfachen Mordes zu lebenslanger Haft verurteilt. Er starb am 27. Juni 2001 im Gefängnis Graz an den Folgen einer Herztransplantation.

Für Rudolf Wein alias IM »Prokurist« gingen die Ost-Geschäfte weiter. Erst Anfang 1979 wurde es eng. Stasi-Oberleutnant Werner Stiller floh in den Westen und berichtete alles, was er wusste. Dazu gehörte auch die Kenntnis über die Residentur in Wien, denn Stiller saß im Ministerium in der Ost-Berliner Normannenstraße mit dem Österreich-Bearbeiter

Hauptmann Hans-Peter Bertag in einem Zimmer und konnte so – über Kopf gelesen – einige Namen aufschnappen.

Unter der Stapo-Registratur 153 343/2-11/7/80 informierte das österreichische Innenministerium die Wiener Staatsanwaltschaft am 29. September 1980 über »Prokurist«, der »mit der Beschaffung von Sachinformationen zum Komplex Mikroelektronik befasst« war und teilte zu Rudolf Sacher alias IM »Sander« mit, dass er »seit Anfang der siebziger Jahre Agent des MfS« war.

Oberstleutnant Werner Lackner vom Heeresnachrichtenamt bescheinigte in einem geheim gehaltenen Gutachten dem Wiener Landgericht, das am 19. April 1979 eine Voruntersuchung gegen Rudolf Sacher und Rudi Wein eingeleitet hatte; »Dass den Mitteilungen des Herrn Sacher an Personen der DDR ein äußerst hoher, ja zum Teil höchster militärischer Wert zukommt.« Am 30. Juni 1980 musste das Heeresnachrichtenamt sämtliche Geheimakten zu Udo Proksch und zur Rudolf Sacher GmbH, die bislang im Verteidigungsministerium angelegt worden waren, an die Wiener Staatsanwaltschaft übermitteln. Justizminister Christian Broda (SPÖ) wies danach die Einstellung der Ermittlungen gegen einige Verdächtige an.

Der Grund dafür lag in der Staatsraison. 1978 hatte Bundeskanzler Bruno Kreisky als erster westlicher Staatsmann die DDR besucht, 1980 kam Erich Honecker zur Visite an die Donau. Im inoffiziellen Teil der Verhandlungen wurde unmissverständlich klargestellt: Entweder wird die Spionageaffäre unter den Teppich gekehrt, oder VOEST könne die aus der DDR zu erwartenden Milliardenaufträge vergessen.

In Wien machte man sich pragmatisch die nicht ganz eindeutige Rechtslage zunutze. Das österreichische Strafrecht sieht in seinem Paragraphen 256 nur dann Sanktionen für Spionage zwingend vor, wenn sich diese »gegen österreichische Interessen« richtet. Und das, bittschön, war ja nicht der Fall, wenn ein paar Leute in den USA oder sonst wo Know-how klauten, in den Osten verkauften und dafür vielleicht zu Hause sogar noch Steuern zahlten!

So blieb es für die Residentur schließlich bei einem Jahr Schamfrist. Danach lieferte Rudolf Sacher – nun unter dem Decknamen »Wendel« – wieder Informationen nach Ost-Berlin. Begeistert vermerkt die Stasi Mitte der 80er-Jahre zu einem 1585 Seiten umfassenden Forschungsbericht zur Mikroelektronik: »Material ist von hoher strategischer Bedeutung. Es unterstützt maßgeblich Erzeugnis- und Verfahrensentwicklung und festigt Forschungsvorlauf. Es führt zu einem hohen volkswirtschaftlichen Nutzen.«

Für Rudolf Wein scheinen hingegen in den Achtzigern die ganz großen Zeiten vorbei zu sein. In der Technologie-Spionage sind neue Quellen erschlossen. Als »Richter« berichtet er nun über verschiedene Leute. So finden sich 1984 zum Beispiel Informationen über »Aktivitäten eines vermutlichen BND-Agenten in der Volksrepublik Polen« und im März 1981 Berichte über die 1956 aus Ungarn geflüchteten Publizisten Stefan Vajda und Paul Lendvai, beide inzwischen Stammgäste im »Gutruf«, in den Stasi-Akten. Die Männer dürften im Hinterzimmer des so traditionsreichen Clubs über ihre Tätigkeit für das amerikanische »Radio Free Europa« geplaudert haben, denn beim Rudi-Wirt war man ja seit eh und je vertrauensvoll »unter sich«.

Auf den Fall der Mauer haben sie dann noch kräftig angestoßen, aber danach dauerte es nicht mehr lange bis die netten Herren aus Ost-Berlin ausblieben. Ihre Emissäre hatten nun plötzlich keine Zeit mehr für einen harten Hausschnaps im »Gutruf«, denn jetzt ging es nicht mehr um den Export in die sich auflösende DDR, sondern um das Verstecken des daraus erwirtschafteten Geldes. Deshalb waren nun die verschwiegenen Büros der österreichischen Kommunistischen Partei das Ziel schneller Visiten mit vollen Koffern. Und so bleiben am Schluss nur die seligen Erinnerungen ans »Gutruf« und sein Hinterzimmer.

DIE VERSCHWUNDENE WUNDERWAFFE

Wenn sich James Bond im Auftrag Ihrer Majestät mit seiner Walther PPK seit über 50 Jahren durch die Welt ballert, denkt kaum jemand daran, dass die Wurzeln der legendären Waffe in Thüringen liegen. Fritz Walther aus Zella-Mehlis entwickelte 1931 die »Polizei-Pistole-Kriminal« und da es außerdem im benachbarten Suhl damals bereits eine Tradition im Jagdwaffenbau gab, vermuteten viele, hier würden auch Maschinen-Pistolen gebaut, als das grüne Herz Deutschlands noch ein Randbezirk der DDR war.

Das war ein Irrtum. Die Thüringer Tüftler lieferten zwar Teile, doch die Produktion von Handfeuerwaffen aus der sowjetischen Kalaschnikow-Familie fand seit 1958 im erzgebirgischen Wiesa im harmlos klingenden »VEB Geräte- und Werkzeugbau« statt. In seinen Glanzzeiten beschäftigte der Betrieb in der Nähe von Annaberg-Buchholz rund tausend Mitarbeiter und stellte pro Jahr bis zu 115 000 MPis her. Das ist inzwischen Geschichte und wahrscheinlich ist sie am Stammtisch der »Knappenschänke« unter der rustikalen Holzbalkendecke brühwarm zu erfahren, denn wer schwärmt nicht gern von alten Zeiten.

Wieder ein Irrtum. Waffen aus Wiesa? Daran mag sich heute niemand mehr so recht erinnern. Ein paar ganz Alte erzählen von der ehemaligen Strumpffabrik, in der es dann so geheimnisvoll zuging, weil dort doch angeblich Kalaschnikows produziert wurden, andere sagen blauäugig: »Hier schießt nur der Schützenverein am Christelfelsen.« Und der wurde 1990 gegründet. Allenfalls heißt es nach dem dritten oder vierten

Bier: »Das kaa'ch der fei ni saan« – das kann ich dir aber nicht sagen, und dann wird der Platz gewechselt und die Einheimischen stecken die Köpfe zusammen. Warum heute noch diese Geheimnistuerei? Vielleicht hängt es mit der sagenumwobenen »Wieger« zusammen. Der Wunderwaffe der DDR.

Im Jahr 1986 erteilte der für die Beschaffung von harter Währung zuständige Außenhandelsbereich »Kommerzielle Koordinierung« (KoKo) unter der Leitung von Staatssekretär und Stasi-Oberst Alexander Schalck-Golodkowski dem Kombinat Spezialtechnik Dresden – zu dem der Geräte- und Werkzeugbau Wiesa gehörte – den Auftrag, ein Sturmgewehr zu entwickeln, das sich im »Nichtsozialistischen Wirtschaftsgebiet« (NSW) verkaufen ließ. Verantwortlich dafür war das KoKo-Außenhandelsunternehmen IMES, das unter dem Tarnnamen »Internationale Messtechnik Import-Export GmbH« in enger Verknüpfung mit dem Ministerium für Staatssicherheit der DDR Waffengeschäfte betrieb. Besonders im Krieg zwischen dem Iran und dem Irak 1980 bis 1988 hatte man die Erfahrung gemacht, dass Kriegsgerät gut Geld brachte. Die DDR belieferte beide verfeindeten Seiten und verdiente allein im Iran in den ersten zwei Kriegsjahren rund 60 Millionen Valuta-Mark.

Das ließ hoffen und so sollten nun Handfeuerwaffen Gewinn bringen. Dazu entwickelten die DDR-Rüstungsbetriebe auf der Basis der sowjetischen AK-74 – in der DDR unter der Bezeichnung Reihe 920 bekannt – zunächst das Experimentalmuster 985. Daraus entstand dann eine ganze Familie von Sturmgewehren. Sie firmiert unter der Bezeichnung »Wieger STG 940«, nach der Grundausführung des Systems benannt. »Wieger« ist dabei die Abkürzung für »Wiesa« und »Gerätebau«, inzwischen hat sich die martialischer klingende Interpretation »Wiesa-Germany« eingebürgert. Die Modellreihe 940 umfasste fünf verschiedene Ausführungen und war vom Standardsturmgewehr (STG 941) über eine Kompaktvariante (STG 943) bis zum leichten Maschinengewehr (LMG 944) zu haben.

Die neue Waffe verschießt Patronen im NATO-Standardkaliber 5,56 x 45 mm. Die sowjetischen Maschinenpistolen hingegen benötigen die Kaliber 7,62 x 39 mm (DDR-Baureihe 91x) und 5,45 x 39 mm (DDR-Baureihe 92x). Mit der NATO-Munition dürfte ein weltweiter Verkauf möglich werden, dachte man damals. Dass dabei besonders auch Krisengebiete mit hohem

Bedarf als Absatzmarkt ins Auge gefasst wurden, spielte keine Rolle. In der DDR-Wirtschaft ging es stets ums nackte Überleben und Geld stinkt bekanntlich nicht.

Mit der Kombination von DDR-Präzisionsarbeit und überall auf der Welt erhältlicher Munition dürfte mit der Wieger 940 den ostdeutschen Waffenschmieden ein großer Wurf gelungen sein. »Das Erzeugnis 940 erwies sich ... als zuverlässige Waffe mit guter Treffgenauigkeit«, schrieb NVA-Leutnant Trommer, nachdem er mit den Unteroffizieren Bretschneider, Speidel und Bettke am 21., 22. und 25. September 1988 verschiedene Wieger-Varianten auf der Raketentechnischen Basis 2 in Brandenburg ausprobiert hatte. Die Knarre vertrug Frost und feinen Sand, konnte von Lkws überrollt oder mit fast glühendem Lauf in eine Pfütze geworfen werden – sie schoss und schoss. Einziger Kritikpunkt der Praktiker: Das Putzzeug ließ sich etwas schwer aus dem Kolben ziehen.

Für die DDR eröffnete sich die Möglichkeit, endlich mit Rüstung auch mal etwas zu verdienen, denn sie belastete den Haushalt in nahezu untragbarer Weise. Mit einem Etatansatz von 15,7 Milliarden Mark im Jahr 1988 kostete »Verteidigung« bereits das anderthalbfache der gesamten Ausgabe für die Volksbildung mit 10,4 Milliarden Mark.

Die Spirale der Rüstungsausgaben begann sich mit der Ende der 50er-Jahre begonnenen Aufrüstung zu drehen. Die DDR erwarb von der Sowjetunion die Lizenz für die »Awtomat Kalaschnikowa obrazsa 1947« (AK-47), investierte 24 Millionen Mark und begann 1960 mit der Serienproduktion der Maschinenpistole. Bald folgte das Nachfolgemodell AKM, was weitere 13 Millionen Mark Investitionen erforderte. Damals sah man diese Ausgaben wohl eher als notwendiges Übel an, denn bereits in den 60er-Jahren sollte im VEB Geräte und Werkzeugbau Wiesa parallel zu den Waffen auch noch eine Waschmaschinen-Produktion aufgebaut werden. Das kostete noch einmal 6,3 Millionen Mark, brachte aber nur einen Ladenhüter hervor. 1969 wurde das Experiment abgebrochen. Mit der Verpflichtung jedes Betriebes, nebenbei noch »Konsumgüter« zu produzieren, stellte die sächsische Waffenschmiede sechs Jahre später Gepäckträger und Getriebe für Waschvollautomaten her, sehr ökonomisch war das alles nicht. Besonders die Waffenherstellung erforderte einen hohen Anteil von Handarbeit, im

Betriebsteil Geyer tüftelten überdies rund 300 Leute an Spezialwerkzeugen und Vorrichtungen für diese Produktionslinie. Immer mehr DDR-Betriebe wurden einbezogen. Der VEB Schlösser und Beschläge Döbeln baute die Magazine, aus dem VEB Jagd- und Sportwaffenwerk Suhl kamen Komponenten des Schlosses, Plastikteile für Handschutz und Kolben und die Läufe. Für deren Herstellung wurde später der VEB Spindelfabrik Hartha umgerüstet. All das führte zu Kapazitätseinschränkungen die in anderen Bereichen der Wirtschaft und bei der Versorgung der Bevölkerung schmerzhaft spürbar waren.

Obwohl die Produktion von Maschinenpistolen in Wiesa kontinuierlich stieg, blieb ein internationales Geschäft damit ausgeschlossen. Der Lizenzgeber Sowjetunion hatte nur die Herstellung für den Eigenbedarf genehmigt. Moskau war in einer Zwickmühle: Einerseits musste die AK-74 als Standardausrüstung ihrer in der DDR stationierten West-Gruppe mit den Schützenwaffen der NVA kompatibel bleiben, andererseits wollte man selbst den Reibach mit den überall auf der Welt gefragten Schießprügeln machen.

In dieser verzwickten Situation machte die DDR-Führung das, was sie immer tat, wenn es brenzlig wurde: Sie fasste einen Beschluss – sollten die Leute an der Basis doch sehen, wie sie ihn erfüllen können.

Und so legte das Politbüro der SED am 6. September 1983 fest, es seien »langfristig stabile NSW-Exportlinien ... sowie die Entwicklung und Produktion von lizenzfreien und importunabhängigen Erzeugnissen« im Segment Infanteriewaffen zu schaffen. Gleichzeitig wurde eine Steigerung der Produktion von 280 Prozent bis zum Jahr 1990 befohlen.

Im Kombinat Spezialtechnik Dresden hatte man sich bereits Gedanken darüber gemacht, wie solch ein Beschluss zu erfüllen sei. Doch es lief immer auf einen Bruch der Lizenzvereinbarungen hinaus, würden Moskaus Bedingungen einfach ignoriert. Und mit »den Freunden« wollte sich niemand anlegen. Überdies würde die internationale Vermarktung von den Käufern die regelmäßige Beschaffung von Munition aus der DDR, der Sowjetunion oder China erfordern, eine Abhängigkeit, in die sich kaum jemand begeben wollte.

Dennoch flossen zunächst erhebliche Investitionen in die Weiterentwicklung des Lizenz-Projektes. Das kleinere Kaliber

hatte sich insbesondere beim amerikanischen Sturmgewehr M-16 »bewährt«, mit dem Tausende Vietnamesen getötet worden waren. So makaber und menschenverachtend ist Krieg. Je besser ein Kriegsgerät funktioniert, desto mehr Menschen bringt es um – über diesen Zusammenhang wird nur nicht so gern geredet. So auch bei der Weiterentwicklung der AK-74, wo viel lieber die technischen Finessen beschrieben werden: Die verbesserte Mündungsfeuerbremse schaffte größere Stabilität bei Dauerfeuer, der Rückstoß wurde geringer und das Kaliber 5,45 x 39 mm sorgte bei gleicher Treibladung für noch »stärkere Wirkung im Ziel«. Allein für die Vorlaufinvestitionen flossen in den Jahren 1976 bis 1980 rund 48,6 Millionen Mark. Bis zum Beginn der Serienproduktion 1985 werden es insgesamt 112 Millionen, darunter auch aus Österreich beschaffte Hämmermaschinen für den Lauf und in der Schweiz gekaufte Hämmerdorne.

Eigentlich fehlte nun nur noch ein gangbarer Weg, um die Russen auszubooten. Denen war das Gebaren der DDR – zum Beispiel der Kauf von preisgünstigem Rohöl in der Sowjetunion, dessen Veredlung in der DDR und der Weiterverkauf gegen harte Währung in den Westen – längst ein Dorn im Auge. Doch inzwischen herrschte Michail Gorbatschow in Moskau und der wollte ja angeblich Glasnost und Perestroika – das konnte er haben!

Am 28. Oktober 1986 schreiben Gerhard Tautenhahn, Leiter der »Führungsgruppe Schlüsseltechnologie« im Zentralkomitee der SED, und KoKo-Chef Alexander Schalck-Golodkowski an den Wirtschaftslenker der Partei, Günter Mittag. Sie bitten um Zustimmung zu einer Vereinbarung zwischen dem VEB Spezialtechnik Dresden und dem Außenhandelsbetrieb IMES »zur Entwicklung eines Sturmgewehrs im Kaliber 5,56 x 45 NATO« und teilen dazu u. a. folgende »Überlegungen« mit: »Mit der eigenständigen Entwicklung einer Erzeugnisvariante des Schützenwaffensystems Kalaschnikow wird DDR-seitig ein erster Schritt getan, um von der Position des reinen Lizenznehmers wegzukommen und mit eigenen, wissenschaftlich-technischen Leistungen auf dem NSW-Markt aufzutreten.« Dabei winkt auch gleich ein Zusatzgeschäft: »Das parallel für die Waffe zu entwickelnde Munitionssortiment kann auch unabhängig vom Verkauf der Waffe für den Einsatz mit Geräten anderer Hersteller angeboten werden.« Und selbst für den Fall, dass sich nicht genügend Käufer finden, ist gesorgt: »Sollte sich das neue Erzeugnis nicht im beabsichtigten Umfang absetzen lassen bleibt die Grundauslastung der Produktionskapazitäten trotzdem gewährleistet, da es sich nur um eine Erzeugnisvariante des Systems Kalaschnikow handelt, welches weiterhin für den Export und den Bedarf der bewaffneten Organe der DDR (AK-74) produziert wird.« IMES verpflichtete sich, die Kosten für das Vorhaben zu tragen, denn »ihre Refinanzierung muss über den Export der Erzeugnisse gewährleistet werden.«

Das klang gut und der »liebe Genosse Mittag« schrieb sein »Einverstanden« schräg aufs Papier.

KoKo machte 10,849 Millionen DDR-Mark Entwicklungskosten locker und der VEB Spezialtechnik Dresden spendierte weitere zwei Millionen aus dem Fonds Wissenschaft und Technik.

Schon 1988 wurden rund 2000 Wieger 940 produziert, weitere 9000 folgten im Jahr darauf. Die internationalen Interessenten bekamen ihre Muster und ein gutes Geschäft schien sich abzuzeichnen, denn nicht nur die neue Wieger, sondern auch die bewährte AK-74 war jetzt gefragt. Qualität »Made in Germany«. Peru will 38 000 Waffen im Kaliber 7,62 x 39 mm für seine Polizeikräfte kaufen, Indien hatte schon 35 000 AK-74 vom Kaliber 5,45 bestellt und ließ den Bedarf von weiteren 10 Millionen Exemplaren vormerken, wobei die Wieger im Gespräch war, und Uganda möchte 5000 Knarren der gleichen Bauart haben. Im Jahr 1990 sollten 15 000 neue Wieger 941/942 nach Ghana und Nigeria geliefert werden.

Doch all die Blütenträume reifen nicht mehr, denn die DDR ist gerade dabei, sich aus der Geschichte zu verabschieden. Rechtsnachfolger Bundesrepublik zahlte die Konventionalstrafen für die bereits abgeschlossenen Verträge und am Ende blieben immerhin noch rund 72 Millionen Mark aus der IMES-Auflösung für den Bundeshaushalt übrig. Auch die Bundeswehr profitierte, denn sie übernahm das im IMES-Lager Kavelsdorf bei Rostock befindliche Kriegsgerät, darunter auch ein Sortiment von etwa 2000 Wieger 940.

In Wiesa schien derweil die kleine, weiße Friedenstaube gelandet zu sein. Der VEB Geräte und Werkzeugbau war aus dem Kombinat Spezialtechnik Dresden herausgelöst worden

und sollte sich nun in ein Hydraulik-Unternehmen verwandeln. Eine Weile galt der ehemalige Rüstungsbetrieb, nun der ORSTA Hydraulik Leipzig zugeschlagen, als Vorzeige-Firma für die Rüstungskonversion in Ost-Deutschland. Man baute auf verschiedene Unternehmen der Mannesmann-Rexroth GmbH als neue West-Partner und das alles kostete noch einmal rund 200 Millionen Mark. Doch dann gingen in Wiesa endgültig die Lichter aus. Aus Fördermitteln bekam der Ort noch ein Thermalbad und dafür hatten jetzt nicht nur die wenigen Touristen, sondern auch die einstigen Waffenschmiede reichlich Zeit.

Von der Wunderwaffe Wieger spricht ein paar Jahre lang niemand mehr. Dann geschieht Erstaunliches.

Es ist genau der 4. Jahrestag des Mauerfalls, der 9. November 1993, als beim ehemaligen VEB Geräte- und Werkzeugbau Wiesa ein paar Bundeswehrfahrzeuge vorfahren. Ein Fregattenkapitän stellt sich knapp als »Völz« vor und fordert die Herausgabe von rund 50 Kisten mit Konstruktionsunterlagen des Wieger STG 940. Er habe das Material nach München zu bringen, die »Dokumentation« der »Ausbildungsgruppe für Verwendung bei integrierten Stäben« würde es übernehmen.

Mitten im Erzgebirge ist so ein Fregattenkapitän schon etwas Besonderes. Auch wenn er auf dem Landweg reist. Die Autorität der Uniform ließ keine Fragen wachsen. Außerdem scheint ja auch alles in Ordnung – »Völz« sagt dazu wahrscheinlich okay – zu sein und es gab ein ordentliches Übergabe-Übernahme-Protokoll. Als Adresse der Münchner Dienststelle ist die Maria-Theresia-Straße 16 A angegeben.

Der einstige VEB hatte sein Treuhand-Drama längst hinter sich. Seit 1992 gehörte sein früheres Stammhaus Spezialtechnik Dresden der US-Firma General Atomics. Weiß der Teufel, ob die Kisten nun auch zur Erbmasse der Amerikaner zählten oder nicht. Den Leuten in Wiesa war das ziemlich egal. Und Fregattenkapitän Völz wird schon wissen, was er tut.

Dann sind die Konstruktionsunterlagen und Muster zum Wieger-Sturmgewehr verschwunden.

Natürlich gibt es in München eine Maria-Theresia-Straße, doch von einer »Dokumentationsstelle« weiß dort niemand etwas. Gediegene Villen säumen die Straße mit viel Grün. Der Architekturführer nennt die 1921 vom Architekten Ludwig Gustav gebaute Nummer 16 gar »palastartig«, aber von der Bundeswehr ist weit und breit nichts zu sehen. Stattdessen munkeln die Nachbarn, dass das Haus eine Weile ein Stadtbüro des BND beherbergte, der ja bekanntlich in Pullach vor den Toren der Stadt residiere.

Von dort gibt es keine Auskunft und jede noch so harmlose Anfrage verbindet sich mit dem fatalen Gefühl, wieder einmal in irgendeiner Kartei zu landen. Auch ansonsten manchmal hilfreichen »Insidern« fällt angeblich nur die abgedroschene Story von der Stasi und ihren vermeintlich immer noch funktionierenden Seilschaften als Drahtzieher des Coups ein. Schließlich war es ja die KoKo-Firma IMES von Stasi-Oberst Alexander Schalck-Golodkowski, die hinter allem steckte. Das mag man glauben, oder auch nicht. Immerhin gibt es aber auch einen heißen Tipp: Bis Ende 1993 war der BND intensiv damit beschäftigt, von den abziehenden Sowjet-Truppen möglichst viele Dokumente, Waffensysteme und Ausrüstungen einzusammeln. Dafür floss eine Menge Geld. Für die Beschaffung eines Freund-Feind-Erkennungsgerätes, übers Wochenende aus einem Alarm-Hubschrauber in Oranienburg ausgebaut, war zum Beispiel eine halbe Million Mark eingeplant. Sich im Rahmen dieser Aktion die Unterlagen zur Wieger 940 zu verschaffen – und das dann auch noch ganz umsonst – würde dazu passen.

Beim BND lief die ganze Sache unter dem Codenamen »Giraffe«. Sie wurde gemeinsam mit dem amerikanischen Militärgeheimdienst Defense Intelligence Agency (DIA) veranstaltet, der die Leitung innehatte. Diese zeitweilige Zusammenarbeit zwischen BND und DIA (BND-Deckname »Hortensie II«) war in einem bis heute »top secret« gehaltenen »Memorandum of Understanding« am 7. Mai 1991 vereinbart worden. Eine gemeinsame Operationszentrale entstand in einer Villa »Im Föhrenweg« 19 bis 21 in Berlin-Dahlem. Offiziell firmierte sie als Außenstelle des »Bundesamtes für Wehrtechnik und Beschaffung«, beim BND wird sie intern als »Dienststelle 12 YA« geführt. Im Keller und im 1. Stock arbeiteten die DIA-Männer, im 2. Stock und unter dem Dach waren rund 30 BND-Leute am Werk. Ihr Chef vor Ort war Oberleutnant Ernst Assinger, im Pullacher »Camp Nikolaus« koordinierten Oberst Karl Gigl, Wolbert Smidt, Deckname »Sandmann« und Chef der Sowjet-

Aufklärung, und Volker Foertsch, Deckname »Fleming« und Leiter der operativen Beschaffung die Aktion in aller Stille.

Dass im Erzgebirge Interessantes zu holen war, wusste der BND spätestens seit 1988. Als die DDR am 7. Oktober dieses Jahres ihren Geburtstag feierte, nutzte Peter K. eine Dienstreise im Auftrag von IMES, um sich über Holland in die Bundesrepublik abzusetzen. Im vertraulichen Bericht der Bundestagsabgeordneten von B90/Die Grünen, Ingrid Köppe, an den Untersuchungsausschuss des Deutschen Bundestages »Werkzeuge des SED-Regimes« wurde sechs Jahre später festgestellt: »K. gehörte im Jahre 1988 zu den wenigen DDR-Bürgern, die über den geheimen Waffenhandel der DDR informiert waren.« Und: »K. kannte auch den damaligen Entwicklungsstand des Sturmgewehrs Typ 940.«

Darüber würde der Ausschuss gern Näheres erfahren. Die Parlamentarier forderten Einsicht in die BND-Akten. Darauf antwortete Bernd Schmidtbauer, Staatsminister beim Bundeskanzler und Beauftragter für die Nachrichtendienste, am 12. Februar 1993: »Ich bitte Sie um Verständnis dafür, dass ich der Bitte des Präsidenten des Bundesnachrichtendienstes folge, diese Unterlagen an den 1. Untersuchungsausschuss nicht herauszugeben ... Da das Bekanntwerden des Inhalts der angeforderten Akten dem Wohl des Bundes Nachteile bereiten würde, sehe ich mich durch § 96 der Strafprozessordnung daran gehindert, die erbetenen Akten zu übermitteln.« Peter K. arbeitete in den 90er-Jahren dann als Ost-Europa-Direktor der Lufthansa Technik AG.

Ebenso unerfüllt blieb der Wunsch des Untersuchungsausschusses nach Akten zu Axel P., Chemie-Experte bei der KoKo-Firma Intrac GmbH und gleichzeitig in den internationalen Waffenhandel der DDR involviert. Er diente seit 1976 dem MfS als IM »Buntspecht« und wenig später, etwa ab 1980, dem BND als »Taurus«, »Lars« und »Merkur«. Bis heute wird gestritten, ob sein Herz mehr der Stasi oder eher dem BND gehörte. Eine vom Untersuchungsausschuss angestrebte Vernehmung seiner BND-Führer mit den Decknamen »Hüber«, »Richter«, »Bastian« und »Thomas« fand nicht statt. Insider wollen aber wissen, dass Axel P. 1989 vom BND mit einer hohen Geldsumme und einem »Persilschein« abgefunden wurde. Auch hier wird als Hintergrund für die bis heute anhaltende Geheimnistuerei die Kenntnis des Doppelagenten um den schwarzen DDR-Waffenhandel vermutet. Mitte der 90er-Jahre war er dann Repräsentant der Hamburgischen Landesbank in Berlin.

Die genauen Umstände um den Coup des angeblichen Fregattenkapitäns Völz bleiben also im Dunkeln und so ist es nicht verwunderlich, dass sich rund zehn Jahre lang nun erst einmal gar nichts tat.

Dann hatte der Bankkaufmann Karl Bernd Esser aus München eine Idee. Seine Eltern haben in Großolbersdorf eine alte Fabrik gekauft, dort möchte er eine Manufaktur einrichten und die Wieger 940 bauen. Er meint, mit Hilfe der alten, herrenlosen Konstruktionspläne könnte das gelingen. Doch die sind verschwunden. Karl Bernd Esser findet nichts weiter, als die Spuren des merkwürdigen Fregattenkapitäns. Er fragt beim BND nach und im Bundeskanzleramt, dessen vorgesetzter Behörde, erwägt sogar eine Anzeige gegen Unbekannt. Esser: »Immerhin hat das Material einen Wert von mehreren Hundert Millionen Ost-Mark.«

In der Wiesaer »Knappenschänke« sind die einstigen Waffenschmiede skeptisch: In solch einer alten Fabrik könne man keine moderne Waffe in der notwendigen Qualität bauen, sagt einer. Dann lässt er das unsichtbare Visier wieder herunter und schweigt ...

Doch immerhin scheint Bewegung in die Sache gekommen zu sein. Im März 2010 gibt das Bundeskanzleramt auf eine Anfrage der Chemnitzer »Freien Presse« erstmals zu, dass es tatsächlich der BND war, der 1993 die Kisten in Wiesa abholte. Das sei in Absprache mit dem Verteidigungsministerium geschehen, Pläne und Unterlagen wurden angeblich an das Bundesamt für Wehrtechnik in Koblenz weitergeleitet.

Dass dieser geheimnisvolle Eigentümerwechsel wohl nicht so ganz im Rahmen der Gesetze erfolgte, umschreibt Oberstleutnant Norbert Rahn, Sprecher im Verteidigungsministerium recht blumig so: »Soweit ein Großteil der Unterlagen 1993 durch den BND abgeholt worden sein sollte, war damit kein rechtswirksamer Eigentumsübergang verbunden.«

Das heißt im Klartext: Die Wehrtechnische Studiensammlung (WTS) des zuständigen Bundesamtes, auch in Koblenz beheimatet, verfügte über Material und Pläne zum Bau der Wieger 940, die ihr nicht gehörten. So erklärt sich die lan-

ge Geheimniskrämerei. Doch wie sollte die Behörde aus der Nummer wieder herauskommen?

Ganz einfach: Alles wurde vernichtet. Am 24. Februar 2003 wanderte das komplette Papier-Material über das Sturmgewehr in Säurebottiche und wurde dort aufgelöst. Der Sprecher des Verteidigungsministeriums konnte nun im Brustton der Überzeugung sagen: »Weitere Unterlagen zur Wieger sind in der WTS nicht vorhanden.«

Die schweigsamen Männer in Wiesa hingegen meinen, dass all das, was im Zusammenhang mit ihrer Wunderwaffe bereits vorlag, in 50 Kisten überhaupt keinen Platz gehabt habe. Es gab Dutzende von Lehren und andere Spezialwerkzeuge, Zeichnungen, Kopien davon, Kopien von den Kopien ... »Und dann hatten die potentiellen Kunden ja auch ihre Erprobungsmuster. Die Waffe existierte ja, das war ja nicht nur Spinnerei«, sagt einer und wendet sich wieder seinem lecker aussehenden Essen zu. Griene Kließ un Schwammerbrieh.

Die einstige DDR-Wunderwaffe gibt es inzwischen tatsächlich. Das US-Unternehmen Inter Ordnance aus Monroe bietet für ungeschlagen günstige 399 Dollar eine Wieger an. Dieser Spur ist Filmemacher Andreas Wolter nachgegangen: »Die Amerikaner versicherten uns, dass sie die Originalpläne nicht besitzen, sondern für ihre Version der Waffe eine alte DDR-Wieger auseinandergenommen haben.« Der Superpreis sei zu halten, weil die Produktion in Rumänien erfolge.

Auch das US-Unternehmen Hesse Arms verkauft für 840 Dollar eine »Wieger STG940 Rifle«. Am Telefon heißt es: »Das Original-Gewehr wurde in der früheren DDR designt und für den Export gebaut. Nach dem Fall der Mauer wurden alle vorhandenen Waffen vernichtet. Wir haben dieses Gewehr wieder hergestellt.« Es sieht wohl deshalb der Waffe aus Wiesa auch zum Verwechseln ähnlich, allerdings bauen die Amerikaner im alten AK-47-Kaliber 7,62 und es ist auch nur eine halbautomatische Waffe.

Maschinenpistolen mit östlicher Technik, aber auf NATO-Munition ausgelegt, werden derweil auch aus Russland, Bulgarien und Rumänien geliefert. Sie sind keine Nachbauten der Wieger 940, aber Experten betonen immer wieder, dass deren Know-how wohl dort drinsteckt oder zumindest diese Entwicklungsrichtung inspiriert hat.

Weltweit wurden bisher rund 80 bis 100 Millionen Maschinenpistolen auf der Basis der Kalaschanikow hergestellt. Sie ist bis heute die Schützenwaffe, mit der die meisten Menschen getötet wurden. Erfinder Michail Timofejewitsch Kalaschnikow äußert sich wohl auch deshalb hin und wieder »bestürzt«, das gerade »seine Gewehre überall auf der Welt so viel Unheil angerichtet haben.« Er lebt von umgerechnet 40 Euro Rente in einem abgewirtschafteten Plattenbau in Ischewsk, der Hauptstadt der russischen Teilrepublik Udmurtien im Ural und erfreut sich an seinen vielen Orden. 2008 besuchte der damals 88-Jährige Herr mit seiner immer noch vollen, weißen Haarpracht die deutsche Sportwaffenfirma »German Sport Guns« in Ense-Höingen in Nordrhein-Westfalen. Gelegenheit, ihn nach der Weiterentwicklung seiner weltberühmten Waffe zu fragen: »Njet«, sagt er: »awtomat imeni Wiegera ja ne snaju« – Nein, eine Maschinenpistole namens ›Wieger‹ kenne ich nicht.

Michail Timofejewitsch Kalaschnikow starb am 23. Dezember 2013. Zu seinem 90. Geburtstag war er noch »Held der Russischen Föderation« geworden – sein Erbe wird also weiterleben.

DIE FÄHRTE
DES SCHAKALS

Der 10. Februar 1992 ist einer dieser stinklangweiligen Prozesstage im Kriminalgericht Moabit. Der Angeklagte, ein zusammengesunkenes, graues Männchen mit Lederhut, sitzt in einer Art Käfig und döst vor sich hin. Es ist Erich Mielke. Deshalb sind etliche Journalisten da, doch eine Story verspricht der Tag nicht.

Zwischen den angejahrten Bundjackenträgern mit PDS-Stallgeruch im Zuschauerraum sitzt eine zart wirkende, junge Frau. Als Mielkes Verteidiger das Wort nimmt, rutscht sie aufgeregt auf ihrem Sitz hin und her. Der Mann, 50 Jahre alt, straff in der Haltung, die hellen Haare akkurat gescheitelt, ist zweifellos eine blendende Erscheinung: Jürgen Wetzenstein-Ollenschläger.

Drei Jahre zuvor saß er noch selbst am Richtertisch, als Vorsitzender Richter beim Stadtbezirksgericht Lichtenberg, Ost-Berlin. Im März 1989 wurde er Rechtsanwalt.

Nach Ende der Sitzung drängen sich die Reporter um den Mann, der Erich Mielke verteidigte, um vielleicht doch noch ein Wort oder einen Satz zu erhaschen, der ihr Hiersein an diesem Tag legitimierte. Plötzlich balgt sich die junge Frau aus dem Zuschauerraum durch die Menschenmenge. Sie schreit, wirft sich gegen den Anwalt und zerrt an seinem blütenweißen Hemd. Dann erwischt sie die helle Krawatte: »Sie haben mein Leben zerstört«, stößt die Frau aufgeregt hervor.

Angestrengt ruft Jürgen Wetzenstein-Ollenschläger um Hilfe, sichtbar bemüht, die Fassung zu bewahren. Zwei Justizwachtmeister eilen herbei und geleiten ihn zwischen sich die große Treppe hinunter. Es sieht aus, als würde er abgeführt.

Die Journalisten umstellen die junge Frau. Sie heiße Katarina Falk (Name geändert), sei 30 Jahre alt und als sie 16 war, am 7. November 1977 habe sie Richter Wetzenstein-Ollenschläger für ein Jahr und vier Monate ins Gefängnis geschickt, sagt sie. Wegen Rowdytums und »Herabwürdigung staatlicher Organe«. Sie war genau einen Monat zuvor, am 28. Jahrestag der DDR, auf dem Alexanderplatz in einen Krawall geraten, den die Polizei dann auflöste.

Die meisten Journalisten wenden sich enttäuscht ab. Auch keine große Geschichte und viel zu lange her – ein Schicksal wie es in der verflossenen DDR Tausende gab.

Was war damals wirklich auf dem Alex passiert? Der Rias meldete: »Demonstrationen von mehr als 1000 Jugendlichen hatten einen massiven Volkspolizeieinsatz ausgelöst.« Die offizielle DDR-Nachrichtenagentur ADN hielt dagegen: »Rowdies versuchten, die polizeilichen Maßnahmen beim Abtransport (von) Verletzten zu stören, randalierten und wurden tätlich.«

Katarina Falk erinnert sich daran, dass sie eigentlich nur das Konzert der Rockgruppe »Express« hören wollte. Dann gab es Tumulte.

Die Stasi-Akten belegen, dass an jenem 7. Oktober gegen 19 Uhr tatsächlich während des »Express«-Konzertes neun Jugendliche in einen Lüftungsschacht am Fernsehturm stürzten. Die Rettungskräfte kamen nicht durch, die Polizei griff ein. In der aufgeheizten Stimmung entwickelte sich eine Straßenschlacht. Penibel notierte die Stasi die Sprechchöre: »Nieder mit dem Bullenpack«, dann »Nieder mit der DDR« und »Mauer weg«. Gegen 23.30 Uhr hatte die Polizei die Lage wieder unter Kontrolle. Bilanz: 83 Verletzte, 468 Festnahmen. In den nachfolgenden Prozessen wurden viele Jugendlichen zu Haftstrafen bis zu drei Jahren verurteilt.

Eine davon ist Katarina Falk, ihr Richter war Jürgen Wetzenstein-Ollenschläger, den seine Opfer wegen dieser und anderer, ähnlich harter, politischer Urteile bis 1989 »den Schakal« nannten.

Am Telefon seiner Kanzlei kommentiert er seine damalige Tätigkeit am Tag nach dem peinlichen Vorfall im Moabiter Kriminalgericht so: »Es gab Gesetze der DDR, die hatten wir

zu befolgen.« Ein Satz, der auch von Repräsentanten anderer Diktaturen immer wieder zu hören ist. »Im übrigen gibt es da laufende Verfahren, die neue Macht rechnet eben mit der alten ab – dazu sage ich gar nichts.« Auch zum Fall Falk sagt er nichts. Das derartige politische Urteile in der DDR langfristige Folgen hatten, wissen ohnehin nur noch wenige.

Katarina Falk erzählt, dass sie 1980 nach Verbüßung ihrer Haft schwanger wurde. Die zuständige »Jugendhilfe« habe ihr nachdrücklich zur Abtreibung geraten, weil das Kind »politisch nicht einwandfrei« werden würde. Das habe ihr Leben zerstört. Strafrechtlich spielt so etwas keine Rolle, verfolgt werden kann nur das Delikt der »Rechtsbeugung«.

Und tatsächlich wird Anfang 1992 in mehr als zwei Dutzend Fällen gegen Jürgen Wetzenstein-Ollenschläger wegen dieses Tatbestandes ermittelt. Doch bevor er vor Gericht erscheinen muss, flieht er im Februar 1992 aus Deutschland. In Wien versucht der in Österreich geborene Mann noch schnell, dort versteckte 17 Millionen Mark aus dem DDR-Erbe für die Reisekasse locker zu machen, doch der Plan misslingt. Dennoch steht auf dem Haftbefehl »Beihilfe zur Untreue«.

Bis heute ist Jürgen Wetzenstein-Ollenschläger verschwunden. Um die Spuren des Schakals zu finden, bleibt also nur die Suche nach demjenigen, dem er die »Beihilfe zur Untreue« geleistet hat.

Rückblende: Staatsanwalt Hans Richter aus Stuttgart wurde Ende 1990 für zwei Jahre zur Treuhandanstalt nach Berlin abgeordnet, um in Sachen Wirtschaftskriminalität zu ermitteln. Es ging um verschwundenes Gels aus dem damals noch weitestgehend undurchsichtige Schattenreich »Kommerzielle Koordinierung« (KoKo) des DDR-»Devisenbeschaffers« Alexander Schalck-Golodkowski.

Dabei stieß der Staatsanwalt 1992 auf einen Mann namens Günther Forgber, der gerade in Untersuchungshaft saß, und dessen Anwalt Jürgen Wetzenstein-Ollenschläger war.

Das Unternehmen des Außenhändlers Günther Forgber, das auch dessen Namen trug, verfügte zu DDR-Zeiten über eine ganze Firmengruppe. Ihre internationalen Strukturen wurden erst nach und nach entdeckt, wie zum Beispiel die »Export Contact AG« Zürich und die »Export-Contact-Handelsgesellschaft« Wien. Vor 1989 hatten alle Forgber-Firmen ihr Geld vor allem mit Provisionen für Geschäfte westlicher Firmen mit DDR-Unternehmen verdient. In den Branchen Textilmaschinenbau, Maschinenbau und Elektronik tätig, kamen Abermillionen zusammen.

Um die zu sichern, bediente sich Günther Forgber nach dem Ende der DDR – wie auch einige andere seiner ostdeutschen Kollegen – des simpelsten aller nur denkbaren Tricks: Er behauptete einfach, seine Unternehmen seien »privat« und nur pro forma dem Bereich KoKo angegliedert gewesen. Das glaubte zwar keiner, aber das Gegenteil musste eben erst einmal bewiesen werden. Es gab ja jetzt einen Rechtsstaat, auf den sein Anwalt Wetzenstein-Ollenschläger immer wieder nachdrücklich pochte. Vorsichtshalber hatte aber die Staatsanwaltschaft den dubiosen Geschäftsmann Forgber erst einmal verhaften lassen – es herrschte Verdunkelungsgefahr. Ohne Beweise durfte sie die U-Haft jedoch nicht ungebührlich ausdehnen, immerhin ging der Mann auf die Siebzig zu.

Hans Richter erinnert sich: »Durch einen Anruf erfuhr ich, dass seine Entlassung bevorstand, weil sein Gesundheitszustand so schlecht war, wie die Beweislage.« Dennoch war der Jurist davon überzeugt, dass es sich bei Günther Forgber um einen der ganz großen Drahtzieher in den schwarzen Geschäften handelte. Er fuhr in die Haftanstalt, um den Mann noch ein letztes Mal zu vernehmen. Vom unmittelbar bevorstehenden Ende der U-Haft sagte Richter erst einmal nichts, stattdessen malte er dem Delinquenten in den schillerndsten Farben aus, dass all die Millionen nichts nützten, wenn er den Lebensabend hinter Gefängnismauern verbringen müsste. Das wirkte. Richter: »Ich habe ihn zwei Stunden lang weich geklopft, bis er telefonisch aus dem Knast heraus die ersten 45 von den Millionen auf das Treuhand-Konto überweisen ließ.« Dann erschien Forgbers Anwalt mit der Verfügung der Haftverschonung und der redselige Außenhändler verstummte schlagartig. Trotz des Erfolgs war Hans Richter unzufrieden: »Den Rest hätte ich auch noch bekommen, wenn ich mehr Zeit gehabt hätte.«

Was bleibt, ist zunächst einmal die Frage, wie man so etwas macht, einfach ein paar Millionen aus dem Gefängnis heraus zu überweisen. Ganz einfach: Man ruft seinen Rechtsanwalt an und beauftragt ihn.

Der hieß bekanntlich Jürgen Wetzenstein-Ollenschläger. Bei der Stasi brachten ihm seine politischen Urteile – in aller Regel vorab abgesprochen – bis zum März 1989 eine gediegene Reputation ein.

Das MfS war Ende der 80er-Jahre auf der Suche nach einem Nachfolger für Rechtsanwalt Wolfgang Vogel, der sich langsam dem Rentenalter näherte. Ein neuer Vertrauter wurde gebraucht, der künftig den dubiosen Häftlingsfreikauf in aller Stille abwickeln sollte und da erschien der parteitreue Richter als geeigneter Kandidat. Andere Insider meinen, Jürgen Wetzenstein-Ollenschläger sollte eher eine Karriere als »Vertrauensanwalt« der Stasi machen und deren Geschäfte im Ausland abwickeln. Der jahrzehntelang mit derartigen Aktivitäten befasste Rechtsanwalt Manfred W. war durch seine Trunksucht unzuverlässig geworden. Deshalb quittierte der Schakal schon Anfang 1989 mit Stasi-Einverständnis den Dienst am Gericht und ließ sich als Rechtsanwalt und Notar nieder.

Das zahlte sich für die Stasi schon ein Jahr später aus, denn als die DDR zusammenfiel, trug der Notar dazu bei, wenigstens die Häuser und Grundstücke zu »retten«. Er schonte sich nicht: An einem einzigen Wochenende kurz vor der Währungsunion 1990 verbriefte er allein im Raum Strausberg, dem Sitz der NVA-Führung, den Eigentümerwechsel von 37 Immobilien, meist Villen am See.

Viel wichtiger als derartige Kleinigkeiten war damals jedoch das Engagement für Günther Forgber und dessen Unternehmen. Obwohl formal zum Bereich KoKo gehörend, war die am 4. August 1965 gegründete Firma »Günther Forgber« eng mit dem Ministerium für Staatssicherheit der DDR verbunden. Sie betrieb für die Stasi den Import von Embargo-Waren und sorgte für die Finanzierung der Hauptverwaltung A (HV A), mit Spionage im Westen befasst, durch die Bereitstellung von Devisen.

Firmengründer und Namensgeber Günther Forgber wurde 1957 als inoffizieller Stasi-Mitarbeiter (IM) »Bergmann« geworben und 1958 von der Spionage-Abteilung übernommen. Ein Überläufer verriet 1961 diese Geheimdienstverbindung. Deshalb wurde er bis 1963 »abgeschaltet« und dann von der Stasi-Hauptabteilung XVIII, für die »Volkswirtschaft« zuständig, unter der HVA-Nummer XV/3778/63 als »Martin« erneut registriert. 17 Jahre später, 1983 reaktivierte ihn die HA XVIII noch einmal unter Registriernummer XV/2691/83.

Der auf Antrag der SPD vom 4. Juni 1991 eingesetzte 1. Untersuchungsausschuss des Deutschen Bundestages stellte nach 183 Sitzungen deshalb auch unter »Beschlussempfehlung und Bericht«, Bundestagsdrucksache 12/7600, fest: »Es kann ... mit großer Wahrscheinlichkeit davon ausgegangen werden, dass der eigentliche Initiator der Unternehmensgründung nicht das Ministerium für Außenhandel und Innerdeutschen Handel (der DDR), sondern das MfS war. Obwohl das Unternehmen formal als Einzelunternehmen auftrat, handelte es sich in Wirklichkeit um ein Staatsunternehmen.«

Auch der 2. Untersuchungsausschuss zu diesem Thema, nun 1998, unterstrich, dass es sich bei Günther Forgber »in Wirklichkeit aber um ein Unternehmen des Bereichs KoKo handelte, dessen Vermögenswerte dem Finanzvermögen der Bundesrepublik Deutschland zustehen.« Das hatte der Einigungsvertrag im Artikel 22, Absatz 1 so festgelegt.

Der Schakal Wetzenstein-Ollenschläger war damit befasst, nach eventuell doch noch vorhandenen Schlupflöchern zu suchen.

Dabei ging es allein im Fall Forgber um eine Menge Geld. Der Untersuchungsausschuss im Jahr 1998: »Die bislang bekannten Vermögenswerte, die von der BvS (›Bundesanstalt für vereinigungsbedingte Sonderausgaben‹ – K. B.) für die Bundesrepublik Deutschland als Treuhänder geltend gemacht werden, belaufen sich auf etwa 50 Mio. DM. Hinzu kommen ca. 13,6 Mio. DM, die in der Wendezeit durch Helfer des Dr. Günther Forgber dem staatlichen Zugriff entzogen wurden.«

Eine Spur auf diese hier nicht genannten Helfer findet sich im Urteil des Landgerichtes Frankfurt am Main, Aktenzeichen 12 U 139/00 und 9 O 26/98 vom 22. Februar 2001, das in Berufung eine bereits einmal zuungunsten der Bundesrepublik Deutschland getroffene Entscheidung betrifft: »In Zusammenarbeit mit seinem Rechtsanwalt Wetzenstein-Ollenschläger wurden unter anderem 13 Millionen DM auf ein Konto seiner Tochter S. W. (Name im Urteil ausgeschrieben) transferiert.«

Das ist die Spur des Schakals.

Ihr Hintergrund: Zusammen mit Günther Forgber versuchte Jürgen Wetzenstein-Ollenschläger 1991 ein neues Unter-

nehmensnetz zu gründen. Dazu wurden in Vaduz die Firmenmäntel »Steel Rotors AG« und »Ritter Gut AG« gekauft. Der Schakal führte die Verhandlungen, der Geschäftsmann gab das Geld. All das diente der weiteren Verschleierung des Weges der Millionen. Er soll hier nur an einem Teilbetrag aus dem Bereich der Immobiliengeschäfte aufgezeigt werden, denn letztlich endete alles in einem unentwirrbaren Gestrüpp und blieb für die Bundesrepublik als Rechtsnachfolger der Firmen Günther Forgbers verloren.

Um die an seine Tochter mit Hilfe von Rechtsanwalt Wetzenstein-Ollenschläger überwiesenen 13 Millionen DM endgültig dem Zugriff der rechtmäßigen Besitzer zu entziehen, wurde ein Partner im Westen benötigt. Er fand sich in einer »Gesellschaft bürgerlichen Rechts« (GbR), die sich mit »Vermietung und Verpachtung« befasste und im hessischen Hainburg ansässig war. Zu dieser Firmengruppe gehört u. a. auch eine Stiftung und ein Unternehmen in Liechtenstein. Günther Forgber hatte den Kontakt zu deren Chef angeblich über eine Zeitungsannonce gefunden.

Der West-Unternehmer verfügt über ein umfangreiches Netz von Beziehungen und Verbindungen. Sein Rechtsanwalt Udo Bäcker aus Frankfurt am Main sagt: »Für sein Notizbuch mit den Visitenkarten hätte ich unbesehen 15 000 Euro hingelegt. Da gab es Kontakte bis hin zu Henry Kissinger in den USA!« Nun wollten der West-Unternehmer und der Ost-Geschäftsmann Forgber gemeinsam in den Branchen Immobilien, Umwelttechnik und Lebensmittelhandel tätig werden und Jürgen Wetzenstein-Ollenschläger sollte das juristisch begleiten.

Im Bereich Immobilien war dabei laut oben genanntem Urteil, mit dem die Bundesrepublik das ihr zustehende Forgber-Geld von der Familie des West-Unternehmers zurückholen wollte, die Ausgangslage so: »Das wesentliche Vermögen der Gesellschaft (Vermietung und Verpachtung GbR) bestand aus Grundstücken, die hoch belastet waren ... Die Beklagten (Name des Unternehmers und dessen Frau) machten Dr. Forgber im Juli 1991 ein Beteiligungsangebot, dass dann dazu führte, dass am 13. 11. 1991 ein notarieller Vertrag geschlossen wurde, mit dem die Beklagten ihre Geschäftsanteile auf die Tochter des Dr. Forgber, (Name genannt) und auf ihren Sohn (Name genannt) übertrugen. Dabei bestand Einigkeit darüber, dass (Name der Tochter Forgbers) nur nach außen als Gesellschafterin fungieren und in Wahrheit die Geschäftsanteile für ihren Vater Dr. Forgber halten sollte. Als Gegenleistung für die Anteilsübertragung an (Name der Tochter Forgbers) wurde ein Betrag von 4 Mio. DM bis 4,95 Mio. DM vereinbart, abhängig von Vergleichsverhandlungen mit den Grundpfandrechtsgläubigern. Bezahlt wurden schließlich 5,055 Mio. DM, deren Zahlung die Bundesrepublik Deutschland als Zessionarin der (Name der Tochter Forgbers) und Rechtsnachfolgerin der Firma Günther Forgber aufgrund des Einigungsvertrages ... verlangt.« Abgewickelt wurde die Zahlung der gut fünf Millionen Mark über die vom Schakal in Vaduz gekauften Firmen »Steel Rotors« und »Ritter Gut«.

Das Gericht urteilte: »Die Berufung ist zulässig, aber nicht begründet. Die Klägerin kann unter keinem rechtlichen Gesichtspunkt Zahlung der von Dr. Forgber an die Beklagten (Name der Unternehmensgruppe) gezahlten Gegenleistung für die Übertragung ihrer Gesellschaftsanteile an (Name der Tochter Forgbers) verlangen.« Einfacher gesagt, das Geld ist weg, die gut fünf Millionen Mark sind ein für allemal für die deutsche Staatskasse verloren.

Allein durch die Höhe der Summen, bei denen es bei all diesen Transaktionen geht, ist zu vermuten, dass auch die Honorare für Rechtsanwalt Wetzenstein-Ollenschläger üppig flossen. Die »Bundesanstalt für vereinigungsbedingte Sonderaufgaben« (BvS) ist davon überzeugt, das die hier verfolgten fünf Millionen nur ein Teilbetrag waren. Immerhin hatte ja auch der Untersuchungsausschuss des Bundestages von 50 in Frage stehenden Millionen DM gesprochen. Niemand glaubte so recht, dass mit dem von Staatsanwalt Hans Richter bereits eingetriebenem Geld nun alles erledigt wäre.

Auf Vermittlung seines einstigen Chefs bei KoKo, Alexander Schalck-Golodkowski, hat Günther Forgber derweil unter dem Rechtsbeistand von Jürgen Wetzenstein-Ollenschläger beim Bundesnachrichtendienst über den illegalen Technologietransfer der DDR ausgesagt. Doch Rabatt auf hinterzogenes Geld gab es dafür nicht. Auf Betreiben der BvS verurteilte das Berliner Landgericht den Geschäftsmann dazu, Auskunft über seine Geschäftstätigkeit und alle Konten vor und nach der Wende 1989 zu geben.

Der 2. Untersuchungsausschuss des Deutschen Bundestages hielt fest: »Bei der Vollstreckung der Auskunftsansprüche wurde Dr. Günther Forgber vom LG Berlin unter Haftandrohung eine Frist bis zum 15. November 1994 gesetzt. Dr. Günther Forgber ließ die Frist jedoch verstreichen und ist seitdem flüchtig. Versuche, seinen Aufenthaltsort zu ermitteln und den inzwischen erlassenen Haftbefehl zu vollstrecken, hatten bislang keinen Erfolg.« Fragen an seinen Anwalt Wetzenstein-Ollenschläger sind ebenfalls nicht mehr möglich, denn auch der Schakal ist derweil längst auf der Flucht.

Eine heiße Spur zu Forgber gab es noch 1995 ins österreichische Kitzbühel, wo der Mann als Urlauber gesehen wurde. Doch als der Streifenwagen der Polizei eintraf, war Feriengast Forgber verschwunden.

Ein allerletztes Lebenszeichen war dann ein abgehörtes Telefonat aus Spanien. Bei seiner in die Schweiz gereisten Sekretärin erkundigte sich der Chef, »ob das Geld schon gefunden ist.« Knappe Antwort: »Nein.« Der Schakal hatte offenbar ganze Arbeit geleistet. Günther Forgber stirbt im Frühjahr 2006 bei einem ungeklärtem Autounfall nahe Valencia.

Die Spuren zu Jürgen Wetzenstein-Ollenschläger bleiben diffus. Auffällig ist, dass es ausgerechnet ehemalige Stasi-Offiziere waren, die immer wieder kolportierten, er lebe seit nunmehr fast 20 Jahren in einem abgeschlossenen Funktionärsghetto auf Kuba. Ehemalige DDR-Funktionäre, die nach der Einheit Haftstrafen verbüßten und seither regelmäßig von Fidel Castro zum Erholungsaufenthalt auf die Karibik-Insel eingeladen werden, wie die NVA-Generäle Heinz Keßler und Fritz Streletz und der letzte SED-Chef Egon Krenz, können oder wollen dies nicht bestätigen.

Dennoch ist eine Stasi-Verbindung des Schakals auch nach dem Ende der DDR nicht auszuschließen, denn Mitte Februar 1992 gab es einen Einbruch in die Berliner Kanzlei Wetzenstein-Ollenschlägers. Dabei wurden neben einigen Wertgegenständen auch Akten aus dem damals laufenden Mielke-Prozess entwendet. Eine ungewöhnliche Beute für gewöhnliche Diebe. Auch bei Mielke-Verteidiger Hubert Dreyling wurde eingebrochen, allerdings hielt der Panzerschrank den Öffnungsversuchen stand. Beide Delikte sind bis heute unaufgeklärt.

Als Indiz für eine nach der Flucht des Schakals funktionierende Seilschaft lassen sich auch Aktivitäten angeblicher französischer Privatdetektive interpretieren. Sie boten großen deutschen Zeitungen im Sommer 1992 gegen viel Geld Informationen über eine »Odyssee« des »republikflüchtigen« Anwalts durch Frankreich an. Das klang dann so: «Soeben hat Wetzenstein in Besancon mit einer Kreditkarte auf den Namen Heinz Wagner einen dunkelblauen Citroen BX gemietet." Doch bereits die Nachfrage, in wessen Auftrag sie solcherart Informationen sammelten, blieb ohne Antwort. Das wiederum stärkt die Vermutung, dass hier Desinformanten oder auch nur simple Trittbrettfahrer ihr Geschäft machen wollten. Die offiziellen Fahnder vermuteten den Schakal damals in Kanada oder Südamerika.

Eine tatsächlich handfeste Spur kam 1999 aus der Schweiz. Im März des Jahres meldete die Hofmann Bank in Zürich einen der Geldwäsche verdächtigen Transfer von zwei Millionen Schweizer Franken auf dem Konto 221696-6. Ermittlungen ergaben, dass Jürgen Wetzenstein-Ollenschläger das Geld in drei Einzahlungen auf dem Konto seiner ehemaligen Schwiegermutter in der Schweiz deponiert hatte. Mit Arrestbefehl 990043 sperrte das Beitreibungsamt Zürich das Konto. Bezirksanwalt Dieter Jann aus Zürich bestätigt, dass die deutschen Behörden darüber informiert wurden und die BvS Anspruch auf die bei der Hofmann Bank befindliche Gesamtsumme von 4,5 Millionen Franken erhob. Die deutsche Behörde berief sich dabei darauf, dass es sich um bisher nicht entdeckte Gelder der Firma Günther Forgber handele.

Wie das Geld in die Schweiz kam, erfuhren die Ermittler nach der Festnahme eines vermutlichen Rädelsführers der Terrororganisation »Rote Zellen / Rote Zora« am 23. November 1999 in Berlin. Die »Rote Zora« soll für mehrere Attentate in Deutschland seit 1986 verantwortlich sein. Der etwa 40-Jährige Deutsch-Libanese Tarek Mohammed Ali M., den die Polizei für einen der Köpfe der RZ-Gruppe hielt, war seit Jahren mit der früheren Schwiegermutter Wetzenstein-Ollenschlägers befreundet. Deshalb wurden auch die Wohnungen und Büros dieser Frau K. durchsucht. Sie hatte Anfang der 90er-Jahre mit ihrem Schwiegersohn und ihrer Tochter ein gemeinsames Sparkonto bei der West-Berliner Scheumann-Bank eingerichtet, bei der auch Alexander Schalck-Golodkowski ein Schließfach besaß. Als

der Schakal dann ins Visier der Fahnder geriet, buchte die Familie das Konto auf die Züricher Hofmann-Bank um, um so eine Beschlagnahme zu verhindern. Nach der Flucht des Anwalts flossen aus bis heute unbekannten Quellen rund vier Millionen Mark auf das Konto. Das kam Frau K. komisch vor. Deshalb richtete sie ein Unterkonto für ihren ehemaligen Schwiegersohn ein und beließ nur ihr Geld auf dem Hauptkonto. Damit rettete sie es vor der Pfändung durch die BvS.

Zum Schakal führte dies letztlich alles nicht. Hin und wieder tauchen hier und da noch manchmal Hinweise auf. Er sei 1996 in Davos gesehen worden heißt es, und 2003 in einem Belgrader Nobelviertel. 1997 hätten ihn Zielfahnder des BKA beinahe erwischt, wird gemunkelt, aber eben nur beinahe.

Ein Jahr später ist auf den Fluren des Untersuchungsausschusses im Berliner Reichstag zu hören, Jürgen Wetzenstein-Ollenschläger habe Heimweh und hätte über Mittelsmänner angefragt, ob Deutschland ihm für Aussagen zu verschwundenem SED-Geld Straffreiheit zusichern würde. Das war nicht der Fall.

Eine unerwartete Geldeinnahme von 97 400 DM bekam Jürgen Wetzenstein-Ollenschläger 2001 zugesprochen. Mit Entscheidung 8 B 117.01 vom 26. Juni 2006 hatte das Bundesverwaltungsgericht seinen Einspruch gegen die Rückgabe seines Hauses nebst 1200-Quadratmeter Grundstück in Berlin-Mahlsdorf abgelehnt und damit ein Urteil des Verwaltungsgerichtes Berlin vom 23. März 2001 bestätigt. Das Geld betraf jedoch eine »Ausgleichszahlung« für ins Haus gesteckte Investitionen und musste ihm erstattet werden.

Der Schakal hatte die Immobilie 1983 einem seiner Häftlinge abgenommen. Handwerker Karl-Heinz B. wurde »Devisenvergehen« vorgeworfen. Nachdem er auf sein Anwesen verzichtet hatte, durfte er noch am gleichen Tag nach West-Berlin ausreisen. Jetzt bekam er als Alteigentümer die Immobilie zurück.

Der Prozess wurde von einem Anwalt in Abwesenheit von Jürgen Wetzenstein-Ollenschläger geführt. Der versicherte immer wieder: »Ich weiß auch nicht, wo mein Mandant ist. Ich weiß nicht einmal, ob er noch lebt.«

Eigentlich könnte der inzwischen das Geld in aller Ruhe abholen. Die »Beihilfe zur Untreue« ist seit August 2001 verjährt, der internationale Haftbefehl wurde deshalb aufgehoben.

ABRECHNUNG

Harras knurrt und bleckt die Zähne, als wolle er sein Herrchen bis zum letzten Blutstropfen verteidigen. Doch das hat Klaus Pischel seit 20 Jahren längst selbst übernommen. Er kämpft um seine Ehre. Sie wurde ihm genommen, als am 11. März 1994 ein Bote des Berliner Bezirksamtes Köpenick erschien und dem Lehrer, damals in West-Berlin tätig, »mit Empfangsbestätigung« eine »außerordentliche, hilfsweise ordentliche Kündigung« aushändigte.

Sein vorgesetzter Bezirksstadtrat für Bildung und Jugend teilte mit, dass durch eine »doppelte Lüge im Personalfragebogen das Vertrauensverhältnis nicht mehr vorhanden ist« und »konkrete Umstände vorliegen, aus denen herzuleiten ist, dass sich der Arbeitnehmer während des Laufes seines Arbeitsverhältnisses der Verfassung gegenüber nicht loyal verhält und nicht für ihre Grundwerte einsteht«.

Daraus zog der Dienstherr, die Schlussfolgerung: »Die Beschäftigung Ihrer Person beeinträchtigt auf Dauer den Ruf des öffentlichen Dienstes.«

Klaus Pischel ist zu dieser Zeit 58 Jahre alt und sich eigentlich keiner Schuld bewusst: Er will weder die Würde des Menschen antasten, noch dessen Meinungsfreiheit beschneiden, sondern nur seine drei Klassen anständig zum Abitur führen. Doch sein Chef im Bezirksamt mit der wohlklingenden Adresse »Freiheit 15« meint, das darf er nun nicht mehr, weil eine »mangelnde persönliche Eignung« bestehe.

Klaus Pischel hatte sich nämlich früher einmal als »Informator Peter Schill« dem Staatssicherheitsdienst der inzwischen

längst abgeschafften DDR verpflichtet. Das war im Juni 1955 und ist somit 39 Jahre her.

Dieser Staatssicherheitsdienst hat in den knapp 40 Jahren seiner Existenz nicht nur tatsächliche Feinde der DDR bekämpft, sondern auch zahllose harmlose Bürger des Landes zu Feinden gemacht. Das endete im schlimmen Fall auf dem Schafott oder hinter Gittern, im harmloseren in der Vernichtung der Existenz. Wenn Klaus Pischel also einer der Drahtzieher des alltäglichen Unrechts war, muss er dafür auch die Konsequenzen tragen, schließlich hatte es in seinem Fall ja sogar am 4. März 1994 eine »Einzelfallprüfung« gegeben.

Was hat sich der Mann also zu Schulden kommen lassen? Eine Rückblende.

Klaus Pischel ist 1936 geboren. Als er einen Beruf sucht, weiß er nicht viel vom Leben, aber dass die Erziehung der neuen Generation von Kindern und Jugendlichen entscheidend für die Zukunft sein wird, weiß er. Sie sollen nicht wieder im Gleichschritt hinter einer Fahne her marschieren und den Tod auf dem »Feld der Ehre« suchen. Die allgegenwärtigen Trümmer ringsum scheinen nur ein Symbol für die Trümmer in den Köpfen der Erwachsenen zu sein. Anfang der 50er-Jahre kann man den Krieg nicht nur überall sehen, sondern auch noch riechen.

Der junge Mann geht mit 16 Jahren aufs Institut für Lehrerbildung in Weimar. Nach drei Jahren hat er die Befähigung, ABC-Schützen zu unterrichten.

Doch Klaus Pischel hatte die Rechnung ohne seinen Vater gemacht. Der war ab 1933 hauptamtlicher »Artamanenführer« der »Hitler-Jugend« (HJ) und hatte mit Kriegsende seine Ideologie blitzschnell von braun auf rot umgestellt. 1945 trat er in die KPD ein und begann die nächste politische Karriere. Kein ganz ungewöhnlicher Weg jener Zeit. Inzwischen arbeitete er als hauptamtlicher Funktionär in der SED-Kreisleitung, verantwortlich für Landwirtschaft. Wie vormals an den »Führer«, glaubte er nun fest daran, dass der Westen nichts anderes im Sinn habe, als die DDR zu vernichten. Schließlich wurde dort gerade eine Armee aufgebaut und die Bundesrepublik trat in die NATO ein.

So gerann die große Politik zur direkten Bedrohung der kleinen Familie Pischel. Einen zweiten »Zusammenbruch« würde sie nicht verkraften. Immerhin war der Vater ja Parteifunktionär und der Aufstand am 17. Juni 1953 hatte gezeigt, wie schnell Steine gegen solche Leute wie ihn flogen.

Natürlich begrüßte er begeistert, dass nun auch die DDR ihre Aufrüstung nicht mehr heimlich betrieb, sondern selbst eine Hunderttausend-Mann-Truppe aufstellen wollte. Und wer solle dabei als Vorbild voran gehen, wenn nicht die Genossen der SED! Oder wenigstens ihre Kinder.

Er macht seinem Sohn Druck. Klaus Pischel gibt nach, verpflichtet sich 1955 freiwillig zur »Kasernierten Volkspolizei« und wird bald in die neu gebildete »Nationale Volksarmee« der DDR übernommen. Er zieht in eine Kaserne in Meiningen ein und wird dann nach Mühlhausen versetzt.

Der Vater drängte weiter: Wenn schon Soldat, warum nicht dann auch Offizier. Sein Junge habe doch das Zeug dazu. Es ging schließlich um den Erhalt des Friedens. Wer baute denn im Westen die Streitkräfte wieder auf – Heusinger, Speidel, das waren doch die Leute, die »dem Führer« bis fünf nach zwölf gefolgt waren! Dagegen musste doch etwas getan werden!

Klaus Pischel sieht das alles ein. Im Herbst 1955 wechselt er an die Offiziersschule nach Berlin-Treptow. Er will seinem Land später einmal als Politoffizier dienen.

Die Ausbildung ist hart, aber die Männer sind jung und abenteuerlustig. Da hält man einiges aus. Realistisch soll es sein: Als eines Tages unter Gasmasken geübt wird, kann der Nebel der Rauchbomben nicht dick genug sein. Dann passiert es. Eine Explosion, ein Kamerad verliert eine Hand. Irgendjemand hatte die harmlosen Imitationskörper gegen scharfen Sprengstoff ausgetauscht. Klaus Pischel: »Wir waren entsetzt, der Kamerad hätte tot sein können!« Wenige Tage später ein weiterer Fall. Wieder werden Soldaten verletzt.

Eine Erklärung ist schnell gefunden: Agenten aus dem Westen hätten den Sabotageakt verübt, um den Aufbau der DDR-Armee zu stören. Dagegen müsse etwas getan werden. Die »Genossen von der Sicherheit« baten den jungen Mann persönlich um Hilfe. Pischel: »Ich fühlte mich geschmeichelt. Ich sollte beim Aufspüren von Agenten helfen, ich war 19, das war doch was!«

Er unterschreibt und bekommt den Decknamen »Peter Schill«. Das klang gut. War nicht Ferdinand von Schill auch ein Freiheitskämpfer? Gegen Napoleon hatte er seine Heimat

verteidigt, so wie »Peter Schill« jetzt seine Heimat gegen die unmittelbar bevorstehenden Angriffe des Westens verteidigen wollte. Und außerdem: Die anderen waren doch auch dabei. Sein »Führungsoffizier« ist der Kammerbulle der Truppe, einmal im Monat treffen sie sich heimlich unterm Dach. Dann heißt der »Karl Jordan« und die beiden besprechen ihren »Kampf an der unsichtbaren Front«.

»Mit meinen Berichten habe ich niemandem geschadet«, sagt Klaus Pischel 45 Jahre später. Das ist eine wohlfeile Ausrede, die auch von den anderen schätzungsweise 170 000 inoffiziellen Mitarbeitern der Stasi zu hören ist. Doch wie sah es wirklich aus?

Der Offiziersschüler Klaus Pischel berichtete über die Stimmung seiner Kameraden. Wie sich Soldaten fühlen, ist eigentlich auch bei Erich Maria Remarque oder Kurt Tucholsky, Bert Brecht oder Erich Kästner zu erfahren. Doch die Stasi will keine Theorie, sondern die Praxis. Der junge Mann legt in den folgenden drei Jahren 25 Berichte vor. Eigentlich bestätigen sie nichts anderes, als die literarischen Vorlagen. Sie beschreiben den Alltag zwischen Dreck und Kälte, schmieriger Leberwurst und süßer Marmelade und den Traum vom Ausgang und den Mädchen, die jenseits der Kasernenmauern leben.

Die Mädchen: Margot und Felicitas. Beim Tanz in einer Bar an der Schönhauser Allee haben Klaus und sein Freund Erwin die beiden kennengelernt. Die vier verbringen ihre karge Freizeit miteinander, gehen aus oder fahren zum Paddeln nach Grünau. Die Abiturientinnen planen ihr Leben. Margot möchte nach England, um dort die Sprache zu lernen. Es sind harmlose Jugendträume. Die Stasi erfährt nichts davon. Auch nicht von Erwin.

Erwin Narbuth, ein Kamerad, wie man ihn braucht, wenn ständig gebrüllt wird und das exakte Falten der Decke auf dem Bett wichtiger als das Evangelium ist.

Als Erwin seinem Freund Klaus wenig später anvertraut, dass er mit seiner Margot öfter mal nach West-Berlin führe – damals waren die Grenzen offen und ein Mantel über der Uniform und eine U-Bahn-Karte für 20 Pfennig reichten –, erfuhr »Karl Jordan« natürlich nichts davon. Dabei wusste dessen »Informator Peter Schill« durchaus, dass er sich der Mitwisserschaft an einem streng zu bestrafenden Delikt schuldig machte. Doch Freundschaft wog mehr als das Gerede vom Klassenfeind.

Dann kommt es zum Konflikt: Erwin Narbuth teilte seinem Kameraden mit, dass er und seine Freundin in West-Berlin bleiben würden. Es ist der September 1958. Klaus Pischel weiß: Nun geht es um den Kopf, denn auf Fahnenflucht kann die Todesstrafe folgen und Mitwisserschaft führt unweigerlich ins Gefängnis. Doch »Peter Schill« schwieg. Statt seinen Kumpel anzuschwärzen, verzögerte er die Nachforschungen nach dessen Flucht, denn er behauptete, Erwin wäre »ganz sicher« bei den Eltern seiner Verlobten im fernen Mahlsdorf. Die Überprüfung schuf dem Freund ein paar Stunden Vorsprung. Klaus Pischel wanderte in den Arrest an der Elsenstraße.

Es folgten Verhöre, Drohungen und Bespitzelungen durch die Kameraden. Pischel wurde rund um die Uhr bewacht. Die harte Masche ließ sogar bei seinen Vorgesetzten die Furcht keimen, er könne Hand an sich legen. Der damalige Offiziersschüler erinnert sich: »Davon war ich zum Glück weit entfernt. Meine Überlegungen galten einzig der Möglichkeit, unbeschadet der Gefahr zu entrinnen, und den Weg dazu sah ich im Schweigen und im Zugeben und Erzählen von Bedeutungslosigkeiten.«

Die Taktik schien aufzugehen. Dennoch blieben nur zwei Möglichkeiten: Sofortige Entlassung aus der NVA oder Übergabe an ein Militärgericht. Der Kommandeur der Offiziersschule, Oberst Beck, ein Mann an der Pensionsgrenze, der noch vor wenigen Jahren einen nach dem anderen »seiner Jungs« im Krieg hatte fallen sehen, will seinem Schützling helfen und entließ den Kursanten. Unter vier Augen sagte er ihm: »Sie dürfen den Sicherheitsleuten nicht mehr unter die Augen kommen, sonst gehen sie vor den Militärrichter!«

Klaus Pischel weiß nichts Genaues, aber es waren damals mehrere Angehörige der Schule in den Westen desertiert und die Amerikaner sollen dort unter den NVA-Angehörigen einen Agentenring unterhalten haben. Deshalb war Klaus Pischel dem Oberst für seine Entscheidung zutiefst dankbar.

Er wurde wieder Lehrer, studierte Deutsch im Fernstudium und ergab sich dem Alltagstrott der Schule.

Die Stasi zog nüchtern Bilanz. In seinem »Abschlussbericht« stellte Oberleutnant Schlegel am 7. November 1958 fest: »Obwohl dem Informator einige negative Erscheinungen bei

Narbuth bekannt waren, berichtete er uns nicht drüber. Er verschwieg auch, dass Narbuth zu einer Frau Verbindung unterhielt, welche die Absicht hatte, republikflüchtig zu werden.« Der Stasi-Mann unterstützte die daraus erfolgte Konsequenz und formulierte in eigenwilliger Grammatik: »Aufgrund dieser Verbindungen zu N. und sein unehrliches Auftreten wurde der Informator nicht zum Politoffizier befördert, sondern aus der Armee entlassen.«

Der Vater tobte und Klaus Pischel brauchte ein paar Jahre, um ihm zu zeigen, dass er es auch schaffte, ohne Uniform etwas zu werden. Das Leben begann, seine Bahn zu ziehen.

Oberleutnant Schlegel legte damals fest: »Da aus angeführten Gründen eine weitere Zusammenarbeit von mir nicht befürwortet wird, erfolgt die Ablage der Unterlagen im Archiv.«

Die Stasi hatte anderes zu tun, als sich mit einem unzuverlässigen Nachwuchskader zu beschäftigen. Schließlich ging es um die echten oder vermeintlichen Agenten in der Truppe. Erwin Narbuth wurde 1960 nach West-Berlin gelockt und von dort aus nach Ost-Berlin entführt. Die Stasi wollte durchgreifen. Mit aller Härte und ein für allemal. Nicht nur im Fall der Ost-Berliner Offiziersschüler.

Am 5. Mai 1960 steht der 29-Jährige Manfred Smolka vor dem Bezirksgericht Erfurt. Der ehemalige Oberleutnant der Grenzpolizei war ebenfalls desertiert und 1959 bei einem Besuch an der grünen Grenze in Thüringen – er wollte seine Familie nachholen – in die DDR entführt worden. Am 12. Juli 1960 fällt sein Kopf unter dem Fallbeil in Dresden.

Erwin Narbuth hatte mehr Glück. Er wurde nur zu sechs Jahren Haft verurteilt, die er bis auf den letzten Tag absitzen musste. Dann folgte die unausgesprochene, lebenslange Bestrafung: Keine berufliche Chance, nur ein Job auf dem Schrottplatz der Warnow-Werft in Warnemünde. Auch Margot tauchte wieder in der DDR auf. Sie hatte den Prozess besucht und erzählte Klaus Pischel später davon. Danach durfte die junge Frau sogar Journalistik studieren, ein Fach, das ausgewählten Kadern vorbehalten war. Klaus Pischel vermutet inzwischen, dass sie in Stasi-Diensten stand.

Doch damals interessierte ihn das nicht so sehr. Stattdessen hatte er Angst. Er erfuhr, dass Erwin gefasst worden war und vor Gericht stand. Würde der nun aussagen, wie es ein paar Jahre zuvor wirklich mit der Flucht lief, wäre eine Verhaftung und Verurteilung Pischels zu erwarten gewesen. Doch Erwin schwieg, so wie Klaus zuvor geschwiegen hatte.

Langsam legte sich die Aufregung. Der Lehrer qualifizierte sich, dann waren die drei Kinder da, das Haus im grünen Schmöckwitz wurde gekauft und repariert – die großen Freuden und die kleinen Sorgen beherrschten den Alltag. Und manchmal war es auch umgekehrt.

Klaus Pischel erinnerte sich an sein Soziologie-Studium im Nebenfach und weil er sich an der Schule nicht ausgelastet fühlte, begann er nebenbei für das DDR-Fernsehen die Zuschauerreaktionen zu erforschen. In den 70er-Jahren sah er die Möglichkeit, das auch hauptamtlich zu tun, doch die politischen Restriktionen und die vielen kleinen Intrigen in Adlershof ließen ihn nach zwei Jahren in den Schuldienst zurückkehren. Klaus Pischel ist kein Mann, der sich gern mit Gott und aller Welt anlegt.

Doch als die DDR verschwand, wachte seine Neugier wieder auf. Wie mögen sie sein, die jungen Leute im Westen, wie denken sie, was fühlen sie? Der erfahrene Pädagoge meldete sich als »Austauschlehrer« nach West-Berlin. Schnell ist er dort beliebt, denn schließlich hatte er seinen Schülern allerhand zu bieten.

Bis er am 4. März 1994 ins Schulamt bestellt wird. Es läge ein »Einzelbericht« der im Volksmund so genannten Gauck-Behörde vor. Danach sei er 1955 bis 1958 inoffizieller Mitarbeiter der Stasi gewesen. Das habe er bei seiner Einstellung nicht angegeben, deshalb habe er sich jetzt dafür zu verantworten.

Für Klaus Pischel brach die Welt zusammen. Ja, er hatte im Personalfragebogen verneint, jemals für die Stasi tätig gewesen zu sein und eine Verpflichtungserklärung unterschrieben zu haben. Warum? Klaus Pischel: »Ich hatte das meiste verdrängt und vergessen, zum Beispiel auch die Tatsache, dass ich Margots geplante Republikflucht nicht meldete. Das habe ich später aus den Stasi-Akten wieder erfahren. Außerdem hielt ich das alles für verjährt, es lag ja weit vor meiner Lehrertätigkeit. Die Angabe im Fragebogen war kein bewusstes Lügen oder etwa eine Notlüge. Es war für mich nach 36 Jahren einfach bedeutungslos, wie es in einem Rechtsstaat auch sein sollte.« Es gibt Fragen im Leben, die nicht mit einem einfach »ja« oder »nein« zu beantworten sind.

Doch die Behörde will nichts von den Grautönen wissen. Schwarz oder weiß, Täter oder Opfer. Und wer einen Fleck auf dem Weißen hat, ist dann eben schwarz. Das »in dubio pro reo« als Credo des Rechtsstaates verkehrte sich in ein »im Zweifel gegen den Angeklagten«. Und die Damen und Herren vom Schulamt und Personalrat haben Zweifel, denn ein gestandener Mann muss schließlich wissen, ob er »ja« oder »nein« anzukreuzen hat! So bleibt nur eine Schlussfolgerung: Klaus Pischel habe »bewusst« die Unwahrheit gesagt, »um sich eine Weiterbeschäftigung im öffentlichen Dienst zu erschleichen.« Das verdiene seinen sofortigen Rauswurf.

Dieses Verdikt will der Mann nicht auf sich sitzen lassen. Er beantragt Akteneinsicht und erfährt Erstaunliches: Im »Einzelfallbericht« der Gauck-Behörde stehen zum Teil falsche Behauptungen. So unter Ziffer 11: »Er wurde vorzeitig aus der Armee entlassen ... aus diesem Grund wird eine Verbindung mit ihm abgebrochen.« Und unter Ziffer 16 wird konstatiert: »Auf Grund eines freundschaftlichen Verhältnisses zu einem Republikflüchtigen wurde Herr Pischel nicht befördert, aus der Armee entlassen und die Zusammenarbeit vom MfS aus beendet.« Der Bericht macht also aus dem Verschweigen der oppositionellen Haltung Erwin Narbuths und dem der beabsichtigten Republikflucht von dessen Freundin Margot – damals in der DDR eine mit Haft bedrohte Straftat und für die Betroffenen gleichzeitig eine überlebenswichtige Hilfe – ein schlichtes »freundschaftliches Verhältnis«. Doch damit nicht genug. Klaus Pischel: »Das Gemeinste bestand ohne Zweifel darin, dass die Dokumente der Stasi, die das alles belegten, dem Bezirksamt nicht mitgeschickt wurden. Absicht oder Unvermögen?«

Er beschwert sich und bekommt die übliche Antwort, dass die Behörde nur berichte, nicht jedoch bewerte. Auf seinen Vorhalt, das aber genau dies durch das Verschweigen von Dokumenten geschehen sei, bekommt er keine Antwort mehr.

Daraufhin schreibt Pischel eine Beschwerde ans Bundesinnenministerium. Der Bundesregierung obliegt zwar die Rechtsaufsicht über die Stasi-Unterlagenbehörde, die Dienstaufsicht liegt jedoch beim Beauftragten für Kultur und Medien. Deshalb forderte das Innenministerium lediglich eine Stellungnahme der Stasi-Akten-Verwalter an und die bestätigen sich selbst, nichts falsch gemacht zu haben. Mehr als 35 Jahre nach dem Ausstieg aus der Armee erschloss sich so für den Petenten noch einmal die alte Soldaten-Weisheit, dass man sich zwar leicht beschweren, aber nur schwer erleichtern könne.

Hätte Klaus Pischel damals eine Scheune angesteckt, eine Bank überfallen oder gar ein Kind missbraucht, dürfte ihm das heute niemand mehr vorhalten. Bei den Vorwürfen, der Stasi zu Diensten gewesen zu sein, ist das anders: Die friedliche Revolution im Osten Deutschlands scheint mit ihrem im Nachhinein praktizierten, rigorosen »à la lanterne« die damals nicht stattgefundene Gewalt in derweil subtilerer Form nachzuholen. Forderten 1790 die Pariser, alle Aristokraten an die Laternen zu hängen, gilt nun bei vielen Deutschen schon allein die Diskussion um eine eventuelle Verjährung der Stasi-Untaten als Sakrileg. Gern wird sie demagogisch mit der Forderung nach Schließung der Stasi-Akten verwechselt, die niemand ernsthaft will, der an der Aufklärung der Mechanismen einer Diktatur interessiert ist. Sie jedoch als Richtschwert zu benutzen, war niemals Anliegen des Gesetzes über den Umgang mit der trüben Stasi-Hinterlassenschaft.

Doch Klaus Pischel interessieren solcherart theoretische Überlegungen nicht so sehr. Er hat Praktisches zu tun. Er will erklären, sucht nach Verständnis, mag sich nicht so einfach in die dunkle Stasi-Ecke stellen lassen.

Der Lehrer ist inzwischen im Vorruhestrand. Nebenbei unterrichtet er noch zehn Stunden, führt rund 60 Abendschülerinnen und -schüler zum Abitur. Es geht nicht mehr ums Geld und um die Existenz. Und seine massiven Herzprobleme hätte er ja vielleicht auch ohne den Ärger bekommen. Vielleicht auch nicht.

In seiner Hilflosigkeit sucht Klaus Pischel den Gedankenaustausch mit seiner Umwelt. Er schreibt Briefe, Politiker, Abgeordnete und Repräsentanten verschiedener Parteien sind die Adressaten. Immer, wenn es ihm gelingt, gehört zu werden, bekommt er tröstende Worte. Um seine Wunden auf der Seele heilen zu lassen, reichen sie nicht.

Doch es gibt auch kleine Siege. Klaus Pischels Schülerinnen und Schüler aus dem früheren West-Berlin engagieren sich für ihn und am 19. April 1994 gibt es mit ihnen eine Aussprache über seinen »Fall«, von der er selbst jedoch erst danach erfährt.

Sie wird offiziell als »sehr notwendig und nützlich« eingeschätzt. Für den verantwortlichen SPD-Stadtrat in Köpenick brachte sie eine Einsicht, die er vorsichtshalber als »persönlich« deklarierte: »Verständnis für die Vorgehensweise in Köpenick konnte auch nach der Beratung nur in sehr eingeschränktem Maß erkannt werden; zwar sahen die Schüler grundsätzlich die Notwendigkeit von Konsequenzen ein, meinten jedoch, dass der Spielraum für Entscheidungen zu wenig genutzt wird, um ihre Rechte zu wahren (Ablegung des Abiturs bei ihrem (unterstrichen) Lehrer)«.

Erstaunlich war das eigentlich nicht, denn für die im Westen aufgewachsenen Abiturienten in spe sind rechtsstaatliche Grundsätze wie Verhältnismäßigkeit der Mittel oder der Grundsatz der Verjährung ganz selbstverständlich. Für den Bezirksstadtrat waren sie es offenbar nicht. Das belegen seine in Übereinstimmung mit den vorgesetzten Amtskollegen gemachten Aussagen. Klaus Pischel: »Für mich machte das vor allem deutlich, dass es bei der ganzen Sache nicht um eine korrekte Vergangenheitsbewältigung, sondern um inquisitorisches Abrechnen ging.« Ein bitteres Fazit.

Das sah die Behörde sicher anders, dennoch berief sie sich darauf, dass »alle Prozesse in Folge von Kündigungen vom Bezirksamt gewonnen wurden und der hier zu beratende Vorgang im Kontext zu bisher vorliegenden Fällen entschieden wurde.« Vorauseilender Gehorsam hatte sich also offenbar als »sicherer« als der mit Stolpersteinen gepflasterte Weg einer tatsächlich Aufarbeitung des Vergangenen erwiesen. Dieses Denken hat gerade in Köpenick Tradition; »Hauptmann« Wilhelm Voigt lässt grüßen.

Inzwischen hatte Klaus Pischel auch seinen früheren Kameraden Erwin Narbuth ausfindig gemacht. Der gab eine schriftliche Ehrenerklärung für ihn ab: »Das Verhalten Klaus Pischels im Jahr 1958, also vor 37 Jahren, war ehrenhaft und mir deshalb Anlass, ihm für seine Aufrichtigkeit und Freundschaft zu danken ... Er hat uns nicht verraten und wurde deshalb und aus keinem anderen Grunde aus der ›Nationalen Volksarmee‹ entlassen und aus der Liste der für den Dienst im militärischen Abwehrbereich vorgesehenen Kader gestrichen – 1958.«

All das erfuhr auch das Berliner Arbeitsgericht, vor dem Klaus Pischel gegen seine Kündigung geklagt hatte. Unter dem

Aktenzeichen 19 CA 9218/94 wurde im Juli 1994 ein Vergleich geschlossen: »Die Parteien sind sich darüber einig, dass das zwischen ihnen bestehende Arbeitsverhältnis aufgrund Befristung mit dem 13. Juli 1994 enden wird.« Das war nur die zweitbeste Möglichkeit für den Kläger, doch Klaus Pischel ist müde geworden: »Ich wollte nicht in die nächste Instanz, denn die ganze Sache hat mich auch eine Menge Geld gekostet. Ich wollte endlich zur Ruhe kommen. Für mich war ausschlaggebend, dass mit dem Vergleich die Kündigung zurückgenommen und der befristete Arbeitsvertrag eingehalten werden musste.«

Trotzdem lässt ihn alles nicht los. Als das Bundesverfassungsgericht mit Urteil vom 8. Juli 1997 festlegte, dass ein Verschweigen von Stasi-Vorgängen aus der Zeit von vor 1970 gerechtfertigt sei, bat er den Bezirksbürgermeister von Köpenick, wenigstens den Vorwurf der bewussten Lüge zurück zu nehmen und ihn so zu rehabilitieren. Doch die Behörde lehnte ab. Klaus Pischel soll die moralische Last mit ins Grab nehmen.

Weitere 15 Jahre vergehen. In jedem davon legte die Bundesregierung einen Bericht zum Stand der deutschen Einheit vor. Sie alle haben den gleichen Tenor: Die Zahlen sind blendend, die Stimmung eher mies. In den darauf folgenden Sonntagsreden folgt deshalb dann schon fast zwanghaft die Aufforderung, Ost und West mögen sich doch gegenseitig ihre Biographien erzählen, sich mehr zuhören und sich für Toleranz und Verständnis engagieren. Alt-Bundespräsident Richard von Weizsäcker sagt, warum das so nötig ist: »Erst wenn wir uns einander ganz und ernsthaft öffnen und annehmen, nähern wir uns dem tieferen Sinn von Einheit.«

So bleibt am Ende nur noch eine Frage: Warum tun wir das nicht einfach?

INSCHALLAH

Hadschi Halef Omar Ben Hadschi Abul Abbas Ibn Hadschi Dawuhd al Gossarah ist wohl der einzige Muslim, den der gemeine DDR-Bürger kennt. Das »Statistische Jahrbuch 1990« – das letzte des Landes und das einzige mit einigermaßen ehrlichen Zahlen – weist für 1989 zwar rund 34 000 Zeugen Jehovas, etwa 5000 Mormonen und sogar 50 Quäker aus, der Islam taucht jedoch nicht auf. Offenbar gab es keine Koran-Jünger in der DDR. Eben bis auf den treuen Freund Kara Ben Nemsis und die beiden hatte letztlich auch nur Karl May erfunden.

Dennoch muss es in der »Sozialistischen Einheitspartei Deutschlands« (SED) wohl doch ganz geheime Kontakte gen Mekka gegeben haben, denn wie wäre sonst das Bedürfnis der Nachfolge-»Partei des Demokratischen Sozialismus« (PDS) erklärbar, ausgerechnet einer »Islamischen Religionsgemeinschaft« insgesamt 136 Millionen DDR-Mark zu verschaffen? Zur ersten Tranche hieß es lakonisch: »Zahlen Sie gegen diesen Scheck aus dem Guthaben des Ausstellers Fünfundsiebzigmillionen an Islamische Religionsgesellschaft oder Überbringer«. Er war auf die »Staatsbank der Deutschen Demokratischen Republik« in Berlin ausgestellt, trug die Nummer 2154252 und das Datum 31. Mai 1990.

Vielleicht liegt das Geheimnis beim »Überbringer«. Der heißt Abdel Majid Younes. Natürlich kannte die Stasi den Mann. Seit fast zehn Jahren betrieb er aus dem Hochhaus des »Internationalen Handelszentrums« am (Ost-)Berliner Bahnhof Friedrichstraße seine Geschäfte. Mielkes Männern in der Normannenstraße gefiel das nicht so richtig. »Er verkörpert den Typ eines ›mit allen Wassern gewaschenen‹ und in seinen Methoden nicht wählerischen, undurchsichtigen Händlers, der keine Gelegenheit zur persönlichen Bereicherung auslässt«, notierten sie in der Akte 3826/89. »Undurchsichtig« ist wohl das treffende Wort, denn Stasi-Oberst Meinel vermerkte: »Es ist bekannt, dass … Younes mit unterschiedlichen Pässen, unterschiedlicher Nationalität und Personalien in Erscheinung tritt.«

Mal war er angeblich am 3. Juli 1936 im jordanischen Dura geboren, mal irgendwann 1939 in Khalib in Syrien. Dann trat Younes gern als syrischer Diplomat Amayra auf. Im Protokollverzeichnis des DDR-Außenministeriums tauchten jedoch weder Name, noch Funktion auf. Inschallah – so Gott will –, es sind wohl die Geheimnisse und Wunder des Morgenlandes. Deshalb hilft dieser »Überbringer« des 75-Millionen-Schecks der PDS erst einmal nicht viel weiter.

Möglicherweise ist es ja das magische Datum. Einen Monat nach Ausstellung des kleinen Wertpapiers, am 1. Juli 1990, wurden die 75 Millionen DDR-Mark zur Makulatur und stiegen als 37,5 Millionen harter D-Mark wieder wie Phönix aus der Asche. Inschallah, wieder ein Wunder. Bruder Younes ist geschehen, was der Koran, Sure 93, erst für das Paradies vorsieht: »Dein Herr wird dir dereinst so reichlich geben, dass du zufrieden sein wirst. Doch auch schon im diesseitigen Leben hat er Dir Gnade erwiesen.«

Diese Gnade des Umtauschs der zwar mühsam erarbeiteten, aber nun bald wertlos werdenden Ost-Mark in das begehrte »Bunte« vom derweil erlahmten Klassenfeind sollten eigentlich nur DDR-Bürger bevorzugt genießen. Doch war der Mann mit den verschiedenen Identitäten nicht auch einer von ihnen? Zumindest wurde er es noch. Auf den allerletzten Drücker bekam er das Identitätspapier der scheidenden Republik mit Hammer, Zirkel und Ährenkranz, ausgestellt am 2. Oktober 1990 in Berlin mit der Nummer A 1752301.

Ewald König war damals seit einer Weile Korrespondent der Wiener Zeitung »Die Presse« und Nachbar der Einraumwohnung von Abdel Majid Younes in der (Ost-Berliner) Leipziger Straße 60. Er erinnert sich an den scheuen, stets mit Anzug und Krawatte gekleideten Mann: »Immer sah er grübelnd auf den Boden, wenn wir im zehnten Stock gemeinsam auf den Lift warteten. Grüßte ich, blickte er weg. Mehr als gequältes

Murmeln kam nie zurück. War er gerade beim Heimkommen – an seiner Türe stand kein Name – verschwand er so schnell in seiner Wohnung wie die Kakerlaken in meiner Küche, wenn ich Licht machte.«

Als König seinen Nachbarn einmal an einer Ost-Berliner Tankstelle in einem gepanzerten Mercedes sah, hörte er sich um: »Younes war Waffenhändler und hatte die Aufgabe, unauffällig Millionen und Abermillionen des SED-Vermögens ins Ausland zu schaffen. Zu der Zeit, als er neben mir wohnte, war er in so viele Aktivitäten gleichzeitig verstrickt, dass es kein Wunder war, dass er weder Zeit noch Lust für Smalltalk hatte.« Der Journalist recherchierte und hielt fest: »Das SED-Vermögen betrug zur Wendezeit 6,2 Milliarden DDR-Mark sowie 300 Millionen D-Mark und einen Haufen Dollar, Goldmünzen und Silberbarren. Das Geld sollte in Sicherheit gebracht werden und Younes spielte dabei eine wichtige Rolle. Eine Summe von insgesamt 136,4 Millionen DDR-Mark ging in der kurzen Zeit zwischen dem 28. Mai und dem 6. Juni 1990 an Younes.«

Das ist zunächst einmal eine Vermutung, die zwar im Einklang mit dem Koran steht, aber erst noch zu beweisen wäre. Denn in der Sure 42 heißt es: »Wenn aber einer das Feld des Diesseits bestellen möchte, geben wir ihm etwas vom Diesseits, während er am Jenseits keinen Anteil hat«. Inschallah. Was verbarg sich also hinter der geheimnisvoll klingenden »Islamischen Religionsgemeinschaft«?

Younes gründete sie im Februar 1990 und somit nach dem Fall der Mauer. In Ermangelung von Moslems in der DDR waren zunächst nur ein paar Koran-Gläubige aus seiner Verwandtschaft und dem persönlichen Umfeld Mitglieder. Zum Vorstand zählten seine Frau, ein weiterer Verwandter und zwei enge Freunde. Die »Islamische Religionsgemeinschaft« mietete die Zimmer 21 bis 23 in der Ost-Berliner Neuen Rossstraße 11. Das Gebäude gehörte damals der PDS, bislang beherbergte es eines von mehreren Internaten der SED-Parteihochschule »Karl Marx«.

Die Handvoll Leute hatte angeblich Riesenpläne, zumindest auf dem Papier. In Berlin sollte ein multikulturelles Zentrum entstehen, mit einer Moschee, einer christlichen Kirche und einer Synagoge – ein Klein-Jerusalem sozusagen. Das könnte nach groben Schätzungen zwischen 600 und 800 Millionen Dollar kosten. Spenden waren willkommen.

Ungewöhnlich schnell, bereits am 1. März 1990, wurde die »Islamische Religionsgemeinschaft« vom Staatssekretariat für Kirchenfragen der DDR anerkannt. Unterschrieben ist die Urkunde von Staatssekretär Kalb, der nebenbei auch als geheimer Stasi-Informant tätig war. Damit wurden vor allem erst einmal wichtige vermögensrechtliche Fragen geklärt. Die »Bundesanstalt für vereinigungsbedingte Sonderaufgaben« (BvS) stellte im Nachhinein fest, dass diese zügige Bearbeitung wohl nur denkbar war, weil »dieses Vorhaben durch die noch herrschenden Kräfte in der DDR protegiert« worden sei.

Nun präsentierte Younes angeblich das Projekt der PDS. Dazu reichten offenbar wenige Zeilen, denn der damalige PDS-Schatzmeister Dietmar Bartsch erinnert sich später: »Weder bei mir, noch bei Gregor Gysi hat sich der Herr vorgestellt.«

Dennoch war sein Angebot willkommen, denn die PDS saß auf einem Haufen Geld. Ab 1. Juni 1990 würde die Treuhand oder die neu gebildete Unabhängige Kommission zum Vermögen der Parteien darauf Zugriff haben und so schien es verlockend, vorher noch möglichst viel unter eigener Regie auszugeben. Younes beschrieb wolkig und wenig konkret, dass die »Islamische Religionsgemeinschaft« dazu besonders gut geeignet wäre, indem sie den in der DDR lebenden Moslems die Religionsausübung erleichtere. Das war ein hehres Ziel, ob es in der DDR überhaupt eine namhafte Zahl Moslems gab, fragte niemand. Ebenso wenig, wie nach Sicherheiten. Jeder Gemüsehändler, der 2000 Mark Kredit für seinen Marktstand braucht, muss sie vorweisen, bei der neuen Religionsgemeinschaft genügte offenbar Gottes Segen, Inschallah.

Als erstes bekamen die unsichtbaren Moslems von der PDS die bereits erwähnte »Spende« von 75 Millionen DDR-Mark. Dann folgten drei »Darlehen«, per gleichlautenden Verträgen zwischen Younes und dem PDS-Parteivorstand, mit einer Gesamtsumme von 52 Millionen Mark. Der Darlehenszweck: Drei Anwesen, die bislang der Berliner Bezirksleitung der SED als Erholungsheime dienten, »kurzfristig auf die Erfordernisse der Marktwirtschaft einzustellen, sowie Arbeitsplatzsicherung und -neubeschaffung zu gewährleisten.« Es handelte sich dabei um zwei Ferienheime in Lychen und Wendisch-Rietz und

um das »Strandhotel« in Wandlitz mit insgesamt etwa 120 Arbeitsplätzen für Kellner, Köche und Zimmermädchen. Younes war nach den mit der PDS abgeschlossenen Verträgen der Alleinverfügungsberechtigte über die »Darlehen«. Zinsen sollten bis Ende 1992 nicht anfallen, danach würde ein Festzins von einem Prozent an die »Partei des Demokratischen Sozialismus« fällig. Gegen ein Papier mit einer Beschäftigungsgarantie für die Angestellten bekam er ein Vorverkaufsrecht für die drei Immobilien oben drauf.

Doch auch damit war das Füllhorn der Partei für Mister Younes noch nicht geleert. Einen Tag vor Eintritt der Verfügungssperre am 1. Juni 1990 überwies die PDS 9 486 783 DDR-Mark an das neu gegründete Reisebüro Touristik-Union-Kontakt (TUK) in Berlin. Diesmal war es kein Darlehen, sondern als Vorauszahlung für 3000 Auslandsreisen von PDS-Funktionären gedacht. Allerdings gab es weder einen Zeitraum, noch andere Planungen für diese Reisen, nur die Vorausschau, man würde es schon irgendwann gebrauchen können. Von diesem dubiosen Geschäft distanzierte sich ein Jahr später die PDS selbst und der damalige Pressesprecher Hanno Harnisch sagte, es sei wohl nur einer der untauglichen Versuche gewesen, »SED-Kohle zu retten.« Auch die »Unabhängige Kommission zur Überprüfung des Vermögens der Parteien und Massenorganisationen der DDR« erfuhr aus späteren Befragungen der PDS, dass die Partei nur den äußeren Anschein nutzen wollte, um Parteivermögen bei Younes in Verwahrung zu geben. Inschallah.

Für seine Partner in der TUK wurde der Araber schnell zum Geschäftsrisiko, denn Mitte 1990 waren seine undurchsichtigen Deals mit der PDS in aller Munde. Deshalb feuerte ihn die Gesellschafterversammlung am 25. Juli 1990 als Geschäftsführer. Nun übernahm Klaus Eichler, ehemaliger FDJ-Spitzenfunktionär und bis 1989 Präsident des Sportbundes DTSB, den Job als alleiniger Chef. Als Gesellschafter und Prokurist bei der TUK mit dabei: Eichlers Duzfreund aus alten FDJ-Zeiten Frank Bochow, zuletzt FDGB-Sekretär und Vertrauter von Gewerkschafts-Chef Harry Tisch. Dritter Gesellschafter war Gunter Rettner, seit 1988 ZK-Mitglied und, bis zur Entmachtung von Egon Krenz, zuvor viele Jahre Leiter der Westabteilung im Zentralkomitee. Als West-Partner tauchte bei der TUK Arno Edgar Rann von der Hansa-Tourist GmbH auf.

Doch zurück zum größten Batzen, der 75-Million-Spende. Zunächst schien sich die Sure 48 des Korans, »Der Sieg«, zu bewahrheiten: »Allah hat euch versprochen, dass ihr viel Beute machen würdet. Und er hat euch den einen Teil der Beute eilends zukommen lassen und die Hand der Menschen von euch zurückgehalten.« Inschallah.

Mister Younes eröffnete am 4. Mai 1990 bei der »Deutschen Handelsbank AG« der DDR das Konto mit der Nummer 1333-50-011-023. Am 6. Juni erschien er mit dem Millionenscheck, der anstandslos gutgeschrieben wurde. Alleiniger Verfügungsberechtigter war nun ein Mann, bei dem nicht einmal die Stasi so genau wusste, woher sein Geld bisher kam. Unter dem Decknamen »Repräsentant« beschäftigte sich Major Schlemmer intensiv mit ihm. Schon im November 1985 bemerkten die Genossen, dass sich der Araber »eine beträchtliche materielle Basis in der DDR« aufgebaut habe, »die in keinem Verhältnis zur kommerziellen Tätigkeit des Younes« stehe. Er verfügte über fünf Wohnungen und mindestens zwei Häuser in Ost-Berlin und eine stattliche Flotte von sieben Autos, darunter auch ein nobler Rolls Royce. Die Geschäfte in der DDR verliefen eher schleppend.

Abdel Majib Younes Firma »Gulf International« war in den Vereinigten Arabischen Emiraten registriert. Ein Adler prangte auf dem Briefkopf und in einem Brief an das Ministerium für Außenhandel der DDR führte er bereits 1977 unter Nummer 8 seiner Handelspartner eine »Bin Laden Organisation, Construction & General Trading« mit Sitz in Dubai auf, vermutlich der väterliche Betrieb des Terroristen Osama Bin Laden. Der war damals noch völlig unbekannt, dennoch notierte die Stasi über die »Gulf«: »inoffiziell als Deckfirma der PLO bekannt« und ordnet sie der El-Fatah zu.

Rätsel gab dem MfS vor allem der seltsame Doppelstatus von Younes auf: Mal agierte der angeblich geborene Jordanier als privater Geschäftsmann, mal als syrischer Diplomat. Die Stasi registrierte nicht nur, dass er auch im sicheren Ost-Berlin stets eine Pistole bei sich trug, sondern stellte auch »durch Vergleichsarbeit« fest, dass Younes und der angebliche Syrer Amayra, Pass-Nummer 4922, ein und dieselbe Person waren. Dabei half ihr der gut platzierte arabische IM »Achmed« und das führte wiederum zu »Verdachtsmomenten der Zusammenarbeit

mit dem syrischen Geheimdienst.« Erklärbar war das für die Stasi alles nur, wenn sich ihre Vermutung erhärten ließ, dass hinter dem dubiosen Händler und/oder geheimnisvollen Diplomaten die palästinensische Befreiungsorganisation PLO stand. Darauf deutete auch die im Westen in Erfahrung gebrachte Tatsache hin, dass Younes zunächst in Hannover und Frankfurt am Main Elektrotechnik studiert habe und angeblich in Verbindung zum Terroristen Abu Daud stand. Der wiederum galt nach Überzeugung der Staatsanwaltschaft München als einer der Planer und Drahtzieher des Olympia-Massakers, bei dem am 5. September 1972 elf israelische Sportler ermordet wurden. Die Stasi verfügte über den brisanten Hinweis: »Nach dem Geiseldrama 1972 in München (Olympia) erfolgte die Ausweisung aus der BRD.« In einem anderen Vermerk hieß es, Younes werde »durch westliche Geheimdienste den Kräften zugerechnet, die zur Abwehr terroristischer Aktionen unter Kontrolle gehalten werden müssen.« Jahre später, nach 1989, notierte die in der ehemaligen DDR tätige »Zentrale Erfassungsstelle für Regierungs- und Vereinigungskriminalität« (ZERV), im Zusammenhang mit dem Anschlag »soll auch nach Aktenlage ein Tatverdacht gegen Younes bestanden haben.« Weil nach ihm gefahndet worden sei, solle er sich »über Schweden in die DDR abgesetzt haben.« Geklärt wurde das alles nicht, denn die ZERV war anderweitig überbeschäftigt.

Für die Stasi klärte sich die Lage ein wenig, als ihr etwa ab 1984 Younes »offenes Auftreten als Leiter der Gruppe Abu Moussa in der DDR« auffiel. Yasser Arafats PLO hatte sich gespalten und der »Gulf«-Chef, der sich im Oktober 1979 in der DDR mit dem PLO-Führer traf, schloss sich dem Fatah-Flügel unter Abu Moussa an. Die Stasi notierte, dass er »für diesen Flügel der Fatah Waffengeschäfte durchführt«. Sie hatte aber auch seine weiteren, wahrscheinlich geheimdienstlich geführten Kontakte im Auge. Die Information 118/86 dokumentiert eine Anfrage von Younes beim »Ingenieur-Technischen Außenhandel« im DDR-Außenhandelsministerium nach 50 Maschinenpistolen »mit Zielfernrohr und Schalldämpfer«: »Es handelt sich um eine Musterlieferung für Spezialtruppen des libyschen Staatschefs GHADDAFI«, vermerken die Unterlagen.

All diese lukrativen Geschäfte wurden 1990 mit dem absehbaren Ende der DDR obsolet. Doch immerhin standen ja erst einmal die 75 Millionen Ost-Mark auf dem Konto, die sich in 37,5 Millionen DM verwandeln. Ein paar Monate später stellte sich heraus, dass Mister Younes den Scheck sechs Tage zu spät eingereicht hatte! In arabischen Ländern nimmt man es mit der Zeit ohnehin nicht so genau; Inschallah, zu einer Verabredung ein paar Stunden später zu erscheinen gilt nicht als unhöflich und was heute nicht erledigt wird, hat auch bis morgen Zeit. Für Younes hatte das jedoch eine fatale Konsequenz. Am 1. Juni 1990 trat das einen Tag zuvor von der neuen Volkskammer beschlossene Parteiengesetz in Kraft. Seine Paragraphen stellten – etwas verkürzt gesagt – das gesamte »Altvermögen« aller DDR-Parteien unter die Verwaltung einer »Unabhängigen Kommission«. Die Parlamentarier wollten damit den Zugriff der bisherigen und neuen Funktionäre auf das »rechtsstaatswidrig angesammelte Vermögen« verhindern. PDS-Chef Gysi wetterte in der Volkskammer zwar nach Kräften gegen das Gesetz, verhindern konnte er es jedoch nicht. Wieder bewies sich der Koran, Sure 60: »Wenn sie euch zu fassen bekommen, sind sie euch feind, strecken in böser Absicht die Hand und die Zunge nach euch aus.«

Für Younes hieß das, die Schenkung war »nichtig« und er musste sie zurückgeben. »Selber schuld«, kommentierte ein PDS-Insider trocken, »hätte er den Scheck gleich am 31. Mai eingelöst, wäre niemand mehr an das Geld herangekommen.« Inschallah. »Und bringt euch nicht untereinander in betrügerischer Weise um euer Vermögen«, sagt Sura Al-Baqarah, Vers 188.

Bei einer Durchsuchung seiner Wohnung und der Büros am 7. November 1991 fanden die Ermittler »keine Konzeptionen, Verträge etc.« für das der PDS avisierte »Islamische Religionszentrum«. Treuhand-Nachfolgerin BvS ging von einer »nachgeschobenen Schutzbehauptung« aus, alles spräche dafür, dass es sich um eine zwischen der PDS »und ihrem Vertrauensmann Y. verabredete Vermögensverschiebung« gehandelt habe. Alle Konten des Geschäftsmannes – bei der Deutschen Handelsbank AG« sind es inzwischen 22 – wurden längst gesperrt.

Auch auf den großzügigen Darlehen lag kein Segen und sie hielten der Überprüfung nicht stand. Diverse Prozesse zogen sich bis 1998 hin, schließlich musste Younes alles zurück zahlen. Mit Zinsen machte das mehr als 93,5 Millionen DM.

Ob der clevere Araber dadurch völlig verarmt war, sei dahingestellt. Wer auch nur einen einzigen Tag lang über eine Summe von 68,2 Millionen DM verfügte, dem, was nach dem Umtausch des DDR-Geldes der PDS für Younes übrig blieb, und die zu einem Jahreszins von nur 5 Prozent anlegte, machte zu jener Zeit damit knapp 1000 Mark Gewinn – am Tag. Doch auch das hätte der Koran nicht gern gesehen: »Und kein Prophet darf veruntreuen. Wenn jemand veruntreut, wird er das, was er veruntreut hat, am Tag der Auferstehung (mit sich) bringen«, sagt Sura Al-u Imran. So hatte die Politik letztlich also nur Bruder Younes den Weg ins Paradies geebnet.

Offiziell ist der inzwischen nach Pankow verzogene Geschäftsmann heute bettelarm und verschuldet. Ende 2001 verlangte nach amtlicher Auskunft der Bund 304 900,90 Mark von ihm, weitere 103 000 Mark schuldete er einem Inkassounternehmen, dass eine Forderung der BvS aufgekauft hatte. Bereits im März 2000 gab Younes beim Amtsgericht Charlottenburg die eidesstattliche Versicherung über seine Vermögensverhältnisse ab, das heißt, er kann nicht zahlen. Früher nannte man das »Offenbarungseid«. Die jüngste aktuelle Kreditauskunft zum früheren Millionenmann sieht nicht besser aus: »Die Einkommensverhältnisse sind unübersichtlich. Es bestehen unerledigte Verbindlichkeiten. Die finanziellen Verhältnisse sind schwach«, heißt es da.

Die PDS, inzwischen »Die Linke«, mag sich mit Sure 83 des Korans trösten: »Wehe den Betrügern, die, wenn sie sich von den Leuten etwas zumessen lassen, volles Maß verlangen, wenn sie aber ihnen etwas zumessen oder abwägen, sie in Schaden bringen!«

GEHEIMKONTAKTE

Nicht einmal Bundeskanzler Helmut Kohl weiß so genau, was ihn an diesem 19. Dezember 1989 in Dresden erwartet. Kurz bevor die Luftwaffenmaschine auf der holprigen Betonpiste in Klotzsche aufsetzt, sieht er Tausende von Menschen auf dem Flugplatz und ein Meer schwarz-rot-goldener Fahnen. Das beruhigt ihn. Noch auf der untersten Stufe der Gangway sagt er halblaut zu Rudolf Seiters, Chef des Bundeskanzleramtes: »Rudi, die Sache ist gelaufen!« Zehn Meter weiter wartet DDR-Ministerpräsident Hans Modrow mit versteinerter Miene. Kohl erinnert sich: «Das war mein Schlüsselerlebnis auf dem Weg zur staatlichen Einheit.«

Ein paar Dutzend Leute aus den Funktionseliten der DDR, insbesondere den Geheimdiensten und dem diplomatischen Dienst, waren da offenbar schneller. Sie, die sich gern als die Treuesten der Treuen gerierten, gaben »den realen Sozialismus« bereits auf, als er die ersten Krankheitssymptome zeigte, und begannen, ihre privaten Fäden in die Marktwirtschaft zu spinnen. Während Michail Gorbatschow den Bundeskanzler noch einen Tag vor der Reise nach Dresden in recht barschem Ton warnte: »Die Ereignisse künstlich aufzupeitschen, politischen Sprengstoff in das noch glühende Feuer zu werfen, ist äußerst gefährlich«, schafften sie schon kofferweise Geld in Sicherheit und aktivierten ihre konspirativen Kontakte, um das Überleben in der Zukunft zu sichern.

Allen voran sind jene Offiziere aus dem Ministerium für Staatssicherheit, die mit der Wirtschaft und damit auch mit Geld zu tun hatten. Wie sie den Absprung vorbereiteten, belegt ein Ver-

merk der Stasi-Hauptabteilung XVIII vom 11. Dezember 1989. Er enthält den Bericht eines Mitarbeiters des DDR-Außenhandels, dem MfS gleichzeitig als inoffizieller Mitarbeiter (IM) »Messing« verpflichtet, der über ein Gespräch mit Stasi-Oberst Arthur Wenzel, seinem Führungsoffizier, berichtete. Der Oberst erklärte ihm am 3. Dezember 1989: »Die Zeit ist gekommen, wir gehen in die Illegalität. Ich verschwinde, Du trittst aus der Partei aus, machst aber weiter Deine Arbeit. Du wartest auf Anweisung von mir oder Gerd H. (Name im Vermerk ausgeschrieben, ungeschwärzt).«

Unter dem Deckmantel eines DDR-Diplomaten ist letzterer derweil im Auftrag der Hauptverwaltung A (Aufklärung) in Österreich tätig. Für die »Rettung« des Geldes vor dem Klassenfeind engagiert er sich offenbar schon seit längerem. »Messing« berichtet: »dass er seit Anfang der 80er-Jahre in seiner Wohnung 160 000,-- DM aufbewahre. Dieses Geld stamme aus Geschäften, die er damals mit Gen. H. (Name ausgeschrieben) und Baude abgewickelt habe, er habe aus Angst, am 10. 12. 1989 die Summe auf seine Datsche verlagert.« Schwarzgeld in der Wohnung und im Wochenendhaus also, natürlich in harter Währung, und das Ganze schon seit Anfang der 80er-Jahre!

Fast zehn Jahre vor ihrem Ende fühlte sich die DDR als blühendes Land. Bereits zu dieser Zeit auf den Zusammenbruch zu spekulieren, wäre wohl nicht einmal den übelwollensten Feinden im Westen zuzutrauen gewesen. Bei der Stasi geschah es offenbar, denn die bereits erwähnte Summe war beileibe nicht einmalig. Es wurde systematisch Geld beiseite geschafft und versteckt. »Messing« im Dezember 1989: »Ferner sei vor ca. 3 Jahren ein Konto des Bereiches Anlagenexport ... aufgelöst worden. Auf Anweisung seines Führungsoffiziers (Wenzel oder H.) habe er eine Summe von 350 TDM oder 500 TDM auf das Privatkonto des IM »Nicol« (französische Staatsbürgerin) des Genossen H. (Name ausgeschrieben) eingezahlt.« Den DDR-Banken trauten die Herren wohl nicht so recht.

Das erwies sich dann ja auch als richtig und als es 1989 im Gebälk der DDR krachte, wurden die Drahtzieher der illegalen Geldgeschäfte gewarnt: »Am Vormittag des 4.12.1989 bestellte Genosse Wenzel aufgeregt ... seinen Stellvertreter, Major Koch, zu sich und beauftragte ihn: ›Wenn ich morgen nicht mehr da bin, dann fahre zu Rolands Tochter (Roland ist der AIM »Schuhmann« des Genossen W., ehemaliger Generaldirektor des Außenhandelsbetriebes (geschwärzt), zur Zeit Handelsrat in Paris). Sie soll ihren Vater anrufen und auffordern, nicht in die DDR zu kommen, sonst wird er verhaftet.«

Daran hält sich der merkwürdige Diplomat mit den guten Stasi-Kontakten und als er später ins vereinigte Deutschland zurückkehrte, scherten sich weder die französischen, noch die deutschen Strafverfolgungsbehörden um ihn. Seine Vertrauten haben bereits kurz vor der Währungsunion in Ost-Berlin mit Kontakten zu der in Genf ansässigen Firma Primaco eine eigene Gesellschaft gegründet, deren umfangreiche Geschäftsfelder das Handelsregister so beschreibt: »Ex- und Import von Konsum- und Investitionsgütern sowie finanzielle Beteiligung an Kapital- und Personengesellschaften.«

Das Geld dafür wurde sehr wahrscheinlich noch zu DDR-Zeiten in Frankreich »erwirtschaftet«. Das geschah, indem der smarte Handelsrat gegenüber dort ansässigen Firmen, die mit der DDR handelten und dabei auch hin und wieder Gesetze ihres Landes verletzt hatten, so genannte »Wiedergutmachungsleistungen« eintrieb – eine etwas schamhafte Umschreibung für den Tatbestand der Erpressung. Insgesamt rund 12 Millionen DM aus solcherart Aktivitäten soll er dann auch »bar und unter vier Augen« – so ein Insider – an Stasi-Oberst Arthur Wenzel gezahlt haben.

Dem gelingt die Absetzbewegung »in die Illegalität« nicht so perfekt. Unter dem Aktenzeichen 1 A 142/89 S unterschreibt Militärstaatsanwalt Heinz Kadgien am 5. Dezember 1989 einen Haftbefehl gegen Wenzel: »Der oben Genannte ist dringend verdächtig, einen schweren Diebstahl sozialistischen Eigentums begangen zu haben. Dr. Wenzel wurde beim Verlassen des Hofes des Hauses der Elektrotechnik Alexanderplatz, Berlin 1020, durch Bürger und Einsatzkräfte der VP gestellt, als er versuchte, unter Mitnahme eines Aktenkoffers und einer Aktentasche, sich von diesem Grundstück zu entfernen. Eine Kontrolle des Inhalts des Aktenkoffers ergab, dass in diesem Bargeldbeträge in Höhe von ca. 740 000 DM der Bundesbank der BRD, ca. 150 000 Mark Währung der DDR sowie zwei Stück Goldbarren enthalten waren. Es besteht der dringende Verdacht, dass Wenzel sich die vorstehenden Beträge rechtswidrig zugeeignet hat.«

Geklärt wurde die Sache nicht, denn Oberst Wenzel erhängte sich am 6. Dezember 1989 mit seinem Gürtel am Gitter seines Zellenfensters in der U-Haft.

Zur Erinnerung: All diese Dinge geschahen zu einem Zeitpunkt, als die Mehrheit der DDR-Bürger gerade einmal die ersten Wochen ihrer Freiheit genoss und darauf hoffte, nun komme alles im Land in Ordnung. Am 17. Dezember 1989 veröffentlichten Meinungsforscher der Bundesrepublik und der DDR die Ergebnisse einer gemeinsamen Umfrage. Danach sprachen sich 71 Prozent der Befragten für die Idee des Sozialismus aus, 73 Prozent bevorzugten eine souveräne DDR und 61 Prozent gaben einem »gründlich reformierten sozialistischem Wirtschaftssystem« den Vorzug gegenüber der bundesdeutschen Marktwirtschaft, für die 39 Prozent stimmten. Gut ein Viertel, 27 Prozent, waren für einen gemeinsamen Staat.

In dieser Stimmung wurde jedoch nicht nur Geld beiseite geschafft, sondern auch versucht, das Überleben ganzer Strukturen des Geheimdienstes zu sichern.

Anfang 1990 flog ein Oberst des Militärischen Nachrichtendienstes der Nationalen Volksarmee der DDR nach Griechenland, Dr. Heinz Kalbach (Name geändert). Er reiste unter falschem Namen, natürlich in Zivil und seine Gastgeber in Athen sorgten dafür, dass der Pass weder bei der Einreise gestempelt wurde, noch eine offizielle Anmeldung im »Holliday Inn« in Athen ausgefüllt werden musste. Strikte Geheimhaltung war angesagt. Kalbach: »Für die Legendierung meiner Reise wurde ein Auftrag von Microsoft zur Feststellung von Softwarepiraterie in Griechenland erfunden.«

Der Offizier hatte jedoch insgeheim ein anderes Anliegen: »Da war einmal ich selbst mit der festen persönlichen Absicht, in einem absehbaren ›neuen Leben‹ gut anzukommen und da war eine seit 1988 entstandene Gruppe von bis zu sechs Personen aus meiner ›Firma‹ mit etwa gleichen Absichten.«

Seit etwa 1971 hatte Heinz Kalbach auch zunächst lockere, ab Anfang 1990 dann intensivere Beziehungen zum BND: »Das fand in einer nüchternen, sachlichen Atmosphäre statt, sie versuchten, ein partnerschaftliches Gefühl zu erzeugen«. Fast 20 Jahre später war das Zusammenbrechen der DDR zwar zu ahnen, aber noch galt der Fahneneid. Vorsichtshalber hielt der NVA-Offizier seine Reise nach Griechenland deshalb auch vor den Kameraden von der anderen Feldpostnummer geheim. Kalbach: »Ich habe mich dabei auch ein bisschen wie ein Verräter gefühlt.«

Deshalb war die Tarnung wichtig: »Die gewählte Legende war realistisch. In meinem Umfeld wusste jeder, dass ich in Verbindung stand mit Firmen wie Oracle, Bull, Microsoft, Robotron, um Möglichkeiten einer späteren Anstellung zu prüfen Gleichzeitig wurde über die Presse bekannt, dass Microsoft riesige Verluste durch gut gemachte Softwarefälschungen machte. Und dass der vage Verdacht bestand, dass griechische Händler dabei eine äußerst negative Rolle spielten.« So schöpfte also niemand Verdacht, denn in Wirklichkeit ging es um etwas ganz anderes.

Der Oberst: »Die Reise war ein Teil von geplanten Kontaktaufnahmen – ab 1989 – zu den Militärattachéapparaten von Österreich, Italien, Frankreich, Griechenland und den Benelux-Staaten. Unter Ansprache der Militärattachés oder Gehilfen dieser Länder sollten Dossiers über diese Länder, entstanden im Bereich Aufklärung der NVA, übergeben werden. Damit sollte die Bereitschaft unterstrichen werden, weiter als ›ideologiefreier‹ Profi zu arbeiten, da abzusehen war, dass allen Mitarbeitern der Dienste die Verteuflung und die Arbeitslosigkeit drohte.« Dabei bewegte er sich auf einem schmalen Grad: »Das war damals eine durchaus noch gefährliche Aktion, die allerdings einen vagen Erfolg versprach.«

Um den zu erzielen, musste den Partnern recht unverblümt klargemacht werden, was sie von ihren eventuellen künftigen Söldnern zu erwarten hätten. Dazu traf Dr. Kalbach unter strengster Geheimhaltung in Athen die entsprechend kompetenten Leute zu mehrtägigen Gesprächen. Der Chef des griechischen Militärgeheimdienstes war dabei, der Polizeichef der Hauptstadt und ein »Herr von der inneren Sicherheit«. Diese Gespräche wurden dann Anfang 1991 in Berlin fortgesetzt. Für den NVA-Oberst fiel ein Honorar von 2000 Dollar dabei ab.

Natürlich ging es in den Gesprächen um den zu erwartenden Abzug der Sowjets aus der DDR und dazu wusste Heinz Kalbach auch nicht viel. Über die Aktivitäten der Stasi und des NVA-Geheimdienstes war jedoch weit mehr zu sagen.

Beziehungen zwischen der DDR und Griechenland im militärischen Bereich existierten seit langem, selbstverständlich auch als Verschlusssache. So gab es z. B. schon 1978 einen umfangreichen Waffendeal. Aristidis Pagounis war damals Vertreter der DDR-Außenhandelsfirma Maschinen-Export in Griechenland. Im Februar 1978 schrieb Fritz Nolte, der frühere

Geschäftsführer und nunmehrige Berater der »Nolte KG« in der Bundesrepublik, einen Brief in die DDR. Seine Firma in Bochum war ein über ausländische Holdings getarntes Unternehmen der SED. Die nutzte deren Gewinne in harter D-Mark, um damit die »Deutsche Kommunistische Partei« (DKP) im Westen zu finanzieren. Adressat war der Minister für Handel und Versorgung der DDR: »Sehr geehrter Herr Briksa, nachstehend Spezifikation, die über Pagounis direkt über Headquarters Athen läuft. Es handelt sich um einen Direktauftrag, keine Ausschreibung, Auftragsumfang ca. 80 Mill. US-Dollars.« Dafür wurden Flugabwehrgeschütze und Panzerabwehrkanonen mit dazugehöriger Munition, Fernlenkgeschosse und Panzermunition bestellt. Alles unter konspirativen Bedingungen; In den Akten war von »Weißwein« und »Schiffsfiltern« die Rede, wenn »Geschütze« und »Munition« gemeint sind.

»Der Spiegel« schrieb über den gesamten Umfang dieses brisanten Handels: »Über Athen wickelte das SED-Regime umfangreiche Waffengeschäfte, etwa mit Angola, Eritrea und Nicaragua, ab. Während des irakisch-iranischen Kriegs nahmen die Lieferungen ein solches Ausmaß an, dass sich griechische Geschäftspartner brüsteten, binnen 15 Tagen könnten sie eine ganze Division ausrüsten.«

Doch solch alte Geschäfte waren lange nicht so undurchsichtig und heiß wie ganz andere Dinge. Oberst Kalbach: »Da ging es auch um die Verbindungen DDR – Griechenland in den 70er-Jahren, vor allem um eventuelle Ausbildung und spätere Steuerung von Angehörigen der Terrororganisation ›17. November‹.«

Diese »17N« war eine terroristische Untergrundorganisation in Griechenland, die ideologisch eine Mischung aus Marxismus und Nationalismus vertrat. Seit Mitte der 70er-Jahre bekannte sie sich zu 23 Morden, mehr als 65 Bombenanschläge werden ihr zugeschrieben. Zu den Opfern zählten Amerikaner wie der CIA-Agent Richard Welch, US-Flottenkapitän George Tsantes oder Militärattaché William Norden ebenso wie exponierte Griechen: etwa der Zeitungsherausgeber Nikos Momferato, der Industrielle Alexandros Athanasiadis-Bodosakis, die Staatsanwälte Panagiotis Tarasouleas und Konstantinos Androulidakis oder der Parlamentsabgeordnete Pavlos Bakogiannis. Bombenanschläge wurden u. a. auf US-Soldaten, Touristenbusse, das Haus des französischen Militärattachés in

Metz und verschiedene Finanzämter in Griechenland verübt. Raketen flogen in die Niederlassungen von Siemens und Löwenbräu, die American Express Bank, die US-Botschaft und die Residenz des deutschen Botschafters. Erst 2002 gelang die Festnahme einer größeren Anzahl der »17N«-Terroristen.

Ein noch weiteres Gesprächsfeld waren die »Unterstützung der kommunistischen Partei Griechenlands durch die DDR und die SED und der Aufbau von Tarnfirmen und Finanzierungen in Griechenland«, berichtet der NVA-Oberst. Auch hier konnten beide Partner auf eine lange Tradition zurück blicken.

Nach der Niederlage der »Demokratischen Armee Griechenlands« am 9. Oktober 1949 flohen viele der Kämpfer für die Freiheit des Landes ins Ausland oder brachten zumindest ihre Kinder in Sicherheit. Die gerade gegründete DDR nahm bereits am 4. August 1949 die ersten 342 griechischen Kinder auf. Am 1. Juli 1950 folgten weitere 720 Jungen und Mädchen. Für sie wurde in Radebeul das »Heimkombinat Freies Griechenland« geschaffen, das die DDR-Volkssolidarität betreute. Die Insassen wuchsen heran, bekamen in der DDR ihre Wunschausbildung und gründeten Familien. 1961 lebten deshalb 980 Erwachsene und 337 griechische Kinder im Osten Deutschlands.

1968 verlegte die damals illegale griechische KP ihren Sitz von Bukarest nach Ost-Berlin. Tausenden griechischen Kommunisten diente die DDR jahrelang als Zufluchtsort und zweite Heimat. Obwohl ab Mitte der 70er-Jahre viele ans Mittelmeer zurückkehrten, zählte die Statistik für das Jahr 1980 immerhin noch 1625 Griechinnen und Griechen in der DDR.

In der alten Heimat hatte es die Kommunistische Partei derweil zu Reichtum gebracht. Ihr gehörten nicht nur das Parteiorgan Rizospastis, eine Großdruckerei und zwei Rundfunksender, sondern auch Industrie- und Außenhandelsgesellschaften, Baufirmen, Reisebüros und Hotels, Supermärkte, Videoklubs, Kinos und Buchhandlungen. Ein ansehnlicher Immobilienbesitz aus rund tausend Häusern, Appartements und Landgütern war ebenfalls dabei. Ein großer Teil des Kapitals dafür wurde mit Provisionen für die Anbahnung von Staatsaufträgen mit Ostblock-Staaten erwirtschaftet. Mit der DDR ging es noch weiter. »Der Spiegel«: »Nach der Heimkehr der Emigranten im Jahre 1974 begann eine enge finanzielle Verflechtung mit der SED, die weit über Provisions- und Gewinn-

beteiligung bei der Vergabe griechischer Aufträge an ostdeutsche Firmen hinausging.« Manche Geschäfte wurden von vorn herein konspirativ angelegt: »1982 nahm der kommunistische Verlag Typoekdotiki bei einer SED-Tarnfirma in Luxemburg einen Kredit in Höhe von 6,7 Millionen Mark auf, um die Ausrüstung einer Großdruckerei zu finanzieren.«

Angesichts solch umfangreicher Aktivitäten nimmt es kaum Wunder, dass sich die Leute von der »inneren Sicherheit« Griechenlands bei ihrem Geheimdienstgesprächspartner Heinz Kalbach auch nach eventuellem SED-Geld erkundigten: »Man wisse, das ein führender Funktionär des SED-Nachfolgers PDS gerade mit der KP-Generalsekretärin Aleka Paparriga auf Korfu Urlaub mache, ob er denn ahne, warum«, wurde der Offizier gefragt. Das tat Heinz Kalbach nicht. »Der Spiegel« berichtete darüber im Februar 1991 und meinte: »Die finanzielle Solidarität bewährte sich in Zeiten der Not.« Dann folgten ein paar konkrete Verdächtigungen darüber, dass auch die PDS gerade dabei wäre, Geld in Griechenland zu parken, ohne dafür jedoch Beweise vorlegen zu können. Unstrittig hingegen war, dass in dem Hotel auf Korfu auch schon vor dem Mauerfall DDR-Bürger gern gesehenen Gäste waren: »Einst pflegten dort auch SED-Spitzengenossen wie Hermann Axen neben Prominenten anderer Bruderparteien ihre Sommerferien zu genießen.«

Für den NVA-Oberst waren das alte Geschichten, jetzt galt es, den Blick nach vorn zu richten. Frei geradeaus. Aber an wen konnte er sich wenden? Dabei sollten die vor Ort tätigen Mitarbeiter des NVA-Geheimdienstes helfen, natürlich ohne zu erfahren, was in Wahrheit dahinter steckte. Heinz Kalbach: »Ich habe damals unter Legende drei Mitarbeiter in Griechenland kontaktiert. Es ging um eine Kontaktanbahnung in Griechenland und bei allen drei fiel der Name Kokkalis.«

Sokrates Kokkalis war in der DDR kein Unbekannter. Der 1940 geborene Mann emigrierte in den 50er-Jahren mit seiner Familie in den Ostblock, weil sein Vater Petros, ein Arzt, als KP-Funktionär in der Heimat verfolgt wurde. Er studierte in Moskau und Ost-Berlin Physik und arbeitete nebenher zwischen 1962 und 1965 als IM »Rocco« für die Stasi. 1964 nach Griechenland zurückgekehrt, avancierte er bald zu einem der reichsten Männer des Landes. Kokkalis besitzt heute 52 Firmen, darunter den Elektronik-Riesen Intracom. Sein Vermögen wird auf zwei Milliarden Dollar geschätzt, auf der Forbes-Liste der reichsten Leute der Welt belegt er Platz 421.

Schon Mitte der 90er-Jahre beschuldigte der Untersuchungsausschuss des Deutschen Bundestages zum DDR-Vermögen den Milliardär der Zusammenarbeit mit dem MfS. Die Parlamentarier meinten, die Stasi, die Kokkalis zu jener Zeit unter »Krokus« registriert hatte, habe zehn Jahre zuvor die Kontakte zu dem Griechen intensiviert und für wichtige finanzielle Starthilfen gesorgt. Durch Bestechung soll Kokkalis damals Aufträge für DDR-Elektronikfirmen vermittelt und in die DDR embargobehinderte Hochtechnologie eingeführt haben.

Mit seinem Geld unterstützte er seit Jahrzehnten sowohl die sozialdemokratische Pasok, als auch die Nea Dimokratia und mit einem Zehntel dessen, was die Sozialdemokraten bekamen, auch die Kommunisten. Dadurch war er tabu und sämtliche bis dahin erfolgte Ermittlungen verliefen im Sande. Sogar der ehemalige Chef des griechischen Geheimdienstes EYP, Kostas Tsimas, sagte inzwischen öffentlich: »Kokkalis ist ein echter Patriot; als Sohn eines Partisanen hat er immer das Richtige getan.«

Die Macht dieses Mannes stand auch bei den Gesprächen Heinz Kalbachs in Athen unsichtbar im Raum: »Der Hinweis auf Kokkalis löste Heiterkeit aus. Er hätte langjährige und lukrative Beziehungen zur DDR und zur BRD, sei aber aufgrund politischer und wirtschaftlicher Beziehungen nicht angreifbar«, erklärten ihm seine griechischen Gesprächspartner.

Dennoch kehrte der Oberst zufrieden in die sich auflösende DDR zurück. Im Transitraum des Wiener Flughafens Schwechat gab es in der VIP-Lounge noch ein ungeplantes und unerwartetes 45-minütiges Gespräch mit dem damaligen Außenminister Griechenlands, Giorgos Samaras. Nur der DDR-Militärattaché und Oberst Kalbach waren dabei: »Der Minister bedankte sich noch einmal bei mir für die ›freundliche Unterstützung‹ Griechenlands.«

Ein Job sprang nicht dabei heraus, doch Dolmetscher »George« hat nebenbei noch einen Kontakt zum zypriotischen Geheimdienst vermittelt. Man könne einen Trupp beherzter NVA-Offiziere gebrauchen, um in die Türkei verschleppte Griechen, die dort in Gefängnissen saßen, aufzuspüren und zu befreien, verlautete von dort. Fotos der Betroffenen seien am

seinerzeit noch bestehenden Grenzübergang in Nikosia zu sehen. Oberst Dr. Kalbach lehnte rundweg ab: »Zu heiß.« Seine griechischen Kontakte setzten sich noch eine Weile in Berlin fort, erst nach der Einheit verliefen sie im Sande.

Deren Herstellung am 3. Oktober 1990 ist für viele ein magisches Datum. Um 0.00 Uhr änderten sich nämlich die Gesetze und dass es dabei nicht nur um künftige Punkte in Flensburg für unachtsame Autofahrer ging, wusste zum Beispiel DDR-Diplomat Volker G. im indischen Neu Delhi ganz genau. Offiziell war er als Handelsattaché registriert, seine Anweisungen bekam er jedoch vom Ministerium für Nationale Verteidigung, denn er koordinierte die Geschäfte des »Ingenieur-Technischen Außenhandels« (ITA) und das war einer der DDR-Waffenexporteure.

Zwei Wochen vor Ultimo, am 20. September 1989, bat Volker G. auf einem Kopfbogen der DDR-Botschaft die indischen Behörden um ein Visum für sich und seine Familie, am besten gleich für drei bis vier Jahre. Er begründete seinen Wunsch damit, dass er bisher die ITA-Waffenlieferungen der DDR an Indien abgewickelt habe und dies nun gern privat weiter betreiben würde. Die bestehenden Verträge aus den Jahren 1987 bis 1990 listet er auf. Aus einem davon, über die Lieferung von 13 000 Maschinenpistolen, stehen noch 4800 Kalaschnikow aus und gerade erst im August bot ITA den Indern 300 Panzer T 72 und Ersatzteile für die MiG 21 an.

Die Botschaft der Bundesrepublik bekam Wind von der Anfrage nach dem Visum und Botschafter Konrad Seitz telegrafierte an das Auswärtige Amt in Bonn: »Botschaft kann nicht ausschließen, dass im vorliegenden Fall der Versuch unternommen wird, einen illegalen Waffenhandel unter Umgehung von Kriegswaffenkontrollgesetz und Außenwirtschaftsgesetz aufzubauen.« Eine Kopie ging an das Bundeskanzleramt.

Dort herrschte Alarmstimmung, denn die NVA der DDR würde zwar in wenigen Tagen der Bundeswehr unterstehen, doch noch wusste niemand so genau, welchen Brautpreis an Waffen und Material sie mitbrächte. Fachleute im Bundesverteidigungsministerium vermuteten, dass erhebliche Kontingente zu den Noch-Verbündeten im Warschauer Pakt geschafft worden seien und nun über diese Drittländer zum Verkauf stünden.

Darauf deutete auch die nach der Wende erfolgte Umwandlung des »Ingenieur-Technischen Außenhandels« in eine

GmbH hin. Sie stand in Geschäftskontakten mit der »Vercoma GmbH« unter Leitung von Geschäftsführer Klaus U., der einst hauptamtlicher Stasi-Mitarbeiter und MfS-Kontaktmann zur PLO war. Ein weiterer ITA-Partner in Ost-Berlin, Finkenstraße 20, war die »Indien Contact GmbH«. Ihr geschäftsführender Gesellschafter Rainer L. war West-Botschafter Seitz wohl bekannt: Er diente bis 1987 als Stasi-Vertreter mit Diplomatenpass an der DDR-Botschaft in Neu-Delhi.

Botschafter Seitz meldete nach Bonn: »Die an diesen Geschäften Beteiligten gehen wohl davon aus, dass man zunächst zwar etwas verdeckt arbeiten muss, dass aber nach ein bis zwei Jahren die ›neuen Geschäfte‹ institutionalisiert sind, man in Deutschland zur Tagesordnung übergegangen ist und sich niemand mehr darum kümmert. Die Dreistigkeit, mit der die Waffengeschäfte hier – unter weitestgehender Ausnutzung aller noch bestehenden Verbindungen – betrieben wird, lässt den Schluss zu, dass man sich sehr sicher fühlt.«

Für ein wirtschaftlich so mächtiges Land wie die Bundesrepublik Deutschland gibt es viele diplomatische Mittel, einen solchen unerwünschten Handel zu stoppen. Meist reicht es, den Partner wissen zu lassen, dass man wohl informiert sei. Genügt das nicht, folgt der »Rat« von der ganzen Sache doch lieber die Finger zu lassen. Doch solche Schritte setzen Kenntnisse voraus. In Indien gab es sie. Ob anderswo auch, bleibt eine offene Frage.

Nachsatz: Am 9. November 1989, einem Donnerstag, fiel die Mauer. Am Dienstag, dem 14. November fuhr ein großer Mercedes im Schritttempo durch die Seestraße am Heiligen See in Potsdam. Er hielt und ein Mann stieg aus, dessen Äußeres jeglichem Klischee von einem Spekulanten standhielt – man kannte die Typen aus dem West-Fernsehen. Freundlich richtete er über einen Gartenzaun ein paar Worte an eine Frau, die dahinter Unkraut zupfte. Ob er sich mal ein bisschen umsehen dürfe, sie müsse ja nun wohl ohnehin bald ausziehen ... Die Frau, Mieterin in einer der zur Kommunalen Wohnungsverwaltung gehörenden Villen, lachte herzlich. Natürlich konnte er reinkommen, aber ausziehen ...?

Dass es in einem Jahr die DDR nicht mehr geben und ihre Wohnung am See bald unbezahlbar sein würde, kam ihr nicht in den Sinn. Dem Makler schon, so wie einigen seiner künftigen Kollegen aus dem Osten offenbar auch.

DAS GEHEIMNIS
DER BEICHTE

Das Bistum Kopenhagen ist der größte römisch-katholische Kirchensprengel der Welt. Nicht nur das ganze Königreich Dänemark gehört dazu, sondern auch noch die Färöer und Grönland. Und das nicht, weil es so viele Katholiken in dem skandinavischen Land gibt, sondern weil sie in der Diaspora rar sind. Deshalb ist es auch schwierig, außer der St. Ansgar oder der Heiligen Anna ein katholisches Gotteshaus in Kopenhagen zu finden.

Richard Gert (Name geändert) gelang es trotzdem. Seine Geliebte Marianne meinte, sie hätte gegen das 6. Gebot verstoßen. Du sollst nicht ehebrechen. Das kommt zwar oft vor, aber Marianne Liebig (Name geändert) ist eine fromme Frau und deshalb drückte sie die Sache. Dabei waren sie nicht einmal verheiratet, aber auch die Freuden der Liebe vor der Ehe sieht die Kirche ja nicht so gern. Deshalb wollte sie sich dringend mit einer Beichte von der Sünde befreien. Und dann war da noch etwas, bei dem sie den Rat eines Seelsorgers benötigte. Die Frau kannte Richard Gert als »Kai Petersen«. Sie glaubte, er sei ein dänischer Journalist. Das hatte er ihr so erzählt. Und auch sein Geheimnis vertraute er ihr an: Er arbeite klandestin für's dänische Militär, denn als kleiner NATO-Staat bekomme sein Land nicht alle Informationen aus dem Bündnis, die es brauche. Das konnte Marianne nur bestätigen, denn sie hatte selbst Akten mit dem Vermerk »for German eyes only« gesehen. Das war im NATO-Hauptquartier in Fontainebleau bei Paris. Dort arbeitete sie als Dolmetscherin.

Natürlich hatte sie ihrem Kai geholfen und das eine oder andere Papier aus dem Büro mitgebracht. Ob das aber wirklich in Ordnung war, darüber wollte sie nun mal mit einem Pfarrer sprechen, immerhin ging es ja irgendwie auch um Vertrauen und Verrat.

Es ist der Sommer 1963. Kai und Marianne genießen seit einem Jahr ihr Glück. Der Mann ist viel unterwegs – ist ja klar, so als Journalist – aber er taucht immer wieder in Fontainebleau auf. Als ihm die Geliebte während eines gemeinsamen Urlaubs in Arosa in der Schweiz ihre Sorgen anvertraut, hat er wenig später einen Plan: Natürlich, warum sollte sie nicht zur Beichte gehen. Seine Heimat Dänemark wäre doch der geeignete Ort dafür und in Kopenhagen könne sie dann auch gleich seine Mutter und seinen Chef kennenlernen.

Marianne Liebig ahnte nicht im Geringsten, dass das Szenarium dazu derweil in Ost-Berlin geschrieben wurde. Ohne es zu wissen, war sie längst Agentin des Staatssicherheitsdienstes der DDR. In ungewöhnlicher Offenheit berichtete nach deren Ende der frühere Spionage-Chef Markus Wolf darüber: »Eine gute Besetzung war auch Richard G., Direktor eines angesehenen Theaters in Sachsen, der auf der Bühne vielleicht eher den Don Giovanni als den jugendlichen Romeo gegeben hätte. Er war ein hochintelligenter, gutaussehender Mann mit dem Naturtalent, in jede Rolle zu schlüpfen, kurzum, der geborene Kandidat für das, was uns vorschwebte. 1961 fuhr er in unserem Auftrag nach Bonn, um dort eine Frau kennenzulernen, die als Dolmetscherin an der NATO-Zentrale in Fontainebleau bei Paris arbeitete. Zu diesem Zweck schlüpfte er in die Rolle eines dänischen Journalisten namens Kai Petersen und sprach Deutsch mit dänischem Akzent. Unser Zielobjekt … war hübsch, katholisch, fleißig, sittsam und scheu. Andere Romeo-Agenten hatten sich bereits vergeblich um sie bemüht. Doch Richard G. kannte das Wort Niederlage nicht.«

Was der Stasi-General hier so süffisant und locker erzählt, rechnete sich sein Soldat »an der unsichtbaren Front« noch dreißig Jahre später als Erfolg an. Mit schollernder Stimme verkündet er, dass seine Chefs im fernen Berlin schon genau gewusst hätten, wo seine Qualitäten lägen. Für einen kurzen Moment steht die Befürchtung im Raum, er könne seine Hose herunterlassen, um dies auch augenscheinlich zu demonstrieren. Doch

dann bevorzugt Richard Gert doch die große Geste und erklärt: »Es war ja alles für den Frieden.« Auch eine Entschuldigung für ein Leben als zynischer Drecksack. Er scheint immer noch stolz auf sich und seine Stasi-Knallchargen zu sein.

Damals, 1963, musste er sich bei niemandem entschuldigen. Fünf Wochen vor der geplanten »Beichte« fuhr er nach Kopenhagen und suchte eine kleine Kapelle, die um die Mittagszeit menschenleer war. Dann mietete er für jeweils 14 Tage zwei Häuser. In der DDR wurden derweil ein älterer Mann und eine Frau für eine delikate Mission verpflichtet. Es waren kommunistische Emigranten, die einstmals vor den Nazis nach Dänemark geflohen, und dann in Skandinavien geblieben waren. Die Frau sollte in Kopenhagen die Mutter von »Kai Petersen«, der Mann den Vorgesetzten, einen dänischen Geheimdienst-General, mimen. Die näheren Zusammenhänge erfuhren sie natürlich nicht; ein Einsatz im Klassenkampf lag an, selbstverständlich, dass da auch die Genossen im Ausland zur Fahne stünden.

Im heimischen Karl-Marx-Stadt (heute Chemnitz) paukte inzwischen Stasi-Offizier Karl-Heinz H. das Vaterunser auf dänisch: Vor Fader, du, som er i Hinlene, Helliget vorde dit navn, komme dit rige ... Er würde die Rolle des Kaplans in Kopenhagen übernehmen.

Der Geruch von Weihrauch lag in der Luft, das Ewige Licht flackerte ein wenig in der schummrigen Kapelle und angenehme Kühle umfing Richard Gert und seine »Verlobte« Marianne, als sie schließlich zur »Beichte« erschienen. Der falsche Kaplan erwartete die bei der Stasi als »Rose« registrierte Frau im Beichtstuhl.

Nach dem üblichen Gebet zur Begrüßung breitete Marianne vor dem Mann ihre Sorgen aus. Das waren die wilden Stunden im Bett und sie war doch noch gar nicht verheiratet! Natürlich wollten sie das heilige Sakrament der Ehe bald vollziehen, aber das Fleisch eben jetzt schon so schwach, als habe der Leibhaftige persönlich seine Hand im Spiel. Und dann drückte sie der Geheimnisverrat ... In Demut beendete sie ihr Bekenntnis mit den Worten: Ich bitte Gott um Vergebung.

Der Kaplan nahm sie sehr ernst. Die Kirche könne ihre Verstöße nicht billigen, sagt er, aber Gott kann verzeihen. Schließlich sei es die Liebe, wie der Allmächtige die Liebe sei, die Marianne auf den Pfad der Sünde geführt habe. Und was die geheimen Unterlagen beträfe; letztendlich diente ihre Weitergabe dem Frieden. Frieden, wie ihn auch der Herr immer wieder anmahnt. Er rate ihr, darüber nicht die Behörden zu informieren. Der Herr habe ihr die Probe auferlegt und die Wege des Herrn sind unergründlich.

Schließlich erteilt der Kaplan der jungen Frau die Absolution: »Deine Sünden sind dir vergeben. Geh hin in Frieden. Gelobt sei Jesus Christus.« Das »In Ewigkeit Amen« kommt »Rose« aus vollstem und befreitem Herzen.

Am Nachmittag wurde bei der angeblichen Mutter Kaffee getrunken und abends dankte der vermeintliche »General« vom dänischen Geheimdienst ganz offiziell für die wichtige Unterstützung des kleinen Dänemarks. Im Namen der Königin.

Beruhigt fuhr Marianne Liebig nach Paris zurück. An den Wochenenden und in den Ferien war sie glücklich mit Kai, nun sogar mit Gottes Segen. Dann, nach gut einem Jahr, verabschiedete er sich; Arbejdet kræver – die Arbeit ruft. Er stellte der Frau seinen Freund Bernd vor. Der würde wissen, wo er wäre. Es dauerte nicht lange, dann eröffnete ihr Bernd, Kai Petersen müsse für seinen Dienst nach Vietnam, er sei in absehbarer Zeit nicht zu erreichen.

Richard Gert bekam für die perfekt gelungene Aktion die Verdienstmedaille der DDR und stand nun für die nächste Liebhaber-Mission bereit. Die Genossen in Berlin nannten sie zynisch »Pflaumenfälle«.

Offiziell klang das ganz anders, zum Beispiel in der »Vertraulichen Verschlusssache« (VVS) 060 S 111/87 der Stasi-Bezirksverwaltung Gera. Unter Punkt 4. »Spezifische operative Erfahrungen aus der Bearbeitung und Zusammenarbeit mit Sekretärinnen« hieß es ganz im sozialistischen Geist, dass »die Bearbeitung von Sekretärinnen des Operationsgebietes in hohem Maße die Rolle und Stellung der Frau in der Gesellschaft der BRD und die sich auf diesem Gebiet abzeichnenden Entwicklungstendenzen ständig berücksichtigen muss (Kampf um Gleichberechtigung, Frauenbewegung, Diskriminierungserscheinungen usw.)«.

Wie wird eigentlich eine Frau mehr diskriminiert als mit dem Vorspiegeln einer falschen Liebe, wie ihre Gleichberechtigung mehr zerstört, als durch die widerspruchslose Ausführung der Befehle eines Mannes? Wenn »ganz speziell von der

weiblichen Psyche und Mentalität, dem starken und ausgeprägten emotionalen Empfinden einer Frau« ausgegangen werden soll und die »Beachtung und Ausnutzung typischer weiblicher Verhaltensweisen« genutzt wird, ist das die Anweisung zu einer unmenschlichen Handlungsweise.

Die Stasi weiß genau, wie die Leute beschaffen sein müssen, die diese Methoden praktizieren: »Für den Werber kommt es in der Bearbeitung von Sekretärinnen deshalb vorrangig darauf an, dass er behutsam, einfühlsam und auch mit relativ großem Zeitaufwand an die Interessen und Probleme einer Frau anknüpft, ›für sie da ist‹ und ihr das sichere Gefühl gibt, als gleichberechtigter Partner anerkannt und auch geliebt zu werden.«

Richard Gert schien für die Stasi so ein Frauenversteher zu sein. Dass er später neben seinem Job im Westen auch in der DDR zeitweilig Frau und Kinder hatte, störte die emsigen Wächter der »sozialistischen Moral« nicht.

Ihr Romeo stammte aus der Gegend östlich von Oder und Neiße und war ein Kind der Nazi-Zeit. Noch als Hitlerjunge musste er in den Krieg, aber Richard Gert hatte Glück: Er geriet in britische Gefangenschaft. Schon 1946 war er wieder frei.

Es begann eine Zeit der Hoffnung und des Aufbruchs. Richard Gert wollte Schauspieler werden. Er studierte in Rostock, doch die Praxis lockte mehr als die Theorie. Mit einer Handvoll Gleichgesinnter entstand in Putbus auf Rügen das »Studio 48«. Die jungen Leute hatten sich im geplünderten Schloss des inzwischen vertriebenen Fürsten Malte eingenistet und bastelten aus Seidentapetenfetzen, Sofatroddeln und ein paar Blechteilen ihre erste Dekoration. »Nasreddin in Buchara« wurde aufgeführt, sie träumten sich aus dem grauen Alltag in ferne Welten. Zwischendurch zogen die Gaukler auch schon mal fröhlich randalierend durch den Park. Jürgen Frohriep, später als »Oberleutnant Hübner« im »Polizeiruf 110« DDR-berühmt, erinnert sich: »Ich war da immer vorneweg, es gab eine Menge Zoff mit der Volkspolizei, aber wir waren eben jung und unbekümmert.« Und die Frauen? »Als Schauspieler hat man da schon seine Möglichkeiten«, sagt Jürgen Frohriep, »und der Gert sowieso. Er konnte sich wie ein englischer Lord benehmen.«

Bald zerfiel die Truppe, denn das Studium war erst einmal wichtiger. Richard Gert betrieb es in Berlin, 1956 landete er nach verschiedenen Engagements am Hans-Otto-Theater Potsdam.

Nun bot ihm die Stasi eine Rolle an. In einem sonst eher langweiligen »Auskunftsbericht« machte sie sich Hoffnungen: »Seine moderne Garderobe, sein gepflegtes Äußeres und seine ausdrucksstarke, hochdeutsche Sprache hinterlassen einen angenehmen Eindruck. Aufgrund seines Aussehens fällt es ihm auch relativ leicht, Kontakt zu weiblichen Personen herzustellen.«

Der neue inoffizielle Mitarbeiter wurde am 14. Dezember 1956 zunächst als »Victor«, später dann als »Venske«, registriert. Acht Jahre später übernahm er im Hauptberuf das Theater Annaberg-Buchholz im Erzgebirge als Intendant. Vielleicht war es sogar der Stasi-Lohn für die bis dahin erfolgreich abgeschlossene Mission »Rose«.

Marianne Liebig wurde 1936 in Bonn geboren. Sie absolvierte die Realschule und lernte Telefonistin bei der Post. Das »Fräulein vom Amt« war damals ein beliebter Frauenberuf. Viel Auswahl gab es nicht, denn eigentlich gehörte die Frau an den Herd. Wer jedoch wenigstens ein bisschen selbstständig bleiben wollte, fand am Klappenschrank sein bescheidenes Auskommen. Eine große Perspektive bot das jedoch nicht.

Deshalb ging sie nach zwei Jahren im Job für ein Jahr als Haustochter nach England. Marianne wollte die Sprache lernen und das fiel ihr auch nicht schwer. Danach, 1956 bis 1959, fand sie eine Anstellung im Bundesministerium für Verteidigung als Telefonistin und Fernschreiberin. Nun schienen sich berufliche Chancen zu eröffnen, und um sie zu befördern, zog die junge Frau für zwei Jahre nach Paris. An der Alliance Française lernte sie Französisch. Das brachte ihr im Verteidigungsministerium ab 1. Juni 1961 einen Posten als Fremdsprachensekretärin ein.

Sie würde ihn 30 Jahre lang behalten, denn bald war die Frau eine Fachkraft, wie sie im Buche stand. Ihr perfektes Englisch und Französisch führte sie immer mal wieder zu Dienstverwendungen bei den ausländischen Dependancen der Behörde: Marianne Liebig arbeitete in den Verwaltungsstellen der Bundeswehr in Belgien und Frankreich, beim Militärattaché in Rom und bei der NATO in Brüssel.

Nur mit der Liebe wollte es nicht so recht klappen. Sie war über Mitte Zwanzig und immer noch ungeküsst. Immer wieder klagte sie ihrer Schwester Margarete Lenz (Name geändert) ihr Leid. Die wusste Abhilfe: Die Schwester müsse eben einfach mehr raus. Immer nur arbeiten, da konnte ja nichts passieren!

Margarete Lenz arbeitete zu jener Zeit im Bonner Innenministerium und bezog längst ein Zubrot von der Stasi in Ost-Berlin. Auch sie war, ohne es zunächst zu ahnen, die Geliebte eines ostdeutschen »Romeo«. Der machte sie mit Richard Gert bekannt. Die beiden Profi-Liebhaber hielten Margarete und deren Freundin Anita B., eine Barfrau in West-Berlin, bei der Stange, indem sie sie öfters mal zu einem Wochenendtrip einluden. Auch Anita war Spionin. In ihrer Bar arbeitete der aus Dänemark stammende Musiker Erich M., der für die Stasi in dem schummrigen Etablissement als »Sänger« die Ohren offen hielt. Beide Frauen schwärmten Marianne vor, was die Dänen doch für nette Leute wären und so startete im Herbst 1962 das große Kennenlernen in Wien. Ob Prater oder Kaffeehaus, Heuriger oder Tafelspitz – die Stasi ließ sich nicht lumpen. Und »Kai Petersen« unterhielt die ganze Runde. Weitere Zusammentreffen folgten.

Mehr als 30 Jahre später klingt das in den dürren Worten des Gerichts so: »Die Angeklagte hatte sich in ihn verliebt und hoffte auf eine gemeinsame Zukunft mit ihm. In dieser Hoffnung fand sie sich bestärkt dadurch, dass er ihr aus Anlass ihrer in Wien erfolgten ›heimlichen Verlobung‹ einen Ring schenkte. Auftragsgemäß brachte Gert bei diesen gemeinsamen Wochenenden auch das Gespräch auf seine berufliche Tätigkeit. Danach war er angeblich für eine dänische Militärkommission nachrichtendienstlich tätig und dringend an Informationen aus dem Arbeitsbereich der Angeklagten interessiert … Sie erklärte sich jedenfalls auf sein Drängen unter Zurückstellung von Skrupeln und Gewissensbissen zur Mitarbeit für seinen Nachrichtendienst bereit. Ihr Beweggrund war, durch diesen Liebesbeweis Gert an sich zu binden, um ihn nach etwa zwei Jahren – so ihre Vorstellung – heiraten zu können.«

Doch nach diesen zwei Jahren war Kai Petersen verschwunden, angeblich ja nach Vietnam. Sein zuvor vorgestellter »Freund« Bernd übernahm nicht nur den weiteren Transport der von »Rose« beschafften Papiere, sondern auch Richard Gerts Aufgaben im Bett. Regelmäßig brachte er Briefe von Kai aus »Fernost« mit und so lief alles rund zehn Jahre ohne Probleme.

Dann hatte die Stasi wahrscheinlich noch bessere Zugänge zur NATO oder es drohte irgendwo Gefahr im Verzug. Marianne Liebig wurde jedenfalls für ein paar Jahre »abgeschaltet«. Erst 1978 tauchte der nächste Mann aus Ost-Berlin in ihrem Leben auf. Er nannte sich »Dr. Peter« und beschränkte sich dieses Mal nur auf die Spionage ohne körperlichen Einsatz im Bett. So blieb »Rose« bis 1990 aktiv.

Nun war die DDR plötzlich nur noch Geschichte und Marianne Liebig in der letzten Arbeitsrunde vor der Rente. 1991 wurde sie von einem Stasi-Überläufer enttarnt. Manch einer aus der angeblichen »Elitetruppe« des Markus Wolf, versuchte so die eigenen Haut zu retten, oder weich in der Marktwirtschaft zu landen.

Richard Gert war derweil längst aus dem Schneider, denn nur Landesverrat verjährt erst nach 20 Jahren und er hatte ja nichts verraten! Am 3. Juni 1993 trat er in Düsseldorf als Zeuge im Prozess gegen Spionagechef Markus Wolf auf. Er beschrieb Richter Klaus Wagner seine Rolle als »Kai Petersen« und der fragte: »Als Schauspieler können Sie das natürlich?« Darauf holte der Mime zu seinem letzten großen Auftritt aus und erklärte pathetisch, er habe alles nur für sein Land getan und fügte mit treuherzigem Augenaufschlag an den Richter gewandt hinzu: »Das können Sie auch!« Der war ob solcher gleichmachenden Unterstellung zwar etwas konsterniert, aber passieren konnte dem abgehalfterten Romeo ja nichts.

Auch für »Rose« waltete Milde. Das Gericht ließ sich fünf Jahre Zeit für die Prozessvorbereitung und glaubte ihr, bis zuletzt der Meinung gewesen zu sein, sie habe den NATO-Partner Dänemark unterstützt. Ihre Schwester Margarete, zunächst mitangeklagt, war kurz vor Verhandlungsbeginn verstorben und so blieb es für Marianne Liebig am 15. Oktober 1996 bei anderthalb Jahren Haft auf Bewährung. Doch sie musste die Kosten tragen und verlor ihre Ansprüche auf Zusatzrente.

Heute lebt sie verbittert und vereinsamt von Sozialhilfe. Sie will mit niemandem mehr über ihr »sinnlos verbrachtes Leben« reden. Ihren Kai hat sie damals, vor mehr als 40 Jahren, wohl wirklich geliebt. Für ihn war alles nur ein Job.

Richard Gert blieb auch nach dem Abschied von Marianne Liebig 1964 bei der Stange und profilierte sich als Stasi-Zuhälter. Sogar seine eigenen Bekanntschaften bot er den Geheimdienstlern an, wie zum Beispiel 1970, als er eine langjährige

Freundin empfahl: »Ich kenne sie schon seit 1958 und habe seit dieser Zeit in Abständen zu ihr intime Beziehungen ... Erotisch hat sie auch eine sehr starke Ausstrahlung. Bei ihr kommt es vor allen Dingen darauf an, dass man sie ein wenig, nicht zu viel, unter Alkohol setzt, dann ist sie sehr aktiv und verlangt viel Zärtlichkeit und Liebe und ist dann auch sehr wild und fordernd und auch ausdauernd.«

Eine weitere Bekannte offerierte der Beischläfer vom Dienst wenig später der Stasi, weil sie Kontakte zur Schauspielerin Eva-Maria Hagen hatte. Die wiederum, damals im Gastspiel in Annaberg-Buchholz, war mit dem »Staatsfeind« Wolf Biermann liiert. Wenn Richard Gerts Freundin mal nach Berlin fuhr, übernachtete sie dort in der Chausseestraße 131.

Gert berichtete: »Seit ungefähr einem halben Jahr habe ich intime Beziehungen zu (Name geschwärzt). Ich möchte nur sagen, dass ihre Gefühle und die Art, wie sie mit einem Mann umgeht, sehr anziehend ist und sie durchaus alle Möglichkeiten hat, einen Mann zu begeistern und zu verwöhnen. Ich bin überzeugt, dass (Name geschwärzt) bereit wäre, wenn wir sie aus dieser Enge herausholen würden und auch einiges bieten könnten. Sie ist bereit und aufgeschlossen und in dieser Beziehung, so glaube ich, auch beeinflussbar.«

Den Stasi-Oberen waren solcherart Alleingänge ihres Mannes von der Unterleibsfront – zum Schluss trug er den Rang eines Majors »im besonderen Einsatz« – nicht besonders willkommen. Sie wollte bestimmen, wer mit wem was »an der unsichtbaren Front« zu machen habe. Außerdem hatte Richard Gert inzwischen die Genossen nicht nur bei der Spesenabrechnung betrogen, sondern mit seinem hemmungslosen Prahlen vor Fremden auch die Konspiration gefährdet. Schon 1972 tauchte ein anonymer Brief am Theater in Annaberg-Buchholz auf: »Spitzel, wann schlägt Dein Gewissen?« Es schlug offenbar nicht und das Schreiben wanderte in die Akten. Noch viel schlimmer schien, dass »Venske« offenbar immer öfter Hobby und Auftrag verwechselte. Entrüstet notierte die Stasi: »Der IM ist gegenüber anderen Frauen zugänglich gewesen. Diese moralischen Verfehlungen wurden auch im Wohngebiet bekannt. In dieser Richtung ist der IM auch heute noch zu kontrollieren, zumal seine bisherige operative Aufgabenstellung seinen Einsatz an Frauen erforderte.«

Die Perfidie solcher »Einschätzungen« liegt im Detail: Was ist eigentlich »Einsatz an Frauen«? Bis zum Zuhälter-Argot vom »Aufreißen von Frischfleisch« ist es da nicht weit.

Dennoch musste »erzieherisch« an dem unehrenhaften Stasi-Ehrenmann »gearbeitet« werden. Kritik und Selbstkritik hinterm »unsichtbaren Visier«. Ein kleinlautes und demütiges Selbstbezichtigungsschreiben des Gigolo-Agenten vom 18. März 1982 belegte die »Erfolge« dabei.

Die Spitzelberichte nach Gerts Absetzung als Intendant 1986 zeigen, dass er schließlich gelernt hatte, worauf es ankommt. Über seinen Nachfolger meldete Gert am 5. Januar 1987: »(Name) ist homosexuell ... Außerdem muss festgestellt werden, dass er in der Zeit seines Hierseins allen Kollegen auffällt durch einen starken Alkoholkonsum. Es besteht der Verdacht, dass er vom Alkohol abhängig ist.« Den nächsten Annaberger Theatermann charakterisiert er auf 14 Seiten Stasi-Bericht als politisch, persönlich und künstlerisch unfähig.

Die Fairness gebietet es, neben all diesem Schmutz auch die positiven Spuren des Richard Gert am Theater im Erzgebirge zu suchen. Er hat das Musical zum festen Bestandteil des Repertoires gemacht und mit seiner Inszenierung des »Karl Stülpner« auf der Freilichtbühne Greifensteine vielen Menschen ein paar entspannte Stunden bereitet. Auch bauliche Maßnahmen am Haus in den Jahren 1965/66 und 1975/81 sind seiner Initiative zu verdanken. Seine Aufführungen der »Räuber« und »Matrosen von Cattaro« erregten Aufsehen über die erzgebirgische Provinz hinaus.

Dennoch blieb das Eindringen in fremde Leben wohl die Hauptrolle des Denunzianten. Wenn man ihn heute deshalb in den Annalen des Theaters am liebsten verschweigt, ist das ein genauso unwürdiger Umgang mit der Vergangenheit, wie ihn die Stasi damals mit der Gegenwart betrieb.

Der letzter Auftritt des Schauspielers und Regisseurs erinnerte dann wieder eher an den ob des Verlustes Euridikes klagenden Orpheus. Doch Richard Gert klagte nicht um eine Frau, sondern ums Geld. Da hatte er nun schon mit der Stasi eine Sonderrente von 1500 Mark im Monat ausgehandelt und nun brach der ganze Laden zusammen und keiner zahlte sie ihm. Das fand der Mann höchst ungerecht. Und als »Romeo« bitteschön, wolle er sich auch nicht bezeichnen lassen, obschon

das ja sogar sein vormaliger Chef, Markus Wolf, in seinen Memoiren tat: »Ich habe nach der Wende sehr viel darunter leiden müssen.«

Er verzieht das Gesicht zu einer gequälten Maske. Dann fällt er in den quengelnden Geschäftston eines mittelmäßigen Krimi-Darstellers: »Setzen sie sich mit meinem Anwalt in Hamburg in Verbindung.« Er nennt die Adresse eines sehr bekannten Medienanwaltes.

Nicht nötig. Richard Gert starb im Jahr 2000 in Annaberg-Buchholz. Allein und einsam in einer Plattenbau-Wohnung der Adam-Ries-Siedlung. Im Gegensatz zum Namensgeber seines Wohnviertels hat er sich wohl immer wieder im Leben verrechnet. Gründlich.

SPUR DER SCHEINE

Wie immer rumpeln nur zwei der drei Fahrstühle im »Novotel Ghi Conakry« mühsam zwischen den Etagen, das Notstromaggregat lärmt und die Teppiche sind wohl in allen der 196 Zimmer so schmuddelig, dass niemand ohne Not barfuß darüber läuft. Doch es ist nun mal eines der besten Häuser im armseligen Guinea und wer hier Geschäfte machen will, hat keine große Auswahl.

Eine blonde Endfünfzigerin aus Hamburg und ein paar Jahre jüngerer Mann aus Halle sitzen in den altertümlichen, roten Clubsesseln der Hotelbar. Dass sie gemeinsam den Sonnenuntergang über dem Meer bewundern konnten, verdanken sie der Tatsache, dass Deutschland seit mehr als 15 Jahren wieder ein Land ist, ohne Reisebeschränkungen für die Brüder und Schwestern aus dem Osten.

Martha Hassel (Name geändert) gefällt der jüngere Mann. Er ist höflich und charmant, dabei nicht aufdringlich – gerade richtig für die langen afrikanischen Abende, die mit der Dunkelheit gegen 19 Uhr beginnen. Aus den Lautsprechern tröpfelt sanfte Musik. Malaika, nakupenda Malaike, der Engel mit dem so verdammt hohen Brautpreis. Miriam Makeba singt, »Mama Africa«.

Glaubt man den Erzählungen des Mannes, wäre ein solcher Preis für ihn kein Problem. »Geld spielt keine Rolle«, erklärt er immer wieder und dass er in Afrika herumreise, um Gutes zu tun. Humanitäre Projekte will er anschieben, für sauberes Wasser sorgen. Natürlich auch das eine oder andere Geschäft machen, Diamanten kaufen, zum Beispiel.

Die Frau wird hellhörig. Die Vermittlung solcher Deals gehört zu ihrem Business. Martha Hassel ist selbständige Unternehmerin und begleitet als Dienstleisterin seit Jahren Geschäfte zwischen Deutschland und Afrika. Sie hat hervorragende Kontakte bis in höchste Regierungskreise der verschiedensten Staaten und die Edelsteine kann man ganz offiziell, zum Beispiel im Kongo, kaufen. Einen Vorzugspreis gibt es direkt bei der Mine, der Staat kassiert drei Prozent Zoll, das Kimberley-Zertifikat ist dabei – die beiden vereinbaren einen kleinen Handel, um die ganze Sache mal auszuprobieren. Steine für 50 000 Dollar, keine große Sache.

Im November 2006 treffen sie sich wieder im »Novotel Ghi Conakry«. Alles ist problemlos gelaufen. Der Mann konnte sich davon überzeugen, dass Martha Hassel tatsächlich über einträgliche Kontakte verfügt. Er will sie für seine Geschäfte nutzen und schlägt nun einen regelmäßigen Diamantenhandel vor. Beim Kauf der Rohware in Afrika, dem Schleifen von Industriesteinen in Indien und Brillanten in Russland und Armenien würde der Verkauf an den Börsen in New York und Antwerpen einen Nettogewinn zwischen 62 und 102 Prozent bringen. Kleine Mengen bis zu 5000 Karat wären in einem Zyklus von vier bis sechs Wochen absetzbar, eine Vereinbarung über die Finanzierung von dafür jeweils 100 000 Dollar ist mit einer Firma im Schweizerischen Thalwil abgeschlossen. Frau Hassel steigt ein.

Nun dreht der Hallenser richtig auf. Er hätte Zugriff auf zwei Milliarden Euro und einen Koffer mit 100 Millionen Mark habe er persönlich in den wilden Wende-Zeiten »mit einem Mann von Markus Wolf« nach Österreich geschafft.

Martha Hassel kennt keinen so wohlhabenden Herrn Wolf und ahnt auch noch nicht, dass sie in Conakry mit einem Funktionär der »Partei des Demokratischen Sozialismus« (PDS), dem Nachfolger der »Sozialistischen Einheitspartei Deutschlands« der längst verblichenen DDR zu Tisch sitzt. Sie hält den Mann für einen Aufschneider. Und außerdem trinkt er zu viel – für jeden Tag in Afrika hat er sich von zu Hause eine Flasche Wodka mitgebracht.

Doch der Mann lässt nicht locker. Das Geld stamme aus dem »geretteten Parteivermögen«, erklärt er, und er selbst hätte vom November 1990 bis zum Mai 1991 in Untersuchungshaft gesessen, weil er damals mit ein paar Genossen 107 Millionen Mark auf fingierte Rechnungen der russischen Firma »Putnik« überwiesen habe. Das Geld sei nach Deutschland zurück geflossen und zum Glück hob der Bundesgerichtshof ein Urteil des Berliner Landgerichtes vom 20. März 1992 wieder auf. Er und seine Genossen wurden am 20. Juni 1985 freigesprochen und dass er völlig selbstlos sei, habe sogar ein Untersuchungsausschuss des Deutschen Bundestages bestätigt. Dort heißt es zu den vier Akteuren des schwarzen Geschäfts der gewendeten Partei:»»Nach Auffassung des Gerichtes erfüllten diese mit ihren Handlungen die Tatbestände der Untreue bzw. Beihilfe dazu nicht, da sie im Auftrag und mit Wissen der Verantwortlichen der PDS sowie ohne persönliche Bereicherungsabsicht mit dem Ziel gehandelt hätten, die entsprechenden Gelder für die PDS zu sichern.«

Er habe stets alles getan, um Schaden von der Partei abzuwenden. Ganz im Gegensatz zu dem ebenfalls in den »Putnik-Deal« verwickelten »Bereichsleiter Finanzen« der PDS, Wolfgang Langnitschke. Der war nicht bereit, öffentlich zu erklären, dass die Parteispitze von allem nichts gewusst hätte. Leider ist er 1998 dann bei einem Verkehrsunfall ums Leben gekommen. Im Schweizerischen Lugano auf einem Zebrastreifen. So wie der Außenhändler und Stasi-Mitarbeiter Günther Forgber, der mit dem Verbergen von DDR-Geld in Höhe von 148 Millionen Schweizer Franken befasst war und für sich selbst 42 Millionen Mark beiseite geschafft hatte und den es im Frühjahr 2006 nahe Valencia in Spanien erwischte. Dort starb auch bereits 1996 der nach einem kräftigen Griff in die Kriegskasse übergelaufenen Stasi-Offizier Rainer Wiegand, beim Bundesamt für Verfassungsschutz dann als »Stromdreieck« in Diensten. Ein Lkw erwischte ungebremst seinen Wagen.

All das mögen unglückliche Zufälle gewesen sein. Zu ihnen sind ebenso Zeitungsberichte zu finden, wie zum »Putnik-Deal« der PDS. Dennoch soll der derweil international agierende Mittäter hier nur als »der Mann« bezeichnet werden, denn manche der DDR-Erben auf dem Weg von Marx zur Mafia reagieren sehr unwirsch, wenn zu viel über die Herkunft ihres Geldes, ihrer Häuser und ihres unerklärlichen Wohlstandes gesprochen wird.

Martha Hassel kennt inzwischen auch die Schwächen des Mannes. Trotz Charme und geschliffenen Umgangsformen

entgleist er immer wieder mal in poltrige Ausfälle. Die Geschäftsfrau: »Er hatte zwei Gesichter und war furchtbar von seinen Stimmungen abhängig. Manchmal kippte seine zur Schau gestellte Großzügigkeit in jämmerlichen Geiz.«

Einem solchen Eindruck will der Mann unbedingt entgegen wirken, denn er braucht die Hamburgerin als Geschäftspartnerin für die Diamantendeals. Deshalb schenkt er ihr eines Tages in Conakry seinen Laptop. Er verstehe ohnehin nicht so viel von Computern, habe alles gelöscht und sie könne ihn sicher gut gebrauchen, sagt er.

Das kann Martha Hassel, doch als sie das Gerät in Betrieb setzt, erschrickt sie. Nach ein paar Klicks erscheinen pornographische Bilder und Filme. Nicht von der Art, die heutzutage von vielen stillschweigend konsumiert wird. Es ist die widerliche Variante: Kinder, Hungernde, in Gewaltorgien Missbrauchte – Stoff für die Sucht kranker Hirne. Und dazwischen findet sich immer wieder Geschäftspost, oft auf dem Kopfbogen der Berliner Firma des Mannes, der eine noble Adresse in Pankow trägt.

Nach Deutschland zurückgekehrt, bringt Martha Hassel den Laptop zu einem Rechtsanwalt. Der kontaktiert die Staatsanwaltschaft, doch das Ergebnis ist enttäuschend: Man könne per Augenschein nicht hundertprozentig feststellen, ob die Porno-Akteure tatsächlich jünger als 14 Jahre seien und eigene Ermittlungen wären in Afrika nicht möglich. Also Schwamm drüber. Die Geschäftspost will gar niemand sehen, denn Geschäfte sind ja nicht verboten und die dort auftauchenden Namen lassen bei niemandem die Alarmglocken schrillen.

Empört ruft die Unternehmerin nun einen Journalisten zur Hilfe: »Ich kann es einfach nicht ertragen, dass dieser Mann nach außen als seriöser Geschäftsmann auftritt und das alles wahrscheinlich nur veranstaltet, um in Afrika seine sexuellen Bedürfnisse an Kindern zu befriedigen«, sagt sie. Sie meint, dazu würden auch seine »humanitären Projekte« dienen und es wäre verantwortungslos, nicht dagegen einzuschreiten. Dabei soll ihr der Journalist helfen.

Der hat es damit schwer, denn trotz eines von der »Unabhängigen Kommission zur Überprüfung der DDR-Parteivermögen« ausgelobten »Finderlohns« von fünf Millionen D-Mark, war die Suche nach dem SED-Geld inzwischen weitestgehend versickert. Und die professionellen Geldjäger konnten nach sieben Jahren Arbeit mit ihrem Bericht vom Juli 1998 zwar belegen, dass die SED/PDS zwischen dem 1. Oktober 1989 und dem 31. August 1991 rund 3,456 Milliarden D-Mark ausgegeben hatte, aber wo die Riesenkohle geblieben war, wussten sie auch nicht so genau. So schrumpfte das flüssige Vermögen der SED/PDS dadurch von nominal 6,28 Milliarden Ost-Mark auf bescheidene 205,7 Millionen D-Mark, doch eine große Geschichte für die Zeitung war das Anfang 2008 schon längst nicht mehr.

Und es gibt noch ein Problem: Die Porno-verseuchten Dateien. Allein das Ziehen einer Kopie davon wäre eine kapitale Straftat und eine gute Möglichkeit, den Journalisten aus dem Rennen zu schießen. Also half nur das gute, alte Abschreiben der angeblich vernichteten Geschäftspapiere. Das brachte Erstaunliches ans Licht.

Der Geschäftsmann aus Halle, der bereits 1990 für die SED/PDS am Versuch des Verschiebens von mehr als 100 Millionen D-Mark im aufgeflogenen »Putnik-Deal« beteiligt war, arbeitet auch 2006 nicht auf eigene Rechnung. Militärisch knapp teilt er einem »Genossen P.« mit: »... die Offensive kann beginnen.« Es geht um die Herstellung von Goldbarren, finanziert mit Geld aus Russland, die dann unter der Marke »HALLMARK METAL D'OR SUISSE« in einer Schweizer Bank deponiert werden sollen. Der Mann meldet: »Beginn der Operation: 11. Oktober 2006, 05.52 Uhr ... In parteilicher Demut – Dein Genosse ...«

In einem persönlichen Brief an einen seiner Parteifreunde sucht er Rückendeckung: »... um in Zukunft reibungslos arbeiten zu können, falls mir hier irgendwelche Schwierigkeiten bereitet werden, möchte ich Dich bitten .... für große Hauptfelder sicherer Geschäfte, die Führungskompetenz zu übernehmen, wie gesagt: Erst für den Fall, wenn ich verhindert bin.« Er weiß genau warum: »... vorbereitet müssen wir sein. Ähnliches wie 1990 darf nicht wieder passieren.« Deshalb sollten auch alle Eingeweihten verlässlich sein: »In der gegenwärtigen Situation wären die vertrauten Personen in Deutschland ..., das ist meine Frau, und General a. D. ...« - hier folgt der Name eines der früheren Adjutanten von Stasi-Spionagechef Markus Wolf.

Allein diese wenigen Aussagen belegen, dass es fast 20 Jahre nach der deutschen Einheit noch funktionierende Seil-

schaften zwischen ehemaligen SED-Funktionären und früheren Stasi-Mitarbeitern gibt, die Zugriff auf Vermögenswerte in Millionenhöhe haben.

Wie damit umgegangen wird, ist ebenfalls auf dem Laptop zu lesen, so z. B. zu den Hintergründen des Diamantengeschäftes: »Wir importieren als legales Zahlungsmittel Diamanten aus Guinea. Für diese Diamanten sollen Lebensmittel und Technik eingekauft werden. Das Problem ist folgendes: Wir bekommen die Diamanten zu einem vereinbarten Wert X. Dieser Wert existiert in Form von Diamanten, ist also als Geldform vorerst virtuell. Wir müssen die Waren aber in dem Moment liefern, zu dem wir die Diamanten bekommen. Es ist also eine Zwischenstufe zu schaffen, die zwischen der Ware Diamanten und der Ware Lebensmittel liegt, weil der Lebensmittellieferant bei aller heißen Liebe zu uns, sich nicht mit Diamanten bezahlen lässt. Das wäre auch beiderseitig blöd: Wir wären blöd, eine hoch veredelbare Ware abzugeben und der Lieferant, weil er sich auf einen Schwankungswert einlässt. Diamanten haben ein Preisspektrum von a bis z. Im Bereich kleiner Tonnagen wäre das mit eigenen Mitteln möglich. Wenn wir aber im nationalen Maßstab reden, dann wären das monatlich mindestens 5 Millionen USD. Diese können wir nach einem gewissen Zeitraum zyklischen Geschäftes selbst stemmen – aber gegenwärtig brauchen wir eine Finanzierungsstruktur ...«

Bei den Lebensmitteln geht es unter anderem um vietnamesischen Reis – »lower quality (25-35 % broken)« –, der in Bombay für 180 Dollar pro Tone zu haben ist und an der westafrikanischen Küste 235 Dollar pro Tonne bringt. Vorbereitet wird ein Geschäft mit 25 000 Tonnen pro Monat und das über fünf Jahre.

Je länger die Notizen des Journalisten werden, um so mehr Geschäfte offenbart der Computer. Da spielt der Verkauf von Zement aus der Ukraine nach Afrika ebenso eine Rolle, wie das Besorgen von Leiterplatten für Russland und die Produktion von Kunststoffen in China oder das Leasing von großen Flugzeugen für die »Rainbow International Airlines« in Bangladesh, die in keinem Flugplan zu finden ist.

All das ist nicht verboten. Es ist nicht einmal illegal, z. B. aus dem Abkauf von Lebensmitteln eines Hungerleiders und dem teureren Verkauf an einen anderen Profit zu schlagen. Doch wenn dies im Namen einer Partei geschieht, die den

Kampf gegen die Profitschinderei auf ihre Fahnen geschrieben hat, ist zumindest die Frage nach der moralischen Integrität dieser Partei zu stellen.

Martha Hassel meint, ihr Geschäftspartner aus Halle ahne nicht, dass sie all diese Dokumente und die widerlichen Pornos auf dem Laptop gefunden hat. Schließlich glaubte er, alles sei gelöscht, denn immerhin hatte er zwei Tage lang in Conakry alle nur möglichen Tasten gedrückt. Dennoch finden sich auch kriminelle Spuren.

In einem langen Brief versucht der Mann, einem seiner PDS-Genossen den Kauf einer Villa auf Mallorca – »600 qm Wohnfläche und das Grundstück beträgt 6000 qm«, das Ganze in »direkter Nachbarschaft zum Sommersitz des spanischen Königs gelegen« – schmackhaft zu machen: »Die Villa verfügt über 8 Bäder und 12 Schlafzimmer. Eine ideale Firmenresidenz! Das Haus wird voll möbliert verkauft, einschließlich einiger äußerst seltener Werke russischer Kunst.« Der kleine Junge des Besitzers war in einem der Pools ertrunken. Deshalb stand die Villa zum Verkauf. Preis 3,5 Millionen Euro. Wie der zu umgehen sei, ist bereits besprochen: »Da die Villa samt Anwesen entschieden mehr wert ist, wäre (Name des Besitzers) bereit, eine Verkaufsbescheinigung über das Dreifache auszustellen. Der Verkauf der Villa geschieht im Rahmen eines Firmenverkaufs, die extra für diese Villa gegründet wurde.«

Ein gutes Geschäft. Wer den Spitzensteuersatz in Deutschland von damals 42 Prozent geltend machen kann, bekommt bei einer Investition von dreimal 3,5 Millionen Euro unter Umständen 4,41 Millionen Euro vom Finanzamt zurück und hätte so nicht nur die Villa umsonst, sondern auch noch fast eine Million Euro »verdient«.

Es gibt viel kleinere Summen, für die Leute sterben mussten und deshalb rät der Journalist Martha Hassel, den brisanten Laptop sofort aus dem Haus zu schaffen und bei ihrem Berliner Rechtsanwalt zu deponieren. Immerhin plant sie gerade wieder eine Reise nach Afrika und das könnte gefährlich werden. Die Unternehmerin verspricht, wie geraten zu tun, und nennt Name und Adresse ihres Anwalts in der teuren Berliner Wilhelmstraße. Doch leider ist der Doktor im Moment nicht erreichbar, sie vereinbart einen Termin am folgenden Vormittag.

Der Journalist glaubt, alles richtig gemacht zu haben und freut sich, nun endlich auch zu wissen, was Karl Marx eigentlich mit »ursprünglicher Akkumulation des Kapitals« meinte, diesem Prozess bei dem am Ende die einen das Geld und die Macht und die anderen gar nichts mehr haben. Dann ein Alptraum, der ihn aufschrecken lässt – nein, das mit diesen Seilschaften, das ist doch alles nur Spinnerei! Schließlich sind wir im neunzehnten Jahr der Einheit! Trotzdem schlägt er im Verzeichnis der Dissertationen an der einstigen Stasi-Hochschule Potsdam nach. Treffer. Mit sieben anderen Genossen hat der Rechtsanwalt, damals noch Stasi-Major, im Sommer 1989 dort auf 306 Seiten die »Öffentlichkeitsarbeit« des MfS erforscht. Der Hauptteil der Arbeit sind Befragungen von »inoffiziellen Mitarbeitern«, die den Stasi-Forschern erzählen sollen, was das Volk so von ihrer Firma hält. Dafür bekam er dann den Titel eines Doktors der Jurisprudenz verliehen. »Magna cum laude«, versteht sich.

Nun bleibt nur noch die Möglichkeit, professionelle Hilfe zu suchen. Martha Hassel erlaubt dem Journalisten, ihre Identität als Informantin preiszugeben und der schreibt noch in der Nacht mehrere Mails an den Verfassungsschutz: »Die wenigen Unterlagen, die ich eingesehen habe, belegen – zum Beispiel durch den Ton – dass offenbar frühere MfS-Seilschaften bis heute aktiv sind. Wenn ein Mann einem anderen über ein Goldgeschäft ›in parteilicher Demut‹ berichtet, deutet das auf eine existierende Hierarchie hin. Auch wenn das Geschäft in sich vielleicht sogar legal ist ... Wenn ein Mann, der 1990 aktiv an der Verschiebung von 107 Millionen SED-Geld beteiligt war, im Zusammenhang mit seinen aktuellen Geschäften schreibt ›das Gleiche wie 1990 darf uns nicht noch einmal passieren‹, ist das eine Spur auf einen Zusammenhang. Wenn eine Firma aus Berlin-Pankow ein Leasing-Angebot über 7 Flugzeuge einholt, darunter zwei Boeing 737-300 und eine Boeing 747 Cargo, halte ich das angesichts der Dimension zumindest für einen Hinweis auf die Verfügbarkeit größerer Geldsummen ... Ich habe auf meine beiden Mails von Ihnen keine Bestätigung oder Antwort bekommen und gehe davon aus, dass das zu den Gepflogenheiten Ihrer Arbeit gehört. Deshalb möchte ich noch einmal auf die Dringlichkeit hinweisen. Wenn sich der oben genannte Zusammenhang bestätigt, ist GEFAHR IM VERZUG nicht auszuschließen.« Natürlich gibt es wieder keine Antwort.

Vier Jahre später. Auf einem Anruf bei Martha Hassel antwortet eine freundliche Frauenstimme: »Lieber 1&1-Kunde - Die von Ihnen gewählte Telefonnummer ist nicht vergeben.«

Das mag nichts weiter als wieder mal ein dummer Zufall sein. Weniger zufällig scheint jedoch die Häufigkeit der Drohungen, die oft auf Fragen nach dem schier unerklärlichen wirtschaftlichen Reüssieren manch ehemaliger vorbildlicher Sozialisten folgen. Meist sind es Anwaltskanzleien mit großen Namen, die sich dann melden,und stattliche Geldbeträge als Strafe androhen. Und manche Spur der Scheine findet sich ohnehin nur in Nebensätzen.

So berichtete zum Beispiel die »Neue Zürcher Zeitung« (NZZ) nach dem Untergang des Tankers »Prestige« im Herbst 2002 über »ölige Verbindungen« in die Schweiz, nach Zug. Dort saß die Firma Crown Ressources, die das Schiff gechartert hatte, dass mit seinen knapp 80 000 Tonnen russischem Schweröl nun Spaniens Küste verseuchte. Die »Prestige« war das, was man gemeinhin einen »Seelenverkäufer« nennt: einwandig, 26 Jahre alt, Eigentümer in Liberia und Flagge aus Panama, die Mannschaft von den Philippinen und bei mehreren Ölfirmen auf internen »blacklists« notiert, weil der Kahn monatelang nur noch als schwimmendes Öllager vor St. Petersburg genutzt worden war.

Charterer Crown Ressources war eines der Unternehmen, die nur wegen der günstigen Steuergesetze im schweizerischen Zug saßen und zum verschachtelten Firmenimperium der russischen Alfa-Gruppe gehörte. Gegenüber der »NZZ am Sonntag« bestätigte ein Mann namens Franz Wolf als Direktor einer »CTF Holdings Ltd.«, dass sie ihren Sitz in Gibraltar habe. Das Internet nennt als Adresse des »Head Office« der CTF, den Irish Place, Nummer 4, Suite 2.

Diese Adresse und der Name Franz Wolf, im Mai 1953 in Ost-Berlin geboren, tauchen wiederum im weltweiten Recherche-Projekt »Offshore-Leaks« auf, in dem Dutzende von Journalisten anhand bisher geheimer Akten die Wege des großen Geldes in die Steueroasen der Karibik und anderswo verfolgen.

Wer dabei Franz Wolf ist, erklärt sein Vater Markus Wolf, früher einmal Spionagechef der DDR: »Der andere Sohn sitzt in Gibraltar ... Er hat mehrere Jahre vergeblich versucht, in der Marktwirtschaft Fuß zu fassen, nun hat er ... das Glück,

in einer russisch-amerikanischen Gesellschaft zu arbeiten. In Gibraltar ist er Chef einer kleinen Arbeitsgruppe eines großen Konzerns.«

Das ist tiefgestapelt, denn in der CTF bündelt die Alfa-Gruppe rund 60 Milliarden Dollar, die in aller Welt angelegt sind. Überbau dieses Imperiums ist die Crown Finance Foundation in Liechtenstein, als deren Bevollmächtigter laut Aktenlage ebenfalls Franz Wolf firmiert. Bei etlichen Offshore-Firmen der Alfa-Gruppe ist sein Name als Direktor verzeichnet. Die wichtigsten sind A1, Altimo und Ventrelt, beteiligt unter anderem an Unternehmen in der Telekommunikation und an Wasserversorgern.

Dennoch mussten die am »Offshore-Leaks«-Projekt beteiligten Journalisten vom NDR und der »Süddeutschen Zeitung« feststellen, dass über Franz Wolf wenig bekannt ist: »Er ist eine Art ›Phantom‹, es findet sich öffentlich fast nichts über ihn. Dabei ist Franz Wolf anscheinend ein sehr aktiver Geschäftsmann. Der NDR und die ›Süddeutsche Zeitung‹ sind in den Dateien russischer Offshore-Firmen auf den Britischen Jungferninseln immer wieder auf Franz Wolf gestoßen. Die Unternehmen gehören einem der bedeutendsten russischen Oligarchen: Michail Fridman.«

Michail Maratowitsch Fridman wurde 1964 im ukrainischen Lwow geboren und muss ein außergewöhnlich gutes Händchen fürs Geschäft haben. Er begann mit dem Verkauf von Theaterkarten auf dem schwarzen Markt, betrieb eine Fensterputzerkolonne und eine Disco. In der Gorbatschow-Zeit gründete er eine Maschinenbaufirma und handelte mit Immobilien, Computern, Zigaretten und Parfüm und unterhielt sogar ein Labor zur Züchtung weißer Mäuse.

Mit dem Zusammenbruch der Sowjetunion kam dann das große Geld. Heute macht die Alfa-Gruppe mit Erdöl, Mobilfunk, Supermärkten und Wodka ihren Profit. Das Privatvermögen Fridmans wird auf rund zehn Milliarden US-Dollar geschätzt – er steht auf Platz fünf der reichsten Russen und sein Unternehmen gilt als mächtigste Oligarchengruppe der Putin-Ära. Privat gibt er sich eher zurückhaltend.

Wie sein Multi-Direktor Franz Wolf. Auf einen umfangreichen Fragenkatalog des NDR an die Alfa-Gruppe informierte einer deren Rechtsanwälte den Chef des Senders lapidar:

»Unsere Mandantin hat uns mitgeteilt, dass sie nicht beabsichtigt, diese Fragen zu beantworten.«

So bleibt die Herkunft der ungeheuren Vermögen im Dunkeln und als unangreifbare Erkenntnis wohl nur die alte Volksweisheit: Sich regen, bringt Segen.

Dass sich manches geregt hat, was bis heute gern abgestritten wird, belegt manchmal sogar ein ganz dummer Zufall. So kontrollierten Beamte des Hauptzollamtes Singen in der letzten Märzwoche 2013 einen Reisenden aus der Schweiz und fanden einen Koffer mit 2,5 Millionen DDR-Mark (!) in bar bei ihm. Das Geld ist seit über 20 Jahren ungültig, hat aber immer noch einen Sammlerwert und wurde somit zu einer zollpflichtigen Ware. Da sie der Besitzer nicht angab, beschlagnahmte die Zöllner den Koffer und setzte den Warenwert auf 15 000 Euro fest.

Dass der Fund ganz nebenbei beweist, dass am Ende der DDR Bargeld außer Landes geschafft wurde – so wie es der PDS-Funktionär aus Halle Martha Hassel in Afrika erzählte – spielt heute keine Rolle mehr.

Deshalb müssen in diesem Fall nicht einmal Anwälte bemüht werden, um weitere Recherchen zu stoppen. Das erledigen die deutschen Beamten mit Hinweis auf das »laufende Verfahren«: »Ich bedaure, Ihnen in dieser Angelegenheit nicht mit weiteren Informationen dienen zu können.« Dem Datenschutz sei Dank.

Dass auch die viel geschmähten »Alu-Chips« der DDR im Vorfeld der deutschen Einheit etwas wert waren, von dem nur wenige wussten, bestätigt der Schweizer Bankier Holger Bahl: »Auktionen mit DDR-Geld sind mir nicht bekannt, vielmehr haben in der Regel die Schweizer Banken mit diesen DDR-Geldern gehandelt. Viele Bundesbürger und auch Schweizer Geschäftsleute haben sich für bevorstehende DDR-Reisen in der Schweiz mit Mark der DDR eingedeckt. Auch wurde DDR-Geld an bundesdeutsche Banken verkauft.«

So mündet auch hier, ebenso wie bei den fragwürdigen Geschäften des PDS-Millionenmannes, eine weitere Spur der Scheine wieder im wirtschaftlichen Kreislauf. Und der ist legal und unangreifbar.

TÄTER UND OPFER – GEGENSATZ ODER SYMBIOSE?

NACHSATZ

Was am Anfang der Gespräche mit einem scharfen Kontrast begann, entweder schwarz oder weiß, entweder Täter oder Opfer, zeigte sich am Ende als Bild in unzähligen Grautönen. Diese Schattierungen provozieren: Ist nicht der Täter aus manchem Blickwinkel auch ein Opfer? Oder rückt die verwundete Seele des Opfers dieses eventuell auch in die Nähe eines Täters? Was haben beide gemeinsam, was unterscheidet sie, wenn es denn schon so ist, dass es ohne Täter keine Opfer und ohne Opfer keine Täter geben kann?

Menschen lassen sich nicht wie Erbsen sortieren. Die guten ins Töpfchen, die schlechten ins Kröpfchen. Zum Zeitpunkt ihres Handelns glaubten beide, das Richtige zu tun. Den Maßstab der Bewertung dabei gaben äußere Umstände vor, die nicht vom Einzelnen zu verantworten waren. Für ihn blieben sie unbeeinflussbar, oft auch undurchschaubar.

Täter und Opfer sind mit unsichtbaren Fäden miteinander verbunden. Diese Verbindung beginnt mit dem gegenseitigen Einordnen in verschiedene Schubladen. Sie erfolgt nach der jeweiligen Vorgabe der gerade herrschenden Macht. Zu deren Selbstverständnis gehört die Arroganz, zu glauben, sie würde immer und ewig bestimmen können, wann, wer diese Schubladen öffnet oder schließt. Sie meint auch, so mächtig und unfehlbar zu sein, bei Bedarf damit für alle Zeiten unentdeckbare Geheimnisse zu schaffen.

Der Lauf der Geschichte hat das immer wieder neu als Illusion entlarvt – dennoch wurde es mit gleicher Konsequenz stets wieder Startpunkt der jeweils neuen Macht.

Für Opfer wie Täter hieß das, ihr Leben und die Sicht darauf in ein »davor« und »danach« zu teilen. Das ist eine Gemeinsamkeit, die beide unfrei macht. Da sie weder gewollt noch individuell regelbar erscheint, bleibt sie ein äußerlicher Eingriff ins Leben, der durch nichts zu rechtfertigen ist.

Er ist die Projektionsfläche der Angst auf beiden Seiten. Dass sich deren Konturen im Laufe der Zeit verwischen, weil die Augenblicksaufnahme des Redens darüber den langen Prozess ihrer Entwicklung zwangsläufig auf den Punkt bringen muss, gerät aus dem Blick. Dieser Prozess, von der kindlichen, über die persönliche zur kollektiven Angst ist es jedoch, der die Zweifel an der vermeintlich unveränderlichen Macht des Äußeren erst möglich macht. Irgendwann vermischt sich Angst mit Wut und Ohnmacht, aber sie kennt auch ihre kleinen Siege. Das ist ein weiterer Punkt, der Täter und Opfer symbiotisch verbindet. Ob sie es wollen, oder nicht.

Manchmal scheint sich eine ewige und endlose Kette von Opfer-Täter-Opfer und wieder Täter zu bilden. Vielen fiel das Durchbrechen dieser Kette schwer. Sie vermochten es nicht, jemanden zu »hassen«, nur weil er irgendwann einmal in die andere Schublade geraten war. Auch dann nicht, wenn derjenige ihnen Leid angetan hatte. Sie waren nicht bereit, ihr weiteres Leben an dem aufgezwungenen Status des Opfers oder des Täters auszurichten. Die Lebenskraft ist mächtiger als von ideologisiertem Glauben vernagelte Schubladen.

Dennoch waren für Täter und Opfer die Schatten oft länger als geahnt und gefürchtet. Und sie reichen weiter in die Zukunft, als erwartet. Manchmal wurden die Abbilder mit dem Bild verwechselt.

Schatten kommen von der Lichtquelle auf der jeweils anderen Seite. Sie können nebelhaft und konturlos oder scharf geschnitten und pechschwarz sein. Natürlich sind sie verzerrte Bilder, doch je klarer sich Licht und Schatten definieren, um so weniger Bestand haben diese Zerrbilder. Deshalb liegt es in der Verantwortung beider Seiten, für Erkenntnis zu sorgen, in die Leben hinein zu leuchten.

Das gelingt nicht, ohne die Banalität des Bösen wie die des Guten zu akzeptieren. Man kann beides auch einfach als Normalität annehmen. Selbstdarstellungen stehen ohnehin stets in der Gefahr, einseitig und monströs zu sein. Es wäre zu viel

erwartet, in ihnen die Reflexion der Saat von Hass, Gewalt, Misstrauen, Angst und Lüge zu finden. Die hier erzählten Geschichten von Opfern und Tätern im menschenverachtenden System des Kalten Krieges sind immer auch Geschichten von Krankheitssymptomen der Gesellschaften.

Auf Seiten der Täter offenbaren sie die Unfähigkeit der Verantwortlichen, zu ihrer Verantwortung zu stehen. Auf Seiten der Opfer überdeckt die Dominanz des »Recht gehabt zu haben« manchmal die Suche nach Ursachen im eigenen Verhalten oder gar nach Schuld.

Beim Versuch, die Ambivalenz von Tätern und Opfern zu ergründen, lassen sich nur Bruchstücke sammeln. Weinerliche Penetranz der einen gehören ebenso dazu wie der Wunsch nach Vergessen und Verdrängen der anderen. Das Gift der über eine Generation lang gewachsenen Dehumanisierung zwischen Opfern und Tätern bleibt länger virulent, als zu befürchten war. Erst, das auch auszuhalten, wird es nach und nach wirkungslos machen. Das ist ein schmerzender, aber nötiger und vielleicht auch befreiender Weg.

Ein Nachwort ist kein letztes Wort. Es soll ein Angebot zum Überlegen darüber sein, was Opfer und Täter ertragen müssen, wenn sie erst einmal begriffen haben, dass ein schneller Schussstrich keinerlei Garantie für ein »nie wieder!« sein kann.

DANK UND QUELLEN

Ein Dank gilt all jenen, die sich als Betroffene oder Zeitzeugen für immer umfangreiche, manchmal auch schmerzhafte Gespräche zur Verfügung gestellt haben. Hilfreich waren überdies Diskussionen mit Freunden und Kollegen, die halfen, die gesammelten Informationen zu bewerten.

BÜCHER

Bahrmann, Hannes und Links, Christoph: »Chronik der Wende«, 2 Bände, Berlin 1994/95
Behling, Klaus: »Hightech-Schmuggler im Wirtschaftskrieg – Wie die DDR das Embargo des Westens unterlief«, Berlin 2007
ders.: »Verschlusssache – Die größten Geheimnisse der DDR«, Berlin 2008
ders.: »Spione in Uniform – Die Alliierten Militärmissionen in Deutschland«, Stuttgart 2004
Bergh, Hendrik van: »Köln 4713«, Würzburg 1981
Bundesministerium des Inneren (Hrsg.): »Verfassungsschutzberichte«, Bonn, verschiedene Jahrgänge
Dürrbeck, Peter: »Herta und Karl Dürrbeck – Aus dem Leben einer hannoverschen Arbeiterfamilie«, Hannover 2010
Fätkenheuer, Eberhard: »Die Brücke in die Freiheit«, Uckerland 2011
Förster, Andreas: »Auf der Spur der Stasi-Millionen «, Berlin 1998
Friedrich, Gernot: »Mit Kamera und Bibel durch die Sowjetunion«, Berlin 1997
Gössner, Rolf: »Geheime Informanten«, München 2003
Hannover, Heinrich: »Die Republik vor Gericht«, 2 Bände, Berlin 1999
Henkel, Rüdiger: »Was treibt den Spion?«, Berlin 2001
Hirsch, Rudolf: »Der Markus Wolf Prozeß«, Berlin 1994
Initiative zur Rehabilitierung der Opfer des Kalten Krieges in Niedersachsen (Hrsg.): »Kalter Krieg in Niedersachsen«, ohne Datum, ohne Ort
Jürgs, Michael: »Die Treuhändler«, München/Leipzig 1992
Juretzko, Norbert und Dietel, Wilhelm: »Bedingt dienstbereit«, Berlin 2004
Koehler, John O.: »The Untold Story of the East German Secret Police«, Boulder 2000
Kohl, Helmut: »Ich wollte Deutschlands Einheit«, Berlin 1999
Macrakis, Kristie: »Die Stasi-Geheimnisse«, München 2009
Markus, Uwe: »Waffenschmiede DDR«, Berlin 2010
Marxen, Klaus, Werle, Gerhard und Schäfter, Petra: »Die Strafverfolgung von DDR-Unrecht – Fakten und Zahlen«, Berlin 2007
Pischel, Klaus: »Gegen das Vergessen «, Neckermarkt (Österreich) 2011
Posser, Diether: »Anwalt in Kalten Krieg«, München 1991

Pötzl, Norbert F.: »Basar der Spione«, Hamburg 1997
Pretterebner, Hans: »Der Fall Lucona «, Wien 1988
Pfister, Elisabeth: »Unternehmen Romeo«, Berlin 1999
Ronneberger, Gerhardt: »Deckname ›Saale‹«, Berlin 1999
Sauer, Heiner und Plumeyer, Hans-Otto: »Der Salzgitterreport«,
   Esslingen/München 1991
Schalck-Golodkowski, Alexander: »Deutsch-deutsche Erinnerungen«,
   Reinbek b. Hamburg 2000
Schlomann, Friedrich-Wilhelm: »Was wusste der Westen?«, Aachen 2009
Schmidt, Hagen: »Das muss einmal gesagt werden«, Neubrandenburg 2007
Schmidt, Hagen: »Spion unter Spitzeln«, Hildesheim 1997
Schütt, Hans-Dieter: »Markus Wolf – Letzte Gespräche«, Berlin 2007
Sieberer, Hannes: »Als Agent hinterm Eisernen Vorhang«, Berlin 2008
Statistisches Amt der DDR (Hrsg.): »Statistisches Jahrbuch der DDR 1990«,
   Berlin 1990
Tiedge, Hansjoachim: »Der Überläufer«, Berlin 2000
Wagner, Klaus: »Spionageprozesse«, Brühl bei Köln 2000
Wendt, Gerhard und Curth, Roland: »Fluchtziel Berlin«, Erinnerungsstätte
   Notaufnahmelager Marienfelde e.V., Berlin 2000
Wolf, Markus: »Spionagechef im geheimen Krieg«, München 1998
Wolff, Friedrich: »Verlorene Prozesse«, Berlin 2009

ARTIKEL

Baron, Erik: »Adolf Dreesens Kritik der Marx´schen Ökonomie«,
   »Das Blättchen«, Berlin, 18. 2. 2013
Diekmann, Kai »Bar aus dem Koffer gezahlt« in »Welt am Sonntag«, Berlin, 5. 7. 1998
Emde, Heiner: »Spione sind höfliche Leute«, »Focus«, München, 33/1995
Förster, Andreas: »Schweizer Bank meldet Konto von MfS-Anwalt« in
   »Berliner Zeitung«, Berlin, 18. 10. 1999
ders.: »Fahnder hoffen auf neue Spur zu Wetzenstein-Ollenschläger«,
   ebenda, 18. 10. 1999
Friedrichsen, Gisela: »Fegefeuer der Vergangenheit«, »Der Spiegel«,
   Hamburg, 8/1992
Gürtler, Lena und Webermann, Jürgen: »Deutsche Helfer für russische
   Oligarchen«, NDR-Info, 11. 4. 2013, Artikel auf http//:www.ndr.de
Hendrich, Karin: »Der Schakal – Jetzt biss die Justiz zurück«,
   »Berliner Kurier«, Berlin, 24. 3. 2001
Hohn, Carsten: »Üble Mittel waren das«, »Spiegel Spezial«, Hamburg,
   1/1996, 1. 1. 1996
Hollenstein, Pascal: »Ölige Verbindungen nach Zug«, NZZ, Zürich, 24. 11. 2002
Hülsewig, Sola: »Der Stasi-Puff in Wattenscheid«,
   http://stasi.derwesten.de/24-0-Der-Stasi-Puff.html
ders.: »Waffen, Erpressung und 80 Millionen«,
   http://stasi.derwesten.de/21-0-Die-griechischen-Waffen.html
Hupka, Stefan: »Historiker Josef Foschepoth über den systematischen Bruch
   des Postgeheimnisses in der Bundesrepublik«, »Badische Zeitung«,
   Freiburg, 9. 2. 2013

König, Ewald: »Scheue Nachbarn, schillernde Figuren«, www.euroactiv.de
Lackner, Herbert: »Es war wie im Film«, »profil«, Wien, 21/2012
ders. und Riegler, Thomas: »Die lustigen Agenten«, ebenda
Latsch, Günther und Ludwig, Udo: »Fromme Spione«, »Der Spiegel«, Hamburg, 47/2011
Ladis, Harry: »Konspirativ geschmiert« in »Jungle World«, Berlin, 13. 3. 2002
Leyendecker, Hans und Obermaier, Friedrich: »Diskrete Geschäfte am Affenfelsen«, »Süddeutsche Zeitung«, München, 11. 4. 2013
Lutterbeck, Claus: »Was macht eigentlich Klaus Traube«, »Stern«, Hamburg, 2. 1. 2003
Mrusek, K.: »Der erste Aussteiger«, »Frankfurter Allhemeine Zeitung«, Frankfurt/Main, 21. 3. 2011
o. A.: »Nächsten Mittwoch tot«, »Der Spiegel«, Hamburg, 11/1992
o. A.: »Unter Schrottwert«, ebd., 43/1990
o. A.: »Angeblich ahnungslos«, ebd., 19/1992
o. A.: »SED-Kohle retten«, ebd., 20/1991
o. A.: »Kalte Höflichkeit«, ebd. 9/1992
o. A.: »Roter Konzern«, ebd., 17/1991
o. A.: »Auskünfte beim Bundesnachrichtendienst«, »Berliner Zeitung«, Berlin 18. 4. 1995
o. A.: »Langer Prozess«, »Der Spiegel«, Hamburg, 25/1969
o. A.: »Dunkler Tatbestand«, ebd., 37/1992
o. A. »Profit dank Schalck«, ebd., 46/1991
o. A. »Schalcks Wunderwaffe«, ebd. 18/1992
o. A. »Straftaten in Kauf genommen«, ebd. 42/1992
o. A. »Genug Geld«, ebd. 35/1993
o. A. »Echter Verlierer«, ebd. 14/1993
o. A. »Wie Al Capone«, ebd. 25/1992
o. A. »Der Minister und die Wanze«, ebd. 10/1977
o. A. »Nicht sein kann, was nicht sein darf«, »Neues Deutschland«, Berlin, 3. 8. 2012
Riesenwieck, Florian: »Waffendeals bei Weißweinschorle« http://stasi.derwesten.de/184-0-Der-Geschftsfhrer.html
Scheuer, Thomas: »Die Millionen des Mielke-Advokaten« »Focus«, München, 43/1999, 25.10. 1999
Schreiber, Jürgen: »Märchenhafte Millionen« in »Der Tagesspiegel«, Berlin, 6. 2. 2002
Schueler, Hans: »Damit Pannen nicht Methode werden«, »Die Zeit«, Hamburg, 8. 12. 1978
Ulbrich, Mario: »Auf der Spur der vergessenen DDR-Waffe ›Wieger‹«, »Freie Presse«, Chemnitz, 15. 2. 2010
ders.: »Heiße Spur zum DDR-Sturmgewehr endet im Säurebottich«, ebenda, 6. 4. 2010
ders.: »Verschollene DDR-Waffe: BND gibt Beteiligung zu«, ebenda, 22. 3. 2010
ders.: »Die kalte Spur zu einer heißen DDR-Waffe«, ebenda, 29. 12. 2009
Winkler, Willi: »Die Freude der Denunziation«, »Süddeutsche Zeitung«, München, 5. 10. 2010
Zimmermann, Horst: »Der Richter der Spione – Zum Abschied Zorn auf Karlsruhe«, »Hamburger Abendblatt«, Hamburg, 7. 6. 1995

INTERNET

http://www.zeit.de
http://www.ag-friedensforschung.de
http://www.flucht-und-ausreise.de, Mayer, Wolfgang: Diskussionsforum
   »Flucht und Ausreise«
http://de.wikipedia.org/wiki/Wieger
http://www.sondereinheiten.de
http://www.ossiforum.de
http://www.mdr.de/umschau
http://www.medienhaus-ruegen.de
http://www.bstu.bund.de
http://www.derwesten.de: Das NOHA-Dossier
http://www.blogspan.net
http://www.deutsche-einheit-leipzig.de

SONSTIGES

- Dornheim, Robert: »Udo Proksch – Out of control« (Film)
- »Exemplarische Einzelfälle von Vermögensverschiebungen durch die SED/PDS« in Deutscher Bundestag, Drucksache 13/10900, Seite 204 ff.
- BVG-Presse Nr. 24 (Bundesverfassungsgericht), 12. 7. 2001
- Deutscher Bundestag, Drucksache 12/7600
- Material Privatarchiv Peter Dürrbeck
- Pischel, Klaus: »Gedanken über Freiheit und Rechtsstaat – Ein Erlebnisbericht« (Manuskript)
- Behling, Klaus und Eik, Jan: »Günter klaut eine MiG, Wolf-Diethardt einen Starfigther«, Feature, MDR Figaro 2010
- Westhoff, Andrea: »Vor 25 Jahren – Schwerer Krawall nach einem Rockkonzert auf dem Alexanderplatz«, Deutschlandradio Berlin, 7. 10. 2002, www.dradio.de
- Romaniec, Rosalie: »Meine Familie und der Spion«, ARD, 11. 3. 2013